THÈSE

POUR LE DOCTORAT

ÉTUDE

SUR LES

ASSOCIATIONS COOPÉRATIVES

PRÉCÉDÉE D'UN EXAMEN

DU

CONTRAT DE SOCIÉTÉ

EN DROIT ROMAIN

THÈSE POUR LE DOCTORAT

PAR

P. CAVARÉ

ANCIEN ÉLÈVE DE L'ÉCOLE POLYTECHNIQUE
ANCIEN INGÉNIEUR DU SERVICE DES MANUFACTURES DE TABAC.

PARIS

A. PARENT, IMPRIMEUR DE LA FACULTÉ DE MÉDECINE
31, RUE MONSIEUR-LE-PRINCE, 31

1867

PREFACE

On ne peut nier que les questions sociales ne prennent de jour en jour une importance plus considérable. Le xviiie siècle s'était préoccupé des réformes politiques ; le xixe siècle paraît avoir pour objectif la réforme sociale. Parmi les moyens qui paraissent les plus propres à atteindre ce but, l'association occupe le premier rang ; suivant quelques-uns mêmes, elle peut seule donner la solution de ce problème si complexe, qui consiste à moraliser la classe ouvrière, à lui procurer le bien-être et à lui assurer la part d'influence et la liberté d'action qui lui conviennent. Nous devons d'autant mieux fixer notre attention sur cette solution, que les intéressés ont en elle plus de confiance. « L'association est l'idée dominante de la classe ouvrière ; elle constitue une question qu'on pourra réussir à ajourner quelque temps, mais qu'on n'éludera pas » (1).

Pourquoi chercher à l'ajourner, se demandera-t-on ? C'est que ce mot d'association est encore un épouvantail pour bien des personnes ; c'est qu'il ne saurait être prononcé sans rappeler ou les sociétés secrètes ou les différents systèmes utopiques que le commencement de ce siècle a vus éclore. Hâtons-nous de le dire : à côté du communisme, du socialisme, etc., il y a place pour l'association libre, pour celle qui donne à l'individu les

____

(1) M. Michel Chevalier.

moyens d'action nécessaires, sans lui retirer son indépendance ; cette association réunit tous les suffrages,
reçoit de tous côtés des adhésions. Écoutons un des plus
grands orateurs de la chaire chrétienne :

« Il est admis que l'association est le seul grand
moyen économique qui soit au monde, et que, si vous
n'associez pas les hommes dans le travail, l'épargne, le
secours et la répartition, le plus grand nombre d'entre
eux sera victime d'une minorité intelligente et mieux
pourvue des moyens de succès.

« Ne l'oubliez pas, Messieurs, tant que nous sommes
isolés, nous n'avons à espérer que la corruption, la servitude et la misère : la corruption, parce que nous
n'avons à répondre de nous-mêmes qu'à nous-mêmes,
et que nous ne sommes pas portés par un corps qui nous
inspire respect pour lui et pour nous ; la servitude,
parce que, quand on est seul, on est impuissant à se
défendre contre quoi que ce soit ; enfin, la misère, parce
que le plus grand nombre des hommes naît dans des
conditions trop peu favorables pour soutenir jusqu'au
bout son existence contre tous les ennemis intérieurs
et extérieurs, s'il n'est assisté par la communauté des
ressources contre la communauté des maux. L'association volontaire, où chacun entre et sort librement, sous
des conditions déterminées par l'expérience, est le seul
remède efficace à ces trois plaies de l'humanité : la
misère, la servitude et la corruption (1). »

____

(1) *Conférences de Notre-Dame*, par le R. P. Lacordaire, année 1845,
36e Conférence, t. II, p. 39.

Étudier l'association dans son ensemble serait une œuvre trop vaste; elle embrasse trop de types, elle se présente sous trop de formes, pour qu'un travail, entrepris sur une aussi large base, puisse conduire à une conclusion sérieuse. Les sociétés de secours mutuels, qui prennent en France un essor dont on ne saurait assez se féliciter, sont une des plus remarquables de ces formes; mais elles intéressent plutôt l'administrateur que le jurisconsulte. Les sociétés que la loi régit sous le nom de *sociétés civiles* ou de *sociétés commerciales*, sont un des éléments les plus vivants de notre époque; mais ce champ a été tellement exploré, qu'il serait oiseux d'y tenter de nouvelles recherches. Les sociétés, que les Anglais désignent sous le nom de *Trade's Unions*, ne sauraient être examinées que dans le but de signaler les dangers qu'elles présentent et les misères qu'elles occasionnent. Si nous devons reconnaître que, dans certaines circonstances, elles ont permis aux ouvriers d'obtenir une légitime augmentation de leur salaire, elles n'ont le plus souvent d'autres résultats que d'amener de longues et douloureuses grèves, que de causer un trouble profond dans l'industrie (1). Les sociétés coopératives échappent à ces reproches. Rattachées à la fois au droit par les questions légales qu'elles soulèvent, à l'économie politique par les résultats qu'on en

____

(1) Durant cet hiver les forgerons de navire, à Londres, ont soutenu une grève qui n'a pas peu contribué à augmenter la misère si affreuse des quartiers situés à l'est de Londres. La grève de ce seul corps d'état a privé de travail pendant plusieurs mois tous les autres corps d'état qui s'occupent de la construction des navires.

attend, elles séduisent l'esprit et commandent l'attention. Cependant, je dois le dire, attiré dès l'abord par la
perspective des heureuses conséquences que leur expansion produirait, par les avantages que la classe ouvrière y trouverait, j'ai vu mon enthousiasme tomber
peu à peu devant l'examen des difficultés qu'elles ren-
contreront. Tout en leur restant profondément sympathique, tout en désirant ardemment qu'elles puissent se
propager et embrasser le plus grand nombre de travailleurs, je me suis séparé, non sans regret, non sans
méfiance de moi-même, d'une opinion plus optimiste
que soutiennent les noms les plus marquants et les plus
autorisés, et j'ai indiqué par quels motifs (chap. IV)
j'étais arrivé à penser que les sociétés coopératives
avaient un cercle d'action très-limité, et que les espérances de rénovation fondées sur elles seraient en
grande partie déçues. En terminant, je dirai avec M. Re-
nouard : « Associer tout le monde serait folie; n'associer
personne, iniquité! On s'associera, ou ne s'associera pas,
selon les conseils de la prudence et de la sagesse; si,
méconnaissant ces conseils, on se trompe dans son
choix, on en portera la peine, et l'on ne pourra s'en
prendre qu'à soi. Ici, de petits patrons deviendront ouvriers; là, des ouvriers en prospérant deviendront patrons. La puissance des faits établira l'équilibre et
et réglera les situations mieux que ne le sauraient faire
des prévisions divinatoires. »

PREMIÈRE PARTIE
DROIT ROMAIN

DU

CONTRAT DE SOCIÉTÉ

(Digeste, liv. XVII, tit. 2. *Pro Socio.*)

CHAPITRE PRÉLIMINAIRE.

HISTOIRE DU CONTRAT DE SOCIÉTÉ DANS L'ANTIQUITÉ. — DES SOCIÉTÉS D'ÉRANISTES EN GRÈCE.

§ 1er. — *La Société chez les anciens peuples de l'Asie.*

I. Dans la célèbre préface qu'il a mise en tête de son commentaire de la Société en droit français, M. Troplong a développé d'une manière brillante les diverses phases qu'à traversées le contrat de société au milieu des Romains et durant le moyen âge. Mais, entraîné par son amour des institutions romaines, il a dédaigné de jeter un coup d'œil, même rapide, sur les destinées qu'eut ce contrat chez les nations plus anciennes. Sûrement, il n'était pas inconnu dans les anciens empires de l'Asie; si nous en savons peu de chose, nous pouvons attribuer notre ignorance à deux causes : d'abord au manque presque absolu de documents relatifs à ces populations anté-historiques, qui ne se révèlent à nous que par les gigantesques ruines dont elles ont couvert les pays où elles ont vécu, ou par le souvenir des luttes qu'elles ont soutenues contre les peuples riverains de la Méditerranée. Ensuite, ces documents eussent-ils survécu, qu'ils ne nous auraient laissé que peu de traces relatives à la matière qui nous occupe. Les deux livres qui nous reportent à ces époques éloignées, la Bible transmise par les Juifs aux Européens, les Vedas pieusement conservés par l'Inde, contiennent plutôt des préceptes religieux et des règles de morale que des institutions juridiques. C'est qu'à cette époque primitive, l'association se confondait avec la première des sociétés, la plus naturelle et la plus simple, celle de l'homme et de la femme, entraînant à sa suite la famille. La famille, alors unie et compacte, réunissait tous les intérêts moraux et matériels; l'isolement des peuples était un obstacle aux échanges entre étrangers; le gouvernement despotique, aux mains soit d'un monarque absolu, soit d'une théocratie oppressive, faisait disparaître les individualités sous le poids de l'obéissance passive; ce n'était qu'au milieu des siens, que l'homme pouvait trouver secours, assistance et protection, qu'il pouvait épancher son cœur, et sentir ses peines et ses joies partagées par d'autres que par lui.

2. Ce besoin de communication, si impérieux dans notre nature, donna à la famille ancienne un développement qui nous est aujourd'hui étranger, et les mœurs le consolidèrent par le lien d'une puissance paternelle forte et respectée. La famille comprenait, sous la direction d'un seul, toutes les branches qui étaient issues d'un même auteur; lorsqu'une famille n'était pas assez nombreuse, elle s'unissait à une autre famille. Ouvrons

la Bible : Abraham et Loth, tous deux chefs d'une famille distincte, s'unissent pour faire paître ensemble
leurs troupeaux et les défendre plus efficacement contre
le pillage des tribus voisines. Si nous laissons ces sociétés pastorales et primitives, nous trouvons bien vite
des signes caractéristiques d'une association entreprise
pour faire le commerce : les marchands ismaélites,
auxquels Joseph fut vendu par ses frères, vont en Égypte
pour y vendre de l'ambre, des aromates, de la gomme
et des esclaves (1). Le trafic de parfums et d'objets de
luxe marque une civilisation déjà avancée, et ces marchands achetant un objet pour le revendre en commun,
devaient entre eux avoir des droits et des obligations
analogues à ceux de nos associés.

On serait tenté d'appeler société la tribu juive organisée d'après les institutions de Moïse; chacune d'elles a
un territoire commun à tous ses membres et divisé pé-
riodiquement suivant les besoins de chacun : ce serait
pourtant une erreur. Cette organisation, à laquelle certains socialistes modernes auraient voulu nous ramener,
n'était autre chose qu'une communauté où, sur un fonds
commun, la jouissance et la perception des fruits étaient
individuelles.

3. En poursuivant l'histoire de la nation juive, nous
rencontrerions une secte qui a de bonne heure mis en
pratique la société universelle de biens dont les lois romaines nous donnent les règles; la secte des Esséniens.
Ils vivaient, suivant Josèphe, dans le célibat, la chasteté
et la retraite; proscrivant le mariage, ils élevaient,
comme étant à eux, les enfants abandonnés; ils fuyaient

____

(1) *Genèse*, chap. 37, vers. 25. 28.

les honneurs publics, les emplois, ne se mêlaient que des affaires de leur secte et de leur observance. « Ils possédent, dit dom Calmet, tout en commun, sans que l'un soit plus riche que l'autre; c'est parmi eux une loi inviolable de renoncer à la propriété de tous biens, et de mettre dans la société tout ce qu'ils possèdent. Ainsi ils vivent comme frères dans la plus grande égalité. » Il est probable que les premières communautés chrétiennes eurent la plus grande analogie avec les sociétés esséniennes; mais nous ignorons comment elles étaient administrées.

Évidemment, ces réunions d'Esséniens et de Chrétiens ne recherchaient pas les bénéfices comme le but de l'association; mais les biens étaient communs, les fruits étaient recueillis en commun, et l'on y trouve au plus haut degré cet esprit d'égalité et de fraternité que les jurisconsultes romains signalent avec tant de complaisance comme étant la base des sociétés.

4. L'absence de cet esprit rend étrangères à notre sujet les castes que les lois de Manou ont établies dans l'extrême Orient, longtemps avant que l'Europe fût habitée : ces castes étaient des corporations héréditaires et obligatoires; division absolue et immuable qui, à l'inverse de ce qui se passait en Grèce et à Rome, où l'esclavage n'est que personnel et peut finir par l'affranchissement, à l'inverse de ce qui avait lieu au moyen âge où il n'y a qu'un esclavage réel et féodal, parque l'espèce humaine d'une manière infranchissable. Enfermés dans ce cercle fatal de labeur forcé et avili, les travailleurs forment bien déjà une association; mais cette association n'a rien de volontaire ni de libre; il n'y a que réciprocité de douleur dans un cadre de vie

irrévocablement tracé et limité d'avance. Abandonnons bien vite ces civilisations orientales qui tiennent si peu compte de l'homme, pour porter nos regards sur les peuples du bassin méditerranéen.

5. La société a dû se développer d'une manière remarquable au milieu des villes commerçantes de la Phénicie. Les habitants de ce petit pays, resserrés entre la mer et les contreforts du Liban, eurent, dès les temps les plus anciens, besoin de chercher dans la navigation les ressources que leur territoire étroit leur refusait. Ils devinrent ainsi le peuple le plus commerçant de l'antiquité, et pénétrèrent dans les contrées les plus éloignées. Leurs nombreuses colonies, véritables comptoirs de commerce, leur donnaient partout des points de relâche; on a trouvé dans les ruines de Ninive des monnaies phéniciennes; Memphis avait pour les marchands de Tyr un quartier particulier, de même qu'aujourd'hui les navigateurs européens ont leur demeure spéciale dans les villes de la Chine et du Japon; on a découvert des inscriptions, marques de leur passage, en Nubie (à Ipsambol), en Arabie, dans l'Inde; leurs caravanes allaient chercher dans l'Orient les aromates, l'or, la soie, les épices, et les apportaient dans les ports de la côte de Syrie; là, de hardis navigateurs prenaient sur leurs frêles esquifs ces produits précieux et les répandaient dans tout l'Occident; leurs flottes pénétraient dans la mer Noire, faisaient le commerce de la Grèce, de l'Italie, de la Lybie, de l'Espagne, et, dépassant les colonnes d'Hercule, allaient chercher l'étain des îles Cassitérides (Grande-Bretagne), et peut-être l'ambre de la Baltique; ils se livraient non-seulement à l'échange des produits de ces diverses contrées, mais encore à la

fabrication des objets de luxe, et Tyr avait le secret et le monopole de la préparation de la pourpre. De telles entreprises, qui demandaient un temps considérable, des relations suivies, des fonds énormes, ne sauraient se concevoir sans le secours de l'association. Carthage, la plus importante de leurs colonies, marcha sur les traces de la mère patrie, et dut, dans l'ensemble de ses lois, donner une grande place au contrat de société; malheureusement les lois de ces deux grandes cités sont complétement perdues pour nous. Rome a absorbé ces deux villes, et ne nous a laissé aucune idée de leur organisation intérieure et de leurs lois; nous nous bornons à signaler cet ensemble de faits qui rend certaine l'existence de la société, à Tyr, à Carthage, à Rhodes, etc.; mais quant aux conditions du contrat, nous ne saurions élever même des conjectures.

§ 2. — *La société en Grèce. Sociétés d'Eranistes. Constitution intérieure et caractères distinctifs des hétairies.*

6. Nous ne sommes guère plus heureux pour les Grecs; les institutions législatives de ce pays ne nous sont pas parvenues; mais des divers auteurs grecs que nous possédons, on a pu tirer des inductions nombreuses qui jettent quelque jour sur notre sujet. Lorsque les peuples étaient encore dans la barbarie, les hommes courageux auraient considéré comme au-dessous d'eux de trouver leurs moyens d'existence et d'augmenter leur fortune dans un travail manuel : confiants dans leur force et leur bravoure, ils pouvaient sans déshonneur ravir aux habitants des villes voisines, aux étrangers (*hostis*, synonyme d'ennemi dans ces temps barba-

res) leurs richesses, leur liberté, leur vie même. Du moment que ce moyen d'acquérir était admis par les mœurs, on se réunissait pour tenter des expéditions plus importantes, et accroître les résultats du pillage. Un chef rassemble autour de lui des guerriers; ils vont combattre ensemble, et le butin sera au retour partagé entre tous; les Argonautes se réunissent ainsi pour aller conquérir la toison d'or; Ulysse et Diomède s'associent pour s'emparer des chevaux de Rhésus. Nous rencontrerons ces associations dans toutes les civilisations peu avancées; les Gaulois, les Germains les pratiqueront plus tard; les Normands les mettront en usage pour aller *gaaingner*, en France, en Italie, etc., et l'Angleterre ne sera pour Guillaume et ses compagnons qu'une vaste proie à dépecer entre tous ceux qui ont contribué à la conquérir (1).

De nos jours, les sociétés faites en vue du butin existent encore chez les tribus sauvages de l'Amérique et de l'Océanie.

Quoique Solon autorise encore les associations faites pour le brigandage (association de gens *qui præduntur*

---

(1) Il est curieux de voir les sociétés particulières, quelquefois même universelles, qui se formèrent en vue de cette immense spoliation. «Robert d'Ouilly et Jean d'Ivry vinrent à la conquête comme frères d'armes ligués et fédérés par la foi et le serment; ils portaient des armes pareilles; ils partagèrent également les terres anglaises qu'ils conquirent. Eudes et Picot, Robert Marmion et Gauthier de Sommerville firent de même. Jean de Courcy et Amaury de Saint-Florent jurèrent leur fraternité d'armes dans l'église de Notre-Dame, à Rouen; ils firent vœu de servir ensemble, de vivre et de mourir ensemble, de partager ensemble leur solde et tout ce qu'ils gagneraient par leur bonne fortune et leur épée (ei promittens secum esse fortunarum suarum participem). (Aug. Thierry, *Hist. de la conquête d'Angleterre par les Normands*, t. I, p. 307 et 308.)

ἐπὶ λείαν οἰχόμενοι, L. 4, D. 47, 22) (1), la violence et le pillage cessèrent peu à peu d'être des moyens licites. Les villes maritimes de la Grèce cherchèrent bientôt dans le commerce et dans la navigation des sources honnêtes de richesses. Souvent les orateurs nous citent incidemment des sociétés conclues entre les citoyens. Démosthènes, dans son plaidoyer contre Phormion, qui avait emprunté vingt mines à Chrysippe, nous parle de l'associé que Chrysippe avait dans l'Hellespont. Dans le plaidoyer contre Callipe, il nous dit encore que le banquier Pasion avait reçu dix talents de Lycon d'Héraclée, qui partait pour la Lybie, et qu'il doit restituer cette somme à Céphisiade de Scyros, *associé* de Lycon. Signalons en outre, dans ces citations, l'existence de banquiers recevant des sommes d'argent en dépôt et chargés de payer des tiers ; ce sera un nouvel indice de l'existence de la société ; car de tout temps les banquiers ont été dans l'usage de former des sociétés pour opérer simultanément dans plusieurs lieux.

(1) Beaucoup de personnes ont reculé devant une interprétation qui fait une telle injure à la civilisation athénienne ; aussi les corrections, les changements n'ont pas fait défaut au fragment de Gaius : les uns ont voulu lire επι λειον, et ont dit que le texte s'appliquait à des associations faites pour le commerce des grains ; les autres, s'appuyant sur la *Vulgate*, ont lu : επι αει αν, et ont prétendu que ces mots signifiaient société qui doit durer toute la vie des contractants ; récemment, M. Caillemer, professeur à la Faculté de droit de Grenoble, a cru trouver la véritable signification de ce texte, en le rapprochant d'un passage de Démosthènes (*Philippique*, I, 23), dans lequel le grand orateur dit aux Athéniens que, puisque l'armée régulière leur fait defaut pour l'instant, ils devaient recourir aux armées irrégulières : αναγκη ληστευειν ; or, ληστευειν et λειαν ayant la même racine, M. Caillemer conclut que Solon n'a pas eu en vue le brigandage proprement dit, mais la course, les corsaires, la formation de bandes de partisans. Quelque ingénieuse que soit cette interprétation, nous avons préféré nous en tenir à l'opinion généralement reçue, et que partage M. Egger, le savant helléniste.

7. Si nous ne pouvons nous rendre compte de la
constitution intérieure des sociétés industrielles et commerciales des Grecs, nous sommes plus heureux pour
une autre catégorie de sociétés qui avaient un but philanthropique très-bien déterminé; nous voulons parler
des sunédries ou hétairies, appelées encore sociétés
d'éranistes (ἔρανος, ἔρως, amour). C'étaient des réunions
de gens de même condition, venant mutuellement au
secours l'un de l'autre (1). Celui qui était dans la dé-
tresse s'adressait à ses associés, et recevait une somme
plus ou moins considérable, soit pour payer ses dettes,
soit pour acquitter sa rançon s'il était captif, soit pour
doter ses filles. Des collectes périodiques étaient faites
dans ce but; le surplus servait à fournir aux frais fu-
néraires des associés et à les réunir dans des banquets.
Le montant de ces collectes était voté par l'assemblée de
tous les associés; elles étaient recueillies gratuitement
par l'un d'eux qui portait le nom d'éranarque; nous
voyons qu'Épaminondas remplissait ces fonctions à
Thèbes : « Paupertatem adeo facile perpessus est, ut de
« republica nihil, præter gloriam, ceperit. Amicorum in
« se tuendo caruit facultatibus; fide ad alios sublevandos
« sæpe sic usus est, ut possit judicari, omnia ei cum
« amicis fuisse communia. Nam quum aut civium suo-

____

(1) «On trouve à Athènes plusieurs sociétés dont les membres s'engagent à s'assister mutuellement. L'un d'eux est-il traduit en justice, est-il
poursuivi par ses créanciers, il implore le secours de ses associés. Dans
le premier cas, ils l'accompagnent au tribunal et lui servent, quand ils
en sont requis, d'avocats ou de témoins; dans le second cas, ils lui
avancent les fonds nécessaires sans en exiger le moindre intérêt, et ne
lui prescrivent d'autre terme pour le remboursement que le retour de sa
fortune et de son crédit; s'il manque à ses engagements pouvant les
remplir, il ne peut être traduit en justice, mais il est deshonoré.» (*Voyage
du jeune Anacharsis*, ch. 20.)

«rum aliquis ab hostibus esset captus, aut virgo amici
«nubilis, propter paupertatem, collocari non posset;
«amicorum concilium habebat, et quantum quisque da-
«ret, pro cujusque facultatibus imperabat» (1).

8. La communauté était mise sous la protection
d'une divinité; elle avait ses sacrificateurs (ἱεροποίοι),
subordonnés au pontife (ἱερεύς), sous la direction duquel s'accomplissaient les sacrifices. Les plus riches de
ces associations avaient pour tenir leurs réunions (συνό-
δος) des jardins entourés de portiques, où l'on voyait
des tableaux, des statues, des stèles ou colonnes, destinées à perpétuer la mémoire des dignitaires et des bienfaiteurs de la société. Chaque réunion d'éranistes avait
son nom emprunté au dieu protecteur; les Sérapiastes,
à Athènes, étaient sous la protection de Serapis; les
Dyonisiaques sous celle de Bacchus, les Sotériastes sous
celle de Jupiter sauveur; à Delos existait une confrérie
de marchands et armateurs appelés Héracléistes tyriens,
parce qu'ils avaient Hercule de Tyr pour dieu protecteur.

9. Dans les réunions qui étaient, nous venons de le
dire, l'occasion de banquets, on prenait des résolutions
que l'on inscrivait sur des pierres (stèles); on votait des
colonnes commémoratives en l'honneur des bienfaiteurs
de la société ou d'un de ses prêtres (θίασος); on discu-
tait le règlement intérieur auquel étaient astreints les
éranistes; c'est ce qu'on appelait ἐρανικὸς νόμος; ces lois
eussent été peu respectées, si la société n'avait eu des
moyens de contrainte contre les récalcitrants; chaque
mois, un tribunal de famille, formé par neuf archontes

(1) Corn. Nepos, *Epaminondæ vita*, cap. 3.

et six thesmothètes, se réunissait pour juger les procès des éranistes, ἐρανικαὶ δίκαι ; les sources indiquent que l'action était introduite par un ἐπαγώγεις ; c'était sans doute un huissier chargé des assignations et des poursuites ; cette juridiction domestique avait donné naissance à des abus, et n'était pas vue favorablement par les magistrats. Platon, dans sa République, a eu soin de la proscrire complétement.

10. Chaque société avait, outre l'éranarque, tiré au sort et chargé du soin de recueillir les collectes, un président (πρόστατης), nommé à vie, d'ordinaire un riche citoyen qui était le patron de la société, que l'on consultait dans les décisions à prendre, et qui avait pour mission spéciale de faire une enquête sur les mœurs de ceux qui demandaient à être admis dans la société. Sous ses ordres nous trouvons un questeur ou trésorier (ταμίας) qui reçoit des mains de l'éranarque le produit des cotisations ; il les verse dans la caisse commune avec les dons extraordinaires que des bienfaiteurs peuvent faire et les amendes prononcées contre les éranistes contrevenants ; nous trouvons aussi un secrétaire (γραμματεύς), chargé d'inscrire les décisions de l'assemblée et tous les faits qui intéressent l'association ; des colonnes votives, que M. Carle Wescher a examinées et dont il nous a transmis les inscriptions (*Revue archéologique*, septembre 1865), mentionnent en outre des commissaires, dont il est difficile de fixer les fonctions. Mais de tout ceci, il résulte que les hétairies grecques avaient une organisation des plus complètes, leur pouvoir législatif, leur pouvoir exécutif, leurs tribunaux, leurs finances ; c'étaient de petits États ; ce qui est intéressant pour nous, c'est de préciser leur caractère philanthro-

pique, c'est d'y renonnaître des analogies avec nos sociétés de secours mutuels. Des savantes recherches auxquelles s'est livré sur elles M. Van Holst (1) ressortent
ces trois points remarquables au point de vue historique et philosophique. D'abord leur caractère religieux et moral; voici la traduction d'un règlement,
conservé par M. Bœckh dans le *Corpus inscriptionum
Græcorum*. « Qu'il ne soit permis à personne d'entrer
dans la très-vénérable assemblée des éranistes avant
qu'il soit reconnu qu'il est saint, pieux et bon (ἅγιος καὶ
εὐσεϐης καὶ ἀγαθος). Que le président, le trésorier et
les syndics fassent cette enquête. Chaque année ils seront désignés par le sort à l'exception du président. »
En second lieu, l'égalité qui y régnait entre les membres
et la réunion dans le même ἔρανος, de riches et de
pauvres. Enfin, le fait le plus remarquable, si l'on se
reporte aux mœurs grecques, est l'admission des femmes
dans le sein de la société au même titre que les
hommes.

Après avoir commenté le titre *pro socio* au Digeste,
nous verrons que Rome eut aussi des sociétés chari-
tables pour ses pauvres ouvriers, sociétés qui, dans leur
organisation, se rapprochent des hétairies grecques;
ces dernières n'eurent jamais le caractère administratif
des colléges romains, mais le sentiment religieux y
est plus développé.

(1) *De eranis veterum græcorum.* Leyde, 1832.

CHAPITRE PREMIER.

DE LA NATURE DU CONTRAT DE SOCIÉTÉ.

12. La société est un contrat consensuel par lequel deux ou plusieurs personnes s'engagent à mettre en commun des valeurs quelconques ou leur industrie, afin d'en retirer un profit commun, appréciable en argent et licite.

SECTION Iʳᵉ

Du consentement.

13. La société est un contrat; elle ne peut exister sans le consentement exprès ou tacite des parties, sans que les associés aient eu l'intention de former société; il faut, ainsi que le dit Ulpien, L. 31, D. 17.2, l'*affectio societatis;* c'est là un caractère essentiel. Deux personnes peuvent posséder en commun une même chose sans qu'il y ait société entre elles; Ulpien nous en donne des exemples nombreux: deux légataires conjoints ont accepté la chose léguée; deux cohéritiers ont fait adition de l'hérédité; deux personnes ont acheté séparément d'un propriétaire la moitié indivise de son champ; dans chacun de ces cas nous avons plusieurs individus ayant simultanément un droit de propriété sur une même chose; il n'y aura pourtant pas société entre eux: l'intention manque et nous ne trouvons plus qu'une simple communauté. Au point de vue théorique, nous ferons remarquer: 1° que la société est toujours un contrat, la communauté le plus souvent un quasi-contrat ; 2° les rapports qui existent dans la société dérivent toujours d'un même titre qui est le contrat même de la société ; la simple communauté peut dériver d'un seul titre ou de plusieurs titres. Si, par exemple, une personne lègue la moitié de sa ferme à Titius, il y aura communauté entre Titius et les héritiers du défunt ; mais la communauté résulte d'un titre de legs pour le premier, d'un titre de succession pour les derniers.

14. Les conséquences pratiques qui résultent de la distinction que nous venons de faire sont importantes à signaler.

1° La société est dissoute par la mort de l'un des associés, cela tient au caractère tout personnel des rapports qui lient les différents associés ; la mort d'un communiste laisse subsister la communauté dans laquelle il sera remplacé par ses héritiers ou ses légataires.

2° L'associé ne peut céder sa place ; il peut bien à la rigueur transférer à un tiers tous les droits qu'il a dans la société, mais cet arrangement est étranger à la société ; le vendeur reste toujours associé et l'acheteur peut seulement *procuratoris nomine* exercer les actions de son auteur ; au contraire, si le communiste vend sa part, l'acquéreur prend complétement sa place, et une nouvelle communauté succède à l'ancienne ; toutefois, si le vendeur avait commis quelque faute personnelle, s'il avait retiré quelque bénéfice du fonds commun, il serait soumis à l'*actio utilis communi dividundo* (L. 6. § 1. D. X, 3).

3° Je peux m'associer quelqu'un pour la part que j'ai dans la société, mais ce tiers, qu'on appelle croupier, ne devient pas l'associé de mes associés. Si je vends au contraire la moitié de ma part indivise, dans un fonds qui m'est commun avec Titius; mon acheteur devient communiste avec Titius.

4° L'associé, défendeur à l'action *pro socio*, est noté d'infamie en cas de condamnation, rien de pareil pour le communiste.

5° L'associé qui a touché sa part d'une créance commune est tenu de rapporter à la société ce qu'il a reçu dans le cas où le débiteur devient insolvable par la suite (1). Un communiste n'est pas tenu de veiller aussi strictement aux intérêts communs. La loi 38 D. X, 2, pose l'espèce suivante : Lucius a reçu d'un débiteur de son père la moitié de créance entrée dans son lot; Titia, sa sœur, ne peut postérieurement se faire payer ; elle n'aura pas de recours contre son frère; Lucius, qui a été vigilant, ne doit pas souffrir de la négligence de sa sœur.

Hâtons-nous de dire qu'en citant ce texte, nous avons voulu faire un rapprochement entre la condition des associés et celle des cohéritiers, mais non entre la société et la communauté; car les créances se divisant de plein droit entre les cohéritiers, Lucius et Titia n'étaient pas dans l'indivision, et aucun d'eux ne pouvait avoir recours à l'action *communi dividundo*.

6° Enfin la communauté est, pour ainsi dire, un fait accidentel que les parties peuvent faire cesser à leur gré ; la société est un état stable dont on ne peut s'affranchir qu'avec certaines réserves indiquées d'avance par le législateur.

15. Ce consentement des parties, exigé pour l'existence de la société, peut être donné tacitement. Mo-

____

(1) L. 63, § 5, D. XVII, 2.

destin dit en effet : *Societatem coire et re et verbis et per nuntium posse dubium non est* (1). Les mots *et re* signifient par la force des choses, tacitement. Pour qu'il y ait contentement, il n'est pas nécessaire que l'offre et la demande aient été faites au même moment ; il suffit qu'elles coexistent à un moment quelconque. Si le consentement a été donné *per nuntium*, à partir de quel moment le lien obligatoire se forme-t-il ? Est-ce du moment que l'offre faite par le *nuntius* a été acceptée, ou du moment que cette acceptation a été connue de celui qui a fait la proposition ? Nos textes sont muets sur cette question ; il me paraît préférable d'admettre le premier avis : tant que le proposant n'a pas fait connaître son changement d'intention à l'autre partie, celle-ci est libre d'accepter l'offre et de parfaire le concours de volontés, nécessaire à l'existence du consentement.

16. Le consentement pour être valable doit être exempt d'erreur, de dol ou de violence et émaner d'une personne capable.

L'erreur sur l'objet de la société ne vicie pas le consentement, elle l'annule : *Idem in societate coeunda respondendum est, ut si dissentiant, aliud alio existimante, nihil valet ea societas, quæ in consensu consistit* (L. 57, D. XLIV, 7) ; mais le consentement peut exister et cependant avoir été vicié lorsque l'erreur porte sur un des éléments essentiels de la prestation que les parties avaient eu en vue ; hors cette hypothèse, elle n'a aucune influence sur les résultats du contrat ; on ne saurait préciser davantage dans quel cas l'erreur est assez grave pour délier les parties de leurs obligations ; c'est une

____

(1) L. 4, pr. D. h. t.

affaire de pure appréciation à juger d'après les circonstances ; les parties eussent-elles contracté si elles avaient connu la vérité ? Telle est la question que le juge aura à se poser. Notons en passant que dans la société, l'erreur sur la personne sera dans la plupart des cas une cause de nullité ; quant à l'erreur sur les motifs, elle ne pourra jamais faire annuler la société. Ajoutons que l'associé qui veut se soustraire aux obligations sociales pour cause d'erreur, doit prouver l'existence et l'importance de cette erreur ; il doit de plus montrer qu'elle est excusable, car la loi ne protége pas la négligence.

Le dol, c'est-à-dire tout acte contraire à la justice et à l'équité, vicie le consentement ; mais il ne suffit pas toujours pour faire annuler le contrat, nous croyons bonne et nous adoptons la division des commentateurs entre le *dolus causam dans* (1) qui a été la cause et le déterminant du contrat, en présence duquel la convention doit être résolue, et le *dolus incidens* (2) portant sur un élément accessoire qui ne donne lieu qu'à des dommages-intérêts. L'action *pro socio* étant de bonne foi suffira pour obtenir l'un ou l'autre résultat, et sans qu'il soit besoin d'y faire insérer une exception de dol.

La violence, c'est-à-dire la crainte d'un péril présent ou prochain, *metus instantis vel futuri periculi* (3), suffisante pour intimider un homme raisonnable, *non vani hominis, sed qui merito et in hominem constantissimum cadat* (4), donnera le droit à celui qui en a été victime de réclamer contre la société qu'il a ainsi formée contre

(1) L. 7, pr. D. ıv, 3.
(2) L. 13, § 4, D. xıx, 1.
(3) L. 1, D. ıv, 2.
(4) L. 6, D. ıv, 2.

2

son gré. Cet associé aura à cet effet l'action et l'exception *quod metus causa ;* il pourrait agir simplement par l'action *pro socio* en considérant la violence comme un dol pratiqué sur lui ; mais le choix n'existera qu'au cas où la violence sera le fait de l'un de ses associés ; si elle provient d'un tiers, il lui faut employer l'action *quod metus causa*, qui est *in rem scripta ;* de cette manière le juge prononcera la résolution, du moment qu'il aura constaté la violence et sans tenir compte de son auteur.

Le consentement doit être donné par une personne capable ; sont incapables : le mineur sans l'*auctoritas* du tuteur ; le *furiosus* d'une manière absolue (sauf le cas des intervalles lucides) ; mais la société est un contrat du droit des gens, et le consentement est valablement donné par un mandataire ou même par un messager.

SECTION DEUXIÈME

De l'Apport.

17. La seconde condition essentielle est que chaque associé s'engage à apporter quelque chose ; peu importe la nature de cet apport ; argent, choses corporelles, choses incorporelles, industrie, crédit personnel ; il n'est pas nécessaire que les choses soient apportées en pleine propriété, elles peuvent l'être en usufruit, pour la simple jouissance, soit même pour un usage déterminé. Dans le premier cas, apport en pleine propriété, l'associé est tenu de transférer la propriété par un des moyens du droit commun : la *mancipatio* ou l'*in jure cessio* si la chose est *mancipi ;* par la tradition pour les autres choses ; du moment qu'il a satisfait à cette obligation, la chose est aux risques de la société : l'usufruit étant un démem-

brement de la propriété, le second cas est régi par les
mêmes règles que le premier ; si la chose périt par cas
fortuit, chacun perd le droit qu'il a sur elle, la société perd
son droit d'usufruit, l'associé la nue propriété ; dans le
dernier cas, jouissance de la chose ou usage déterminé,
l'associé est tenu d'une prestation permanente, analogue
à celle du bailleur envers le locataire, et les rapports
de la société avec l'associé sont régis par les principes
du louage : la chose périt-elle, l'associé n'est plus tenu
vis-à-vis de la société, mais la société est libérée à son
égard. Nous examinerons plus tard la question de savoir
si, dans le doute, c'est plutôt la propriété que la jouissance qui a été mise en commun.

18. Tous les associés ne sont pas tenus de faire un
apport de même nature ; l'un peut apporter son argent,
l'autre son expérience dans l'industrie, un troisième son
crédit ; ils peuvent même être inégaux, mais jusqu'à
preuve du contraire, on les présumera égaux ; toutefois
l'apport ne peut pas être nul, sinon le contrat de société
disparaîtrait pour faire place à un contrat de donation ;
ce dernier serait valable (1) parce que sous Justinien
la donation est affranchie de toute formalité ; il ne vaudrait pas si la donation était supérieure à cinq cents so-
lides, ou si l'associé était une personne incapable de recevoir à titre gratuit : il ne vaudrait pas non plus si l'on
avait voulu donner indirectement à une personne qui
ne peut recevoir directement ; aussi nous voyons annuler le contrat simulé de société entre mari et
femme (2) lorsqu'il sert à déguiser une donation. Si,

----

(1) Du temps des jurisconsultes classiques, cette convention eût été
sans effet, car la donation ne pouvait résulter d'un simple pacte.
(2) L. 32, § 24, D. xxiv, 1.

malgré un apport inférieur, un associé a obtenu de son coassocié une part égale dans les bénéfices, nous nous trouvons en présence d'un contrat de société entaché de donation; sera-t-il valable? Nous répondons sans hésitation oui, malgré le texte d'Ulpien : *Donationis causa, societas non recte contrahitur* (1). Car Ulpien veut dire que si on accorde à un associé qui n'a rien apporté une part dans les bénéfices, il n'y a plus société, mais donation pure et simple; mais si l'on s'est contenté de lui donner un avantage au delà de ce qui lui reviendrait strictement, on a un contrat de société parfaitement valable, pourvu que la loi n'interdise pas les donations entre ces deux personnes; aussi bien un contrat de vente ne perd pas ce titre quand le vendeur a par amitié ou pour tout autre motif conclu la vente pour un prix inférieur au prix réel. (Ulpien, L. 38, D. XVIII, 1.)

SECTION III
Bénéfice commun; objet licite.

19. La troisième condition essentielle est un bénéfice commun obtenu par des opérations faites dans l'intérêt commun; ce bénéfice peut être un gain proprement dit; ce peut être un avantage d'une autre nature; deux voisins s'entendent pour curer une rivière, pour l'endiguer (2), pour construire un mur de séparation sur lequel chacun appuiera un ouvrage de charpente ou de maçonnerie (3), pour acheter ensemble un terrain dans le but de conserver la vue dont jouissent leurs habita-

(1) L. 5, § 2, D. h. t.
(2) L. 52, § 12, D. h. t.
(3) L. 52, § 13, D. h. t.

tions (1); mais cet avantage doit être appréciable en argent; ainsi ne sont pas des sociétés véritables les associations formées dans un but de plaisir, de philanthropie, de dévotion; comment apprécier l'intérêt moral ou religieux des associés? « Seulement, si les statuts de l'association portaient que chaque associé payerait annuellement une somme d'argent pour subvenir à des dépenses prévues ou imprévues, et qu'un associé refusât sa part, il pourrait y être judiciairement contraint. Sous ce rapport il y aurait un lien de droit qui engendrerait une action pareille à celle que donne le contrat de société pour forcer un associé à verser sa mise. Mais à part ce point de ressemblance, les associations que j'ai en vue restent tout à fait en dehors du contrat de société » (2).

Le bénéfice doit être commun ; ainsi est nulle la convention qui aura pour effet d'exclure d'une manière absolue l'un des contractants de la participation aux avantages qui constituent le résultat des opérations sociales; c'est la société appelée *léonine*.

20. La quatrième condition est que le but soit licite et que le profit que les parties se proposent de retirer soit un profit honnête ; serait nulle la convention par laquelle des personnes s'associeraient pour faire la contrebande, l'usure, la fausse monnaie, etc... La promesse d'un crédit illicite serait dans le même cas. Ainsi, autant est valable l'apport qui repose sur la confiance, la probité ou l'habileté dans les affaires d'un négociant honorablement connu, autant est nul celui fondé sur la

(1) L, 52, § 13, D. h. t.
(2) Troplong, *Société*, n° 32.

protection d'un haut fonctionnaire ou les intrigues d'un agent sans honneur (Pothier).

En résulte-t-il qu'une semblable convention ne produit aucun effet ? Cela dépend :

1° Si les choses sont entières et que nul associé n'ait effectué son apport, aucun ne sera tenu de verser ce qu'il a promis. Par quelle action les autres associés pourraient-ils l'y contraindre ? — En vertu du contrat intervenu entre eux ? Il est nul comme n'ayant pas un but licite. — En vertu de quelque stipulation ? Cette stipulation est inutile comme contraire aux lois et aux bonnes mœurs et n'engendre aucune action (1).

2° Des apports ont été effectués ; chaque associé aura le droit de reprendre ce qu'il a apporté ; la convention qui est intervenue entre eux étant nulle, celui qui a effectué son apport a fait une prestation à laquelle il il n'était pas tenu ; l'apport a été fait plutôt *ob nullam quam ob turpem causam*, et il est réclamé par une *condictio sine causa* (Arg. d'anal., L. 5, D. XII, 7).

3° Si des actes ont été posés, l'administrateur gardera tout le bénéfice ou supportera toute la perte, suivant les circonstances ; il ne peut en effet être poursuivi par ses coassociés ou les poursuivre que par une action fondée sur leur turpitude commune, et c'est le cas d'appliquer le principe de la loi 8, D. XII, 5 : « *Si et dantis et accipientis turpis causa sit, possessor potior est.* »

Quant aux apports, chaque associé les reprendra, car il fonde sa réclamation sur son droit de propriété, et ses associés ne pourront repousser sa demande en invoquant le contrat honteux de société qu'ils ont conclu.

____

(1) L. 35, § 1, D. xlv, 1 ; L. 137, § 6, D. eod. tit.

4° De même, les bénéfices, s'ils ont été partagés, resteront la propriété de ceux qui les possèdent actuellement.

21. La société, une fois ces conditions remplies, n'exigeait, pour exister, aucune autre formalité; point n'était besoin de tradition des apports, d'insertion dans les actes publics, de formules consacrées; elle est rangée par tous les jurisconsultes parmi les contrats consensuels : *Consensu fiunt obligationes in..... societatibus* (Gaius III, 135, Inst. Just. III, 22 pr.). Dès que les parties sont tombées d'accord, le contrat est formé, les obligations naissent, obligation de verser la mise, obligation de donner ses soins à la chose commune, etc... La société est du droit des gens; les Romains eussent perdu une grande partie des avantages que ce contrat procure, s'ils l'avaient interdit aux étrangers ; les mœurs, qui considéraient toute occupation mercantile comme indigne du citoyen romain, durent très-souvent amener des associations entre Romains qui fournissaient les fonds ou les objets corporels et les étrangers qui apportaient leur industrie et leurs soins.

22. C'est de plus et par essence un contrat de bonne foi : « *Societas si dolo malo, aut fraudandi causa coïta sit, ipso jure nullius momenti est, quia fides bona contraria est fraudi et dolo* » (1). Les Romains voyaient dans la société plus qu'un lien formé par des intérêts pécuniaires; ils y voyaient une véritable confraternité. Aussi l'action *pro socio* entraînait-elle l'infamie pour l'associé qui avait été condamné comme ayant manqué aux devoirs presque sacrés dont il était tenu envers ses coassociés.

___

(1) L. 3, 43. D. h. t.

SECTION IV

Modalité du contrat de société. Ses avantages avec d'autres contrats.

23. Sous quelle modalité pouvait-on conclure le contrat de société? Ulpien nous répond par un texte précis : « *Societas coiri potest vel in perpetuum, id est, dum vivunt, vel ad tempus, vel ex tempore, vel sub conditione* » (1). Quant au temps, les parties avaient donc une grande latitude ; une seule prohibition venait limiter leurs droits, elles ne pouvaient stipuler une société éternelle ; le terme le plus éloigné était la mort de l'un des associés ; en effet, les rapports tout personnels et de confiance qui existent entre les associés ne permettent pas qu'à l'avance on fasse entrer les héritiers dans la société. Conclure une société *in perpetuum*, c'est conclure une société sans terme défini ; elle se trouvera naturellement dissoute par la mort de l'un des associés, et notez que, même dans cette hypothèse, les associés ont le droit de réclamer la dissolution de la société, dès qu'ils ont changé d'intention : « *Nemo in communione vel societate compellitur invitus detineri* » (2). Toute clause contraire eût été nulle (3); ce que l'on demande à l'associé, c'est d'éviter une renonciation intempestive.

La société pouvait être aussi conditionnelle. Justinien nous dit que cela avait fait doute parmi les anciens auteurs (4), et il tranche la discussion dans le sens de l'affirmative; il est difficile de comprendre la prohibi-

(1) L. 1, pr. D. h. t.
(2) L. 5, Code iii, 37.
(3) L. 14, D. h. t.
(4) L. 6, Code iv, 37.

tion de l'ancien droit. Peut-être arriverait-on à donner la véritable explication de ce scrupule en disant que les jurisconsultes avaient été choqués de l'incertitude qui aurait pesé sur certains actes faits par une personne; les a-t-elle faits pour son propre compte? Les a-t-elle faits pour le compte de la société? Il y a là une indécision qui peut amener des complications.

24. Ces principes généraux admis, nous pouvons définir nettement la nature de certains contrats, qui à première vue ne présentent pas un caractère déterminé. Le Digeste nous offre plusieurs cas où des difficultés s'étaient élevées.

25. C'est d'abord l'espèce prévue par Ulpien. (L. 44, *hoc titulo*). Je vous ai donné mission de vendre une pierre précieuse : si vous en retirez dix sous d'or, vous me les donnerez; si vous la vendez plus cher, l'excédant vous restera; sommes-nous en présence d'une société? Sommes-nous en présence d'un mandat ou d'un contrat innommé? Ulpien répond : c'est une question d'intention. *Si animo societatis contrahendæ id actum sit, pro socio esse actionem; si minus præscriptis verbis.* Cette solution semble équitable, mais le même Ulpien, examinant une seconde fois la même espèce dans le titre *de præscriptis verbis* (L. 13, pr. Dig. xix, 5), est beaucoup plus absolu et dit: Il n'y a pas un mandat, car le mandat doit être gratuit; il n'y a pas société, car le propriétaire de la pierre s'étant réservé un prix certain, le vendeur peut être exclu de tout bénéfice. Deux questions ont été soulevées à ce sujet : Y a-t-il désaccord entre ces deux textes? Y a-t-il un intérêt à savoir si la convention est une société ou un contrat innommé? Sur le premier point quelques auteurs ont répondu affirma-

tivement et ont rejeté la première solution ; car, disent-ils, la participation aux bénéfices est une condition essentielle à l'existence de la société, et l'intention des parties ne peut suppléer à l'absence d'une de ces conditions ; or le vendeur n'aura peut-être aucun bénéfice. Je ne partage pas cet avis ; car le vendeur est appelé hypothétiquement à un bénéfice, et cette simple éventualité suffit pour remplir les conditions exigées par la loi ; si l'autre condition, le consentement, se trouve dans l'intention des parties, rien ne s'oppose à ce qu'il y ait société entre le propriétaire et le vendeur. La loi 44, Dig. h. t. étant admise, je vais plus loin et je dis que la loi 13, Dig. xix, 5 ne la contredit pas. Ce dernier texte suppose, en effet, que le propriétaire *non admisit socium distractionis*, l'intention manque donc.

Quant au second point, on ne peut nier qu'il y ait un grand intérêt à distinguer la nature du contrat. S'il y a contrat innommé, analogue au mandat, le propriétaire pourra, tant que la pierre ne sera pas vendue, la reprendre et révoquer son mandat ; s'il y a société, il doit respecter la mission qu'il a confiée à son associé ; le mandat que chaque associé donne à son coassocié pour les affaires communes n'est pas, en effet, révocable *ad nutum* comme le mandat ordinaire. Semblable révocation constituerait une renonciation intempestive.

Pothier, sur la même loi 44, montre que cette convention pourrait aussi avoir été conclue dans le but de faire une donation ; si le vendeur est étranger au commerce des pierres précieuses, et que la chance de bénéfice ne soit pas en rapport avec la peine qu'il se donnera, s'il lui suffit de se présenter chez un joaillier pour obtenir de suite une somme supérieure à dix sous d'or, l'avantage qu'il aura ainsi sera le résultat, non de sa peine ou de son industrie, mais de la libéralité du propriétaire.

26. Nous citerons ensuite la convention prévue par la lois 52, § 7, Dig. h. t. Flavius Victor possède un terrain propre à la construction ; il charge un entrepreneur, Vellicus Asianus, d'y construire une maison, pour revendre avec bénéfice le tout ; sur le prix qu'on obtiendra Flavius Victor prélèvera ce que lui a coûté le terrain, plus une somme déterminée, et Vellicus Asianus prendra le reste ; il se pourra que le premier réalise un bénéfice et que le second n'en ait aucun ; n'y a-t-il pas là un fait contraire à l'idée de société? Non, car l'entrepreneur a chance de gagner, et cette simple éventualité de gain suffit, comme dans le cas précédent, pour remplir les conditions nécessaires à l'existence de la société.

27. Y aura-t-il encore mandat ou société dans l'espèce rapportée par le même Ulpien au fragment 52 de notre titre? Titius et Sempronius sont limitrophes d'une propriété qui vient d'être mise en vente, ils conviennent que Titius l'achètera ; que le tiers de cette propriété dans la partie voisine de Sempronius lui sera cédée, et que Titius gardera le surplus. Quelque temps après, Sempronius achète l'héritage en question sans prévenir Titius. Ce dernier a-t-il action contre l'autre? Suivant Julien, dont l'opinion est approuvée par Ulpien, il y a avant tout une question de fait. Si l'affaire devait être traitée dans l'intérêt commun, Sempronius sera tenu par l'action *pro socio* de faire participer son coassocié à l'avantage qu'ils avaient en vue. Si Sempronius n'a eu en vue que son propre intérêt, et n'a confié qu'un

simple mandat à Titius, il ne sera soumis à aucune action, car il était libre de révoquer le mandat qu'il avait donné. Remarquons que si une discussion s'élevait à ce sujet, Sempronius, étant détenteur du fonds, reste sur la défensive, et c'est à Titius, qui attaque, qu'incombera la charge de faire la preuve.

28. Le droit romain nous montre une convention qui, réunissant toutes les conditions du contrat de société, a été classée par les jurisconsultes parmi les contrats de louage. C'est la *colonia partiaria*, par laquelle le propriétaire d'un champ le donne à cultiver, se réservant soit une quantité fixe, soit une quotité déterminée des produits, et laisse le surplus au cultivateur. Consentement, apport commun, partage commun d'un bénéfice, nous trouvons tout ce qui constitue une société; cependant, cette convention, qui diffère du louage en ce que le *merces* n'est pas un *pretium* en argent est considérée par le législateur comme un louage (1). L'explication d'une semblable anomalie se trouve dans l'intérêt de l'agriculture. Pour rester fidèle aux principes des sociétés, il eût fallu admettre que le contrat serait dissous par la mort du colon ou du propriétaire; une semblable incertitude sur la durée du contrat aurait amené de grands inconvénients; les jurisconsultes romains, fidèles à leur méthode de tourner la difficulté, ne voulurent pas poser franchement une dérogation aux principes de la société, et obtinrent, en déclassant la *locatio partiaria* la solution pratique que réclamait l'intérêt général.

29. Si deux laboureurs conviennent que l'un unira

______

(1) L. 8; L. 21, Code iv, 65.

son cheval au cheval de l'autre, pendant huit jours, pour labourer son champ, et que la semaine suivante, l'autre jouira du même avantage pour le labour d'un autre champ, il n'y aura pas contrat de société; car chacun poursuit de son côté un avantage qui ne profitera en rien à l'autre; le premier ne prendra rien de la récolte que le second obtiendra dans son champ; le second ne recueillera rien de celle que le premier aura; le résultat n'est pas destiné à devenir commun. Pour se contraindre à exécuter leurs obligations, ils n'auront ni l'action de la société, puisque la convention n'en est pas une, ni l'action du louage, puisqu'il n'y a pas de prix en argent donné en récompense du service qu'ils se rendent, ni l'action de commodat, puisque le service n'est pas gratuit; mais le prêteur considérera le pacte comme un contrat innommé et donnera l'action *præscriptis verbis* (1).

30. Autre espèce : nous avons un champ commun; nous convenons de le garder indivis, et chacun à tour de rôle le cultivera pendant un an, et recueillera la récolte entière, à la condition de donner à l'autre une somme fixe; vous causez du dégât à ma récolte, quelle action aurai-je pour me faire indemniser? Est-ce l'action *pro socio?* non; car le résultat, quoique obtenu à l'aide d'un apport commun, n'est pas destiné à être réparti entre nous; avec un peu d'attention on trouve que la convention est un louage : je vous donne à loyer cette année ma part indivise, l'an prochain je prendrai la vôtre; j'agirai donc contre vous par l'action *locati conducti*, ou bien encore par l'action *communi dividundo*. (L. 35, § 1. Dig. xix, 2).

(1) Inst., III. 24, 2.

31. Les parties ont voulu souvent masquer différents contrats sous les apparences du contrat de société; nos textes ne nous disent pas si ces simulations étaient déjà en usage à Rome, mais au moyen âge et jusqu'à la Révolution, elles eurent une grande importance. On peut voir dans Pothier comment certains casuistes avaient su éviter les prohibitions élevées contre le prêt à intérêt par les lois canoniques en combinant ensemble trois contrats: un contrat de société, un contrat d'assurance qui garantit le capital versé contre les pertes, et un contrat de vente par lequel le capitaliste vendait l'espoir d'un grand gain moyennant un profit moindre et certain. (*Contractus trium*. V. Pothier, Société, n° 22; Troplong, Soc. n° 47). De nos jours, la société peut encore être employée à masquer un prêt usuraire, ou à déguiser une vente; dans ce dernier cas, les parties évitent les droits d'enregistrement qui, très-élevés lorsque la translation de propriété a lieu par vente, sont peu importants lorsqu'elle a lieu par suite d'une société.

CHAPITRE II.

32. Les Instituts de Gaïus et de Justinien ne reconnaissent que deux classes de sociétés : la société universelle, la société particulière ou *alicujus negotiationis*. Ulpien nous donne une énumération plus complète ; il reconnaît : la société *universorum bonorum*, la société *universorum quæ ex questu veniunt* (qui peuvent être considérées comme des subdivisions de la première classe des *Institutes*), la société *negotiationis unius*, la société *rei unius*, la société *vectigalis* (qui rentrent dans la désignation des sociétés *negotiationis alicujus*) ; à la sous-classe des sociétés *vectigalis* je rattacherai comme ayant la même nature les colléges autorisés formés par les artisans du même métier.

On pourrait encore subdiviser les sociétés en deux classes parfaitement distinctes : 1° Sociétés privées, formées par la simple volonté des particuliers, sans aucune formalité spéciale, obéissant aux règles du droit commun, telles sont les sociétés comprises dans les quatre premières classes ci-dessus ; 2° Sociétés ayant un caractère public et administratif, soumises à la nécessité d'une autorisation préalable de la puissance publique, présentant des dérogations assez nombreuses aux règles ordinaires des sociétés, telles sont les sociétés d'impôt et les colléges d'artisans.

Je distingue, d'après Ulpien, la *societas universorum bonorum* et la *societas universorum quæ ex quæstu veniunt*.

SECTION Ire.

Des sociétés universelles.

33. Societas universorum bonorum. Cette société que notre législateur a jugée incompatible avec nos mœurs paraît, si l'on s'en rapporte au Digeste, où elle est fréquemment citée, avoir été assez répandue à Rome. Cependant on ne la présume pas, et les parties doivent, à cet égard, manifester leur volonté d'une manière expresse. Si elles ont déclaré simplement qu'elles voulaient s'associer, on suppose, non pas une société *totorum bonorum*, mais la société d'acquêts (1); il nous est permis de conclure de ce fait que les Romains eux-mêmes trouvaient dans cette association illimitée de tous les intérêts des contractants ce caractère exorbitant qui a fait reculer le législateur moderne.

34. 1° *Actif*. La société comprend tous les biens des associés, tant ceux qu'ils possèdent actuellement que ceux qui pourront leur advenir par la suite, à titre d'hérédité, de legs, de donation entre-vifs ou à cause de mort, et à plus forte raison ceux qu'ils acquièrent par leur travail ou leur industrie; les actions doivent être mises en commun; la dot elle-même constituée à un associé marié devient commune, mais elle n'entre pas au même titre que les autres biens; tant que la société dure, elle en jouit, parce qu'elle doit supporter les charges du mariage; la société dissoute, le mari reprend la dot parce que les charges du mariage lui incombent à l'avenir (2). Si la femme meurt avant la dissolution de

---

(1) L. 3, § 1, Dig. h. t.
(2) L. 65, § 16, Dig. h. t·

la société et que le mari soit tenu de rendre la dot, quand elle est profectice ou réceptice, il aura le droit de prélever, dans la communauté, les biens dotaux pour les restituer aux époques déterminées par la loi (1); mais l'association profitera de la dot, lorsque le mari peut la conserver (dot adventice), et de toutes les retenues qu'il a le droit d'exercer *propter mores, propter liberos, propter res donatas aut propter res amotas* (2). Lorsque, au moment de la dissolution, on est sûr que tout ou partie de la dot ne sera pas rendue, ce qui doit rester au mari est divisé entre tous les associés (3).

La société ne profite pas des délits, en ce sens que les associés ne peuvent par l'action *pro socio* demander leur part des bénéfices illicites faits par l'un d'eux; si le bénéfice a été versé dans la caisse commune, en fait il devient commun (4) et l'associé ne peut le réclamer sous prétexte qu'ayant été acquis par des voies criminelles, il n'appartient pas à la société; mais, dans le cas où il aurait été condamné à restituer, il pourra reprendre l'objet volé (5). Si un délit a été commis sur un associé, l'indemnité que celui-ci peut obtenir, par exemple, par l'action *legis Aquiliæ* ou l'action *injuriarum* appartient de droit à la Société (6).

35. La manière dont l'apport s'effectue présente, en ce qui concerne les choses corporelles, une par-

---

(1) Avant Justinien, il doit rendre les corps certains de suite, et les quantités par tiers d'année en année; sous Justinien il doit restituer les immeubles sans délai, et les meubles au bout d'un an.

(2) Ulp., Reg. 6, 9.

(3) L. 66, D. h. t.

(4) L. 53, D. h. t.

(5) L. 54, D. h. t.

(6) L. 52, § 16, D. h. t.

ticularité très-remarquable. Nous savons que la propriété ne se transmettait jamais par le seul consentement des parties, qu'il fallait, de plus, un signe extérieur, une marque, qui consistait dans la tradition.
Notre contrat présente le seul cas d'exception à cette
règle. Les Romains admettaient que l'adhésion de l'associé contenait implicitement son intention de transférer
la propriété de ses biens à ses coassociés et renfermait
une tradition tacite (1) en vertu de laquelle la translation de propriété avait lieu dès que les parties étaient
tombées d'accord (2). L'on supprimait ainsi la nécessité
du constitut possessoire qui intervenait d'habitude dans
les autres contrats. Mais pareille chose n'avait pas lieu
pour les biens acquis postérieurement, car si la volonté
de transférer la propriété peut être sous-entendue au
moment où l'on manifeste sa volonté d'entrer en société, il n'en est pas de même par la suite, l'associé
est bien tenu d'apporter ce qu'il acquiert, mais comme
on ne veut pas toujours ce qu'on doit, la loi exigeait
alors la manifestation expresse de la volonté (3). La
propriété était transmise soit par une remise matérielle
de la chose, soit par un constitut possessoire exprès.

Quelques auteurs refusent de voir dans cette translation immédiate de la propriété une dérogation à la règle :
« traditionibus et usucapionibus dominia rerum, non
« nudis pactis, transferuntur (4); » ils disent que le
transfert de propriété qui s'opère d'habitude pour les objets corporels par la remise matérielle, peut aussi bien

(1) L. 2, D. h. t.
(2) L. 1, § 1, D. h. t.
(3) L. 74, D. h. t.
(4) L. 20, D. ii, 3.

résulter d'une manifestation de volonté conforme, appelée constitut possessoire. Or, dans la société universelle, le contrat renfermant implicitement cette déclation de volonté, il est inutile que l'associé déclare, pour chaque objet en particulier, son intention de l'apporter à la société; il n'est donc pas exact, d'après eux, d'avancer que le transfert a lieu par le simple effet de la convention, il faut dire qu'il est le résultat d un constitut possessoire tacite (1).

Les créances et les actions rentraient dans la loi générale, le lien personnel du débiteur et du créancier ne permettait pas la substitution d'une personne à une autre dans l'un ou l'autre de ces deux rôles, et ce qu'une cession expresse ne pouvait faire, une cession tacite n'aurait pu le produire; chaque associé restait créancier ou débiteur, *sed actiones præstare invicem debent* (2).

Les parties étaient libres de modifier par des clauses particulières les principes généraux en excluant de la communauté les biens provenant d'une certaine origine. L'exclusion pouvait être tacite, s'il était dit que la société recueillerait les hérédités légitimes, on excluait par là les hérédités testamentaires (3).

36. 2° *Passif*. La société comprend toutes les dettes présentes des associés, et celles qu'ils contracteront dans l'avenir; elle doit supporter les charges puisqu'elle recueille les bénéfices, la nourriture, l'entretien des associés, l'éducation des enfants, et ceci malgré l'inégalité qui peut exister entre les associés. De même qu'au point

---

(1) Maynz, *Élém. de droit romain*, t. II, p. 249, note 5, et 250, note 6.
(2) L. 3, pr. D. h. t.
(3) L. 3, § 2, D. h. t.

de vue actif, des personnes de fortune très-différente peuvent valablement former une société universelle, parce que l'industrie de l'un peut suppléer à son manque de fortune (1), de même, au point de vue passif, un associé peut imposer des charges beaucoup plus grandes que ses associés, peut-être y a-t-il compensation par les avantages supérieurs qu'il procure, ou l'attente de grands biens à venir. La société est-elle tenue de l'établissement des garçons et de la dot des filles? Oui, lors même qu'un seul associé aurait des enfants. C'est la décision de Papinien (L. 81, Dig., hoc. tit.). S'appuyant sur ce texte quelques auteurs (2) exigent que la convention de dot soit insérée dans le contrat; cette opinion se réfute aisément : Papinien traite la question au point de vue général, tant pour les sociétés particulières que pour la société universelle, or cette clause doit être insérée dans les sociétés privées et dans la société universelle d'acquêts, mais elle est tacitement comprise par la nature même du contrat dans les sociétés universelles de tous biens.

Dans la loi 81, Papinien répond à une question soulevée au sujet d'une dot promise à sa fille par l'un des associés, et traite par circonstance les diverses hypothèses suivantes : 1° le père a constitué et payé une dot à sa fille : **a)** le mariage est dissous par le prédécès de la fille; le père reprend la dot, et *pacto ex œquitate interpretando* doit la reverser dans le fonds social; **b)** le mariage est dissous par le divorce : le père reprend la dot en exerçant l'action *rei uxoriæ adjuncta filia persona* (3) et la

(1) L. 5, § 1, D. h. t.
(2) Entre autres Domat.
(3) Ulp. reg., 6, 6.

verse dans la caisse sociale; mais elle y rentre *cum sua causa;* cette dot, aux yeux des Romains, étant surtout destinée à procurer un second mariage (1) n'est rendue au père qu'à la condition de la donner au second mari que sa fille prendra; elle revient à la société aux mêmes charges et conditions, et, dans cette hypothèse, si la société se dissout par la mort du père, avant que la fille ne soit remariée, celle-ci reprendra de droit, et non comme héritière de son père, la dot rendue par son premier mari (2). Le premier mari n'a-t-il, en opposant le bénéfice de compétence, rendu qu'une partie de la dot, il paraît juste que la société ne soit pas tenue de doter une seconde fois la même personne, et le père ne donnera que la portion de dot qui a été restituée. c) Le mariage est dissous par le divorce; mais après la mort du père, la femme, devenue *sui juris,* exerce seule l'action *rei uxoriæ* et n'aura rien à restituer aux anciens associés de son père.

2° Le père a promis mais non payé la dot (c'est l'hypothèse sur laquelle Papinien fut consulté), il est mort, puis le mariage est dissous par le divorce; sa fille avait hérité de l'obligation de payer la dot, ce qu'elle obtiendra par l'action *rei uxoriæ,* c'est simplement une *acceptilatio* par laquelle le mari la décharge de son obligation. Elle est donc libérée, mais elle n'a pas entre les mains la dot que son mari eût été obligé de lui rendre si le père eût payé, pourra-t-elle agir contre la société à l'effet de prélever cette dot? Papinien dit non, *non posse imputari societati non solutam pecuniam.* Pothier justifie ainsi cette solution: « La dot n'existe pas par

____

(1) M. Demangeat, *Cours de droit romain.* II, 582.
(2) Pothier, *Pand.,* § 17, h. tit.

une simple promesse, mais seulement par le payement qui en a été fait; ce payement n'ayant point eu lieu, il n'existe point de dot payée par la société, que la femme puisse retirer par préciput. Les choses doivent donc se passer comme si la société se fût dissoute avant que le père eût constitué la dot. »

37. La loi 27 h. t. ne contredit pas la proposition que nous avons annoncée ci-dessus que les dettes présentes sont à la charge de la société; d'abord il ne suffirait pas de raisonner par *a contrario* des mots *manente societate* qui se trouvent incidemment dans la loi pour renverser ce principe de raison, que les associés apportant l'ensemble de leur patrimoine, doivent y comprendre le passif aussi bien que l'actif, *bona non intelliguntur nisi deducto ære alieno*. En second lieu il suffit de lire ce texte avec attention pour voir que Paul a eu en vue les dettes conditionnelles contractées pendant la société, dont la condition n'est pas réalisée au moment de la dissolution ; cette dette ne devant pas rester en entier à la charge de l'associé qui a fait l'affaire, il a le droit de demander à la fin de la société des cautions à ses coassociés pour se faire rembourser le cas échéant.

Si un associé fait de folles dépenses, la société n'en est pas tenue ; elle les précomptera sur sa part ; je comprends sous le nom de folles dépenses toutes sommes perdues au jeu ou dissipées dans la débauche. (L. 59, § 1. Dig. h. t.)

Toute condamnation, encourue par la négligence d'un associé ou résultant de quelque délit de son chef, reste également à sa charge, la société qui en aura payé le montant pourra le prélever plus tard. Mais si la condamnation était imméritée, *si socius injuriæ judicis dam-*

natus est (1), la perte est au compte de la société; l'associé étant sans faute, le dommage est une charge de ses biens. Si l'associé fait défaut, peu importe que la condamnation soit juste ou injuste; son absence est peut-être la seule cause qui ait fait perdre le procès; s'il eût été présent, il eût éclairé la conscience du juge. Dans le cas où il a été présent au procès, le texte ne dit pas comment l'injustice du juge sera mise en évidence; le respect qui est dû à la chose jugée ne permet pas d'admettre que ce point soit une affaire privée à débattre entre les associés; l'injustice devait sans doute résulter d'un jugement rendu par un juge supérieur.

Lorsque la société a profité du délit, elle doit supporter une part de la condamnation; cette part est réglée d'après la distinction suivante. Les associés ont-ils sciemment profité du délit, la condamnation est commune; l'ont-ils ignoré, ils ne sont tenus que jusqu'à concurrence du profit qu'ils en ont retiré (2). Dans tous ces cas, l'associé qui a fait éprouver une perte à la société l'indemnisera en moins prenant au moment du partage.

38. 3° *Administration*. — L'administration et la responsabilité sont soumises aux règles de la société privée; je les examinerai plus loin en détail. Remarquons toutefois que, la société *omnium bonorum* étant propriétaire de tous les biens, les risques et périls sont toujours à sa charge; les associés n'ont pas d'apport à prélever ils sont simplement créanciers d'une part intellectuelle.

39. 4° *Partage*. — Le partage portera sur l'avoir social entier existant à la fin de la société. Ainsi que je

_____

(1) L. 52, § 18, D. h. t.
(2) L. 55, D. h. t.

l'ai dit, il ne peut être question de prélèvement, mais on tiendra compte dans la liquidation des dettes que les associés peuvent avoir les uns envers les autres.

40. SOCIETAS UNIVERSORUM QUÆ EX QUÆSTU VENIUNT. — Cette société se formait soit à la suite d'une stipulation expresse, soit lorsque les parties avaient simplement manifesté leur intention de s'associer (1).

Elle comprend activement tous les gains faits par les associés, c'est-à-dire tout ce qu'ils acquièrent, à titre de vente, de louage, d'industrie, de salaire (2), en un mot, tout ce qui provient des œuvres, *ex opera*, des associés; sont donc exclus les hérédités, les donations, les legs, car ils ne proviennent pas du fait du donataire ou du légataire, et toutes les acquisitions, même à titre d'industrie, provenant de causes antérieures à la société. La loi 52, § 8, Dig. h. tit., examine la question suivante : un militaire, qui a fait avec son frère une société de gains, doit-il partager le pécule castrans? La raison de douter est que, si nous supposons le militaire émancipé, lorsqu'il viendra au partage de la succession paternelle au moyen des possessions de bien *unde liberi* ou *contra tabulas*, il sera tenu de faire l'apport, *collatio*, de tout ce qu'il a gagné depuis son émancipation, sauf du pécule *castrans*. Mais l'analogie avec notre question est plus apparente que réelle, l'émancipé ne doit pas faire l'apport de ce pécule, parce qu'il est sa chose propre, et qu'il aurait le droit de le prélever, s'il fût resté sous la puissance paternelle : apport et préciput sont deux idées contradictoires. La société de gains est régie par d'autres

(1) L. 7, D. h. t.
(2) L. 52, § 8, D. h. t.

principes, et le pécule deviendra commun parce que les contractants ont convenu de partager toutes les acquisitions provenant *ex opera sociorum*. Or le pécule rentre dans cette définition.

La société comprend passivement toutes les dettes contractées pour son compte, mais rien que celles-là (1), les associés, n'apportant rien de leurs biens présents, restent individuellement chargés des dettes existant lors de la formation.

SECTION II.

Sociétés particulières.

Ulpien nous en indique trois.

41. Societas negotiationis alicujus. — Elle se forme lorsque deux personnes s'associent pour exercer une profession quelconque, ou pour atteindre un but déterminé. Des marchands peuvent s'entendre pour faire le commerce des esclaves (2); des ouvriers maçons ou couvreurs se réunissent pour entreprendre le gros œuvre ou la couverture d'une maison; des *argentarii* font ensemble la banque, et partagent les gains qui résultent de cette série d'opérations.

L'actif comprend les bénéfices provenant de l'affaire qui a été le but de la société; le passif comprend les engagements qui ont été pris à l'occasion de cette affaire.

42. Societas rei unius. — Elle a lieu lorsqu'un objet ou quelques objets sont mis en commun pour partager

(1) L. 12, D. h. t.
(2) Gaius, III, § 148.

le profit qui en résultera. Deux personnes achètent un champ pour en retirer ensemble les fruits (1); le propriétaire d'un cheval propose au propriétaire d'un autre cheval de même qualité, de les appareiller pour obtenir ainsi un attelage dont le prix dépassera celui des deux chevaux vendus isolément (2); tel est encore le cas du célèbre acteur Roscius qui s'était associé avec le maître de l'esclave Panurge pour instruire cet esclave et exploiter ses talents scéniques; souvent un propriétaire de bestiaux les confiait à un berger et celui-ci recevait, pour ses soins, une part des produits (3). Dans notre droit, cette convention a été réglée au titre du louage, sous le nom de cheptel simple; mais, en réalité, c'est une société *unius rei*.

L'actif ou le passif comprend, comme dans la société précédente, les gains ou les engagements relatifs à la chose mise en commun.

43. Societas vectigalis. — De bonne heure, les grandes entreprises exécutées par les Romains demandèrent que le Sénat eût à sa disposition un trésor public, d'où il tirerait les ressources nécessaires. Ces fonds, d'abord appliqués à des objets utiles, servirent, lorsque les conquêtes de Rome eurent rendu tributaires tous les peuples connus de cette époque, à embellir et à distraire la cité, maîtresse de l'univers. La forme du gouvernement ayant changé, les empereurs eurent besoin de sommes de plus en plus considérables pour satisfaire leurs ruineuses fantaisies, pour ac-

(1) L. 2, Code IV, 37.
(2) L. 58, pr. Dig. h. t.
(3) L. 8, Code II, 3.

quérir la popularité par des fêtes, des combats, des distributions de vivres, et, plus tard, pour payer l'empire mis à l'encan par les prétoriens. Les impôts devinrent de plus en plus nombreux; le fisc fit preuve d'une imagination sans égale dans la recherche de toutes les matières imposables; le Romain ne put naître, travailler, acquérir, vendre, mendier, se marier, hériter, posséder sous une forme quelconque, mourir même, sans avoir à compter avec les collecteurs des impôts.

Ces taxes si nombreuses étaient généralement acquittées en nature; l'Égypte fournissait du blé, l'Espagne de l'huile et des vins; la perception eût été bien difficile pour l'État; le transport de ces objets aurait absorbé la partie la plus nette du produit. Des associations se formèrent bientôt; elles recueillaient les impôts votés par le Sénat, en tiraient le parti qu'elles pouvaient et versaient dans le trésor une somme fixe, déterminée à l'avance. C'est le système de la ferme de l'impôt, qui existait encore en France il y a moins d'un siècle. Les richesses que ces associations acquirent leur donnèrent une importance telle que leurs membres, sous le nom de chevaliers, finirent par former un ordre dans l'État, et que, longtemps avant la fin de la République, leur amitié était recherchée par les plus grands personnages de Rome.

44. Par suite du rôle important que ces sociétés jouaient dans l'État, le Sénat se réserva le droit d'autoriser leur formation, et de régler les conditions de leur existence. Aussi, à bien des égards, ces sociétés diffèrent de celles que nous avons étudiées jusqu'ici : a) quant à leur origine, le simple consentement des parties était insuffisant, il fallait un décret du Sénat pour

les constituer régulièrement; **b**) quant à leur durée :
sous la République, elles duraient cinq ans, autant que
le pouvoir des censeurs qui avaient affermé l'impôt ;
plus tard, les empereurs prolongent de force la société,
si, à l'expiration des cinq ans, on ne trouve pas de nouveaux adjudicataires aux mêmes conditions (1) ; Constantin réduisit la durée de la société à trois ans et or-
donna que, ce terme arrivé, on procédât à une nouvelle adjudication ; **c**) quant aux modes d'extinction :
la société ordinaire est dissoute par la mort du sociétaire, une semblable décision pour le *vectigal* eût été
nuisible aux intérêts du fisc ; d'ailleurs, pour réunir les
capitaux énormes nécessaires pour avoir la ferme de
l'impôt, la société devait comprendre un grand nombre
de participants, qui tous n'avaient pas le même rôle.
L'un se rendait adjudicataire, on l'appelait *manceps*,
parce qu'il levait la main ; il était directement engagé
envers la République et répondait auprès d'elle de tous
les engagements du bail ; d'autres intervenaient comme
cautions, c'étaient les *prædes ;* d'autres étaient de simples bailleurs de fonds, ce que nous appellerions aujourd'hui des commanditaires. L'administration était
confiée à un *magister* (c'était souvent un autre que l'adjudicataire). Les *magistri* restaient à Rome pour y gérer
les affaires de la société et tenir les comptes ; ils étaient
aidés dans leurs fonctions par des sous-gérants, séjour-
nant dans les provinces et portant le nom de *proma-
gistri*. Tous ceux qui n'avaient apporté à la société *vectigalium* que leur argent, pouvaient stipuler qu'en cas
de mort, ils seraient remplacés par leurs héritiers ; il

____

(1) L. 11, § 5, D. xxxix, 4.

n'en était pas de même de l'associé, qui, comme le *magister*, apportait son activité personnelle. Sa mort eût amené la dissolution de la société; il pouvait toutefois convenir que sa part d'intérêt serait *ad personam heredis ejus adscripta* (L. 59. Dig. h. tit.); mais pour devenir associé, l'héritier devait en outre être *adscitus* (L. 63, § 8. Dig., h. tit.). La convention ne rendait pas certaine la personne de l'héritier, on n'aurait pu l'y désigner sans porter atteinte à la liberté de tester. Qu'arrivera-t-il si l'héritier n'est pas *adscitus*? il deviendra simple bailleur de fonds, et le pacte primitif lui aura toujours permis de participer aux opérations postérieures au delà; à la différence de l'héritier d'un associé, dans la société ordinaire qui est exclu de tout ce qui n'a point une cause antérieure à la dissolution, la part qui lui échoit est administrée jusqu'à la fin de la ferme par le survivant; « verumtamen omnem emolu- « mentum societatis ad eum pertineat, simili modo et « damnum agnoscat. » (L. 63, § 8.) — Quelques auteurs ont cherché à faire disparaître l'antinomie existant entre les lois 59 et 63, § 8, en disant que la loi 59 prend les parties au moment où elles entrent dans la société, auquel cas, l'héritier est nécessairement associé, sans qu'il y ait besoin d'*adscitio*, tandis que la loi 58 les prend au moment où la société, déjà formée, vient de perdre un de ses membres : l'*adscriptio* n'a pas eu lieu, néanmoins l'héritier pourra, par l'*adscitio*, prendre la qualité d'associé. — Comment admettre cette décision en présence de la loi 52, § 9, qui défend de tester d'une manière irrévocable; d'ailleurs, quel intérêt aura un associé à stipuler d'avance que son héritier le remplacera, puisque le même résultat sera at·

teint après coup par l'*adscitio*. Dans notre opinion,
l'*adscriptio* doit toujours précéder l'*adscitio*, et nous dis-
tinguons : l'héritier *adscriptus*, mais non *adscitus*, par-
tagera, activement et passivement, le résultat des opérations sociales, mais sans pouvoir prendre part à
l'administration ; l'héritier, *adscriptus* et *adscitus* devient
un véritable associé, prenant sa part, non-seulement
des résultats, mais encore de la direction de l'affaire ;
nous étendons par analogie cette distinction au cessionnaire des droits d'un associé, cession que nous croyons
valable dans la société *vectigalis*, mais qui aura des
effets plus ou moins étendus, suivant que le cessionnaire sera *adscitus vel non*. **d**) L'administration intérieure n'était pas libre, et l'approbation de l'empereur
était nécessaire pour valider les modifications ou addi-
tions faites à l'acte de société (1). **e**) Je signalerai plus
loin (voy. l'appendice) une différence capitale entre la
société *vectigalis* et les autres sociétés, quand je traiterai
la question de la personnalité des sociétés.

45. La concurrence amenait souvent les *mancipes* à
donner des prix exagérés pour obtenir la ferme ; afin
de se récupérer, les publicains étaient forcés d'avoir
recours à des exactions sans nombre: de là, des plaintes
incessantes contre eux ; de là, la haine, le mépris dont
ils furent accablés ; les gros bénéfices qu'ils réalisaient
finirent par tenter la cupidité des empereurs, et toutes
ces causes réunies amenèrent leur suppression. Lorsque l'empire fut organisé monarchiquement avec sa
hiérarchie complète, le soin de percevoir les impôts fut
réparti entre les fonctionnaires de l'État et les curiales.

______

(1) L. 10, pr. D. xxxix, 4.

Le peuple n'y gagna rien, l'incessante avidité du fisc impérial tarit toutes les sources de richesse et contribua grandement à amener la prompte décadence de l'empire romain.

46. COLLEGIA. — Les institutions romaines nous présentent encore d'autres communautés connues sous le nom de *collegia, universitates;* elles diffèrent trop des sociétés ordinaires pour pouvoir être traitées dans le même cadre; mais leur étude nous intéresse au plus haut degré; elle nous montrera quelle était la condition des classes ouvrières à Rome, quel était le rang que le travail occupait dans la cité. Nous verrons dans l'appendice, la distance énorme qui séparait ces colléges d'artisans, je ne dis pas des sociétés coopératives qui paraissent devoir jouer un rôle important dans notre réforme sociale, mais même des sociétés de secours mutuels.

CHAPITRE III.

47. 1° Tout associé est tenu d'effectuer son apport à la société ; s'il a promis des choses corporelles, il sera libéré lorsqu'il en aura fait la remise ; s'il a promis des créances, il devra céder les actions à ses coassociés, et établir chacun d'eux pour sa part *procurator in rem suam ;* s'il a promis son industrie, il ne se libérera qu'en consacrant ses soins et son activité aux affaires communes. L'associé est tenu de plus de garantir son apport; mais l'étendue de cette garantie varie suivant qu'il a promis la propriété ou la jouissance de la chose. Dans la première hypothèse, on appliquera autant que possible les règles du contrat de vente; l'associé dont la mise est revendiquée par un tiers perd ses droits dans la société; toutefois le principe d'équité domine trop dans notre contrat, la confraternité est trop essentielle, pour ne pas permettre à celui qui a été évincé de remplacer l'apport promis par un autre équivalent; cette solution sera admise d'autant plus facilement que le but de l'apport est moins de faire avoir la chose que de la faire servir au but social, sauf, bien entendu, la réparation des dommages éprouvés par la société. Lorsque l'apport a des vices cachés, la société doit être maintenue, mais on réclamera par l'action *pro socio* des dommages qui varieront suivant la bonne ou la mauvaise foi de l'associé. Dans les cas où les défauts seront suffisants pour rendre l'apport impropre au but social, on devra le considérer comme non effectué.

Dans la seconde hypothèse, il y a lieu d'appliquer les règles du louage; l'éviction mettra fin à la société comme elle met fin au bail. L'apport, étant successif, disparaît dès que la jouissance est interrompue; une des conditions essentielles du contrat manquant, le contrat n'existe plus. Si l'interruption de jouissance n'est que momentanée, on tiendra compte de ce fait dans le règlement des bénéfices (1). Si l'associé évincé est de bonne foi, il peut maintenir le contrat en remplaçant la chose évincée par un autre objet propre à tenir lieu de cette dernière (2).

48. Dans la plupart des cas, le fait de savoir si les choses ont été apportées en propriété ou en jouissance résultera des conventions des parties et ne donnera lieu à aucun doute ; si ce doute surgit, comment en sortir ? Des auteurs ont dit, il faut supposer l'apport en pleine propriété, car la société a pour but de faire un bénéfice commun ; la plus ou moins-value des apports constitue déjà un aléa, et il faut admettre, dans le doute, que la chose même est devenue commune. D'autres (3) soutiennent au contraire qu'il faut présumer la jouissance : un associé a apporté son industrie, l'autre un capital, il faut comparer l'industrie à l'intérêt du capital. Un troisième système (4) dit qu'on jugera suivant les circonstances, on examinera si la valeur de l'industrie correspond au capital ou à l'intérêt du capital.

(1) L. 19, § 6, D. xix, 2.
(2) L. 9, pr. L. 60, pr. D., xix, 2.
(3) Glück, *Pandectes.*
(4) Grotius, *De Jure belli ac pacis*, II, cap. xii.

Cette question a une grande importance, non-seulement au point de vue de la garantie, qui nous occupe en ce moment, mais encore au point de vue des risques de la chose, de la durée de la société et du partage du fonds social. Le doute provient de ce que la question n'est résolue dans aucun texte. Ulpien et Celse (1) indiquent les conséquences diverses de l'une ou de l'autre hypothèse, sans donner le moyen de les différencier. Je crois que le troisième système fournit la solution la plus équitable et suffira d'ordinaire dans la pratique. Si le doute existait encore, on pourrait, s'appuyant sur la loi 58, § 1, dire si l'apport consiste en choses fongibles, ou dont l'usage ne soit pas possible sans consommation, on décidera en faveur de la pleine propriété; s'il consiste en immeubles, instruments de travail, esclaves, etc., on décidera en faveur de la jouissance (2).

Remarquons que la garantie de l'apport ne s'applique qu'aux sociétés privées, et reste étrangère aux sociétés de tous biens (3); l'associé dans cette dernière apporte en effet tout ce qu'il possède, mais sans rien spécifier; c'est son patrimoine tel qu'il se comporte; il devra seulement exercer, au nom de la société, l'action en garantie qu'il a contre son auteur.

49. 2° Lorsque le contrat désigne un ou plusieurs associés pour administrer les affaires, ceux-là ont seuls le droit d'agir; tout acte fait par un associé non administrateur n'aura de la valeur que dans les limites de

----

(1) L. 58, pr., § 1, D. h. t.

(2) Pour exprimer l'apport avec l'intention de mettre en commun la propriété des choses apportées, nous trouvons dans nos sources le mot *communicare*.

(3) La garantie n'a pas lieu également dans la vente d'une hérédité; l'hérédité étant, comme le patrimoine, une université.

gestion d'affaires; lorsque le contrat a divisé l'administration en confiant à quelques-uns une série déterminée d'opérations, à d'autres une autre série, l'on se reportera aux clauses du contrat pour apprécier la validité des actes posés. Lorsque la convention n'a rien prévu, je pense que tous les associés peuvent gérer les affaires communes : ceci résulte de la nature du contrat plutôt que des textes qui sont muets sur cette question. L'opposition d'un seul associé suffit pour invalider les actes posés par les autres, sauf le cas d'impenses nécessaires pour la conservation des immeubles sociaux : un édit de Marc-Aurèle donne à l'associé qui a fait cette dépense, même contre la volonté de tous, le droit de réclamer ses déboursés, plus l'intérêt pendant quatre mois après la fin des travaux (1). L'empereur n'accorde que quatre mois d'intérêt, parce qu'au bout de ce temps, le constructeur peut demander qu'on lui adjuge la propriété de la maison.

L'opposition deviendrait encore inefficace si elle portait sur un acte spécialement prévu au contrat. D'autre part, les associés n'ont pas besoin de mettre opposition à un acte étranger au but social, posé par l'un d'eux; un tel acte ne les engage pas.

L'administration de la société peut être confiée d'une manière générale ou pour une opération déterminée à l'un des associés; ce dernier reçoit alors un véritable mandat qui crée entre lui et la société les rapports ordinaires de mandant à mandataire, sauf les deux exceptions suivantes : 1° La responsabilité se règle, non d'après les principes du mandat, mais d'après ceux de la société; 2° lorsque le mandat a été donné par le con-

(1) L. 52, § 10 ; L. 67, § 2, Dig. h. t.

trat même, il en devient une condition et est irrévocable ; lorsqu'il est donné postérieurement, il est révocable comme le mandat ordinaire.

58. 3° L'associé est tenu de communiquer les bénéfices qu'il a obtenus dans les opérations relatives à la société : a-t-il acheté quelque chose? il doit en rendre ses associés propriétaires (1) ; a-t-il acquis une créance? il ne peut exercer l'action contre le débiteur qu'en son nom propre, mais il doit verser le montant de la condamnation dans la caisse commune. S'il doit communiquer les gains faits *ex societate*, il n'est pas tenu de partager ceux faits *propter societatem* (2) : un esclave a deux maîtres associés, l'un d'eux lui laisse un legs, mais sans lui donner la liberté (3), l'esclave a reçu un legs inutile, quant à la part de propriété que le testateur avait sur lui ; toutefois le legs entier passera au survivant, parce que les acquisitions faites par un esclave commun, qui ne peuvent pas profiter à l'un des maîtres passent pour le tout à l'autre : « Quodcumque ad omnes dominos pervenire « non potest, id pro solido ad eum, cui adquiri potest, per-« tinere veteres comprobaverunt » (4). Le legs, recueilli en entier par le survivant est un *lucrum* qu'il a fait par suite de la société qui existait entre le défunt et lui. Sera-t-il tenu de partager avec l'héritier de l'associé? Non, disent plusieurs jurisconsultes, car ce bénéfice ne vient pas *ex societate* ; c'est le résultat de l'indivision qui existait entre les deux maîtres.

(1) L. 74, D. h. t. — (2) L. 60, § 1, D. h. t.

(3) A l'époque classique, le résultat eût été le même si l'esclave eût été nommé légataire *cum libertate*, car, *jure accrescendi*, il aurait appartenu exclusivement au survivant ; Justinien en pareille hypothèse accorde à l'esclave le legs et la liberté.

(4) L. 12, D. xxvi, 8.

51. Un associé puise dans la caisse sociale et prête à intérêt à des tiers, sera-t-il tenu de rendre compte de ce bénéfice? Nos sources font une distinction. Le prêt a-t-il été fait au nom de la société? En cas d'insolvabilité de l'emprunteur, la perte retombant sur tous, les intérêts seront partagés entre tous. Le prêt a-t-il été fait au nom de l'associé? les risques de l'insolvabilité étant à sa charge, la loi 67, § 1 l'autorise à garder les intérêts pour lui seul.

Nous ne pouvons nous empêcher de trouver cette solution assez singulière, et si elle n'était tempérée par d'autres décisions que nous allons examiner, les associés prêteraient rarement au nom de la société; l'intérêt n'est, en effet, que pour une faible part la compensation des risques; il est, avant tout, le loyer de l'argent, la représentation du service que l'emprunteur va en retirer; la raison que donne Paul pour justifier son opinion serait peu appréciée des économistes modernes.

On a, sur ce texte, soulevé la difficulté suivante : le *mutuum* consenti par l'associé ne sera valable qu'en partie, puisque l'argent ne lui appartient qu'en partie. Ceci est vrai, mais trop absolu : tant que l'emprunteur aura les espèces distinctes chez lui, les coassociés pourront les revendiquer; s'il les consomme de mauvaise foi, les associés auront l'action *ad exhibendum*. Dans ces deux cas, le *mutuum* ne vaut que pour la part du prêteur; mais dès que les espèces sont consommées de bonne foi, les associés n'ont plus d'action, et le *mutuum* se trouve validé *ex post facto*.

Y a-t-il contradiction entre la loi 67, § 1, et la loi 1, § 1, Dig. XXII, 1, qui dit que l'associé, qui a pris de l'argent commun, *qui pecuniam communem invaserit*, ou qui l'a employé à son usage, doit des intérêts de plein droit, et sans être en demeure? On peut, je crois, les concilier en remarquant que le fait de prendre dans la caisse commune constituera le plus souvent une *invasio pecuniæ communis* qui astreindra l'associé à payer des intérêts; mais le taux de ces intérêts sera le taux légal du lieu où la société a été contractée, ce ne sont pas ceux qu'il retire du *mutuum;* cette opération reste étrangère à la société, et l'associé pourra encore faire un bénéfice qu'il gardera pour lui, s'il retire des *usuræ* supérieures à celles qu'il doit à la société (par exemple, s'il prête à des capitaines de navires, *nauticum fœnus, pecunia trajectitia*). Ce qui précède ne serait pas applicable à la société universelle; le bénéfice que l'on retirera du prêt lui reviendra toujours, que le prêt ait eu lieu au nom de la société ou au nom de l'associé.

52. 4° L'associé fera entrer dans l'action *pro socio* les pertes qu'il a subies et les dommages qu'il a éprouvés en s'occupant des affaires de la société; il pourra demander une indemnité pour les bénéfices qu'il aurait pu faire, et dont il s'est privé dans l'intérêt commun; s'il a employé d'une manière utile à la société des fonds qu'il aurait prêtés à intérêt, il sera en droit de réclamer ces intérêts. Devra-t-on admettre comme pour les gains une différence entre les dommages provenant *ex societate* et ceux arrivés *propter societatem?* Labéon établit cette distinction et va jusqu'à dire que si je suis blessé en arrêtant des esclaves communs qui prenaient la fuite, je n'aurai pas le droit de me faire indemniser des dépenses que le traitement de mes blessures aura occasionnées. Julien et Ulpien repoussent avec raison une aussi rigide interprétation; s'il est juste de ne pas tenir

compte des pertes, conséquences indirectes des affaires
sociales, par exemple du désordre qui s'est introduit
dans les affaires privées de l'associé pendant qu'il donnait son temps à la société, il serait inique de ne pas
réparer les dommages qu'il a éprouvés pendant qu'il
remplissait un devoir, et dans l'espèce précitée, si j'avais
laissé enfuir les esclaves, n'aurais-je pas été coupable
de négligence, et exposé de ce chef à payer des dommages-intérêts ?

Si la perte est arrivée par suite d'une imprudence,
elle ne donnera lieu à aucune réparation ; faisant un
voyage pour la société, j'ai avec moi des valeurs considérables que j'aurais pu me dispenser d'emporter, je suis
arrêté par des voleurs et dépouillé ; je ne pourrai réclamer que la somme qui m'était nécessaire (1).

53. Un associé peut forcer ses coassociés à contribuer
au payement des obligations contractées pour les affaires
sociales. La dette est-elle échue pour la société, elle
sera payée sur le fonds commun (2). Si elle est conditionnelle et que la condition ne soit pas encore réalisée,
ou bien, si elle est à terme et que le terme ne soit pas
encore arrivé, l'associé, lors du partage, se fera donner
des cautions pour assurer son recours en indemnité,
cette caution *cum dies venerit defensum iri socium* (L. 28)
était une caution judiciaire.

Pour le cas où l'obligation proviendrait *ex delicto*, voir
ce que nous avons dit dans la *Societas totorum bonorum*.

54. 5° Dans l'exécution des obligations précédentes, les associés doivent rendre compte de leur dol et
de leur faute. Tous les auteurs admettent qu'ils sont

____

(1) L. 52, § 4, D. h. t. — (2) L. 27, D. h. t.

tenus de la faute grave assimilable au dol. Mais il y a divergence sur la faute légère, faut-il la rejeter complétement? Le paragraphe 9 aux Institutes nous montre que cet avis avait ses partisans; mais l'opinion contraire finit cependant par prévaloir, l'associé sera tenu de sa faute légère; mais, dans l'appréciation de cette faute, au lieu de le comparer à un père de famille très-diligent, on exigera simplement qu'il apporte aux affaires sociales le soin qu'il consacre d'habitude à ses propres affaires : « Non ad exactissimam diligentiam culpa di-« rigenda est; sufficit enim talem diligentiam in com-« munibus rebus adhibere socium, qualem suis rebus « adhibere solet. » (Inst. III, 25, § 9.)

Pour nous conformer à la terminologie adoptée aujourd'hui, nous dirons qu'il est tenu de la *culpa levis in concreto*. Les Institutes donnent pour justifier cette indulgence le motif suivant : les coassociés qui ont choisi un homme peu diligent ne peuvent s'en prendre qu'à eux-mêmes. Ce motif n'est pas, je crois, le véritable. En effet, cette manière d'apprécier la faute est appliquée au mari qui, quoique *dominus dotis*, est à certains égards copropriétaire avec sa femme, à la personne qui, dans l'ancien droit, recevant une chose, *contractâ fiduciâ*, s'engageait par fiducie à la rendre dans certaines hypothèses, au simple communiste, à la personne chargée par legs ou fidéicommis de rendre une partie de la sucession. Or, si la raison donnée aux Institutes pouvait être invoquée dans les deux premiers cas, puisque la femme aurait pu choisir un mari plus soigneux, le déposant un dépositaire plus vigilant, elle ne saurait l'être dans les deux derniers, puisque les communistes et les légataires n'ont pu choisir la personne en faute. La raison en droit d'apprécier dans ces diverses hypothèses la faute d'une manière relative, est que l'individu en faute, en administrant les affaires communes, administre en même temps ses propres affaires, *quoniam propter suam partem causam habuit gerendi* (1), et de plus son intérêt personnel est une garantie qu'il agira pour le mieux.

Glück a été plus loin et a soutenu que la faute légère devait être appréciée *in abstracto;* il cite en faveur de son opinion la loi 52 Dig. XIII, 6 : «Sed ubi utriusque « utilitas vertitur, ut in empto, ut in locato, ut in dote, « ut in pignore, ut in societate, et dolus et culpa præ- « statur. » Dans la vente, dans le louage, la faute est appréciée *in abstracto*, il en est donc de même dans la société. En outre la loi 23, Dig. L, 17, porte : *Societas et rerum communio et dolum et culpam recipit;* elle ne fait donc aucune distinction, et met la faute en général à la charge de l'associé. Cependant Glück était toujours en présence des textes précis, qui ne demandent à l'associé que sa vigilance ordinaire, et ces textes sont trop formels et trop nombreux (2) pour pouvoir être ainsi mis de côté ou interprétés en sa faveur. Il a voulu tout concilier en distinguant l'hypothèse où l'associé a choisi son compagnon avec soin, cas auquel il est en droit d'attendre des soins comparables à ceux d'un bon père de famille, et l'hypothèse où il connaissait la négligence de son contractant, auquel cas il ne peut se plaindre que d'un défaut inusité de soins. Il suffirait, pour faire rejeter ce système, de remarquer sa bizarrerie; il fait reposer la responsabilité de l'associé en faute non sur son fait personnel, mais sur les renseignements plus ou

(1) L. 25, § 16, D. x, 2.
(2) L. 72 ; L. 52, § 1, § 2, § 3 C. h. t. ; Inst. III, 25, 9.

moins exacts que son coassocié a pris avant de contracter avec lui ; mais nous voulons réfuter Glück par les textes mêmes qu'il invoque, et d'abord j'y cherche en vain la distinction qu'il pose ; en second lieu, la loi 5, § 2, Dig., XIII, 6, doit être examinée dans son ensemble, nous voyons alors qu'elle établit non une analogie entre les divers contrats énumérés plus haut, mais une différence entre le cas où la prestation des contractants doit comprendre au delà du dol et le dépôt dans lequel le dépositaire n'est tenu que du dol ; ce qui confirme cette opinion c'est que si, d'un côté, la société est mise à côté de la vente et du louage, qui réclament des soins appréciés *in abstracto*, d'autre part elle est assimilée à la dot qui ne comprend que les soins appréciés *in concreto ;* Ulpien, en l'écrivant, n'avait pas pour but de préciser les diverses catégories de la faute, mais de faire ressortir la différence qui existe entre le dépôt et les autres contrats. De même, la loi 23 Dig. L, 17, ne vise nullement les divers degrés de faute ; ces deux lois écartées, nous n'avons plus devant nous que les textes si formels que nous avons cités plus haut.

Les associés sont libres de modifier par des pactes ces principes généraux en matière de responsabilité ; ainsi ils peuvent convenir qu'ils seront tenus de la *culpa levis in abstracto*, ou à l'inverse, qu'ils ne seront tenus que de leur faute lourde ; ils ne pourraient toutefois stipuler qu'ils ne seront pas tenus du dol : « Illud non probabis « dolum non esse præstandum, si convenerit ; nam hæc « conventio contra bonam fidem contraque bonos mores « est » (1).

____

(1) L. 1, § 7, D. XVI, 3.

La responsabilité se trouve parfois augmentée tacitement : un associé, qui apporte son industrie, reçoit après estimation l'apport en nature de l'autre associé ; cette estimation aura pour résultat, non de transférer la propriété, mais de fixer à l'avance l'indemnité que le preneur aura à payer si la chose périt, et de lui imposer cette vigilance extrême que nos textes désignent par le mot de *custodia*. Tout accident qu'il aurait pu prévenir en prenant des précautions, comme le vol simple, restera à sa charge ; il ne sera libéré que par des cas de force majeure, tels qu'une inondation, un vol à main armée.

55. L'associé ne peut compenser les dommages qu'il a causés avec les bénéfices qu'il a procurés. La compensation ne s'établit en effet qu'entre une dette et une créance ; or, s'il est débiteur du chef des dommages causés, il n'a, en versant les bénéfices dans le fonds commun, acquis aucune créance ; il s'est simplement libéré d'une obligation (L. 26).

56. La demeure constitue une variété de la faute ; elle a pour effet de mettre d'une manière absolue les risques de l'objet à la charge de l'associé débiteur. La perte même fortuite de la chose n'est plus un pur cas fortuit, depuis qu'il s'est rendu coupable d'inexécution ; elle est, dès lors, considérée comme ayant été déterminée par sa faute, à moins qu'il ne fasse la preuve du contraire en établissant, ce qui sera facile dans la plupart des cas, que la chose aurait péri également entre les mains de ses coassociés. Par suite de la demeure, il est encore tenu de remettre les accessoires qui se sont joints à la chose depuis la demeure, ainsi que les fruits qu'elle a produits ou qu'elle aurait pu produire entre les

mains d'un bon père de famille. Lorsque la chose est une somme d'argent, la demeure l'astreint à payer les intérêts. Il doit ces intérêts, même sans demeure : 1° lorsqu'il s'est emparé de l'argent commun ; *cum invaserit pecuniam communem ;* 2° lorsqu'il l'a employé à son usage personnel (1).

Dans ces diverses circonstances, l'associé ne pourra-t-il pas être condamné à payer non-seulement l'intérêt légal, mais encore une indemnité dans la mesure *quod socii intersit moram eum non adhibuisse?* La loi 60, § 1, applique cette dernière manière d'apprécier le montant de ce qui est dû par l'associé, « qui in eo quod ex societate « lucri faceret reddendi moram, adhibuit cum ea pecunia « ipse usus sit. » Les interprètes sont divisés sur l'interprétation de ce texte. Plusieurs considèrent la phrase incidente, *cum ea pecunia ipse usus sit*, comme une phrase explicative, et traduisent : lorsque l'associé est en demeure, par exemple, s'il a employé l'argent à son usage personnel (2). Ce système soulève plusieurs objections ; il n'explique pas le subjonctif *usus sit* à moins d'interpoler la conjonction *aut* comme le font Cujas et Pothier ; il rend inexplicable la phrase qui suit : Sed si aut usus « ea pecunia non sit, aut moram non fecerit, contra esse ; » il contredit manifestement la loi 1, § 1, Dig. XXII, qui dit formellement que, dans le cas où l'associé est simplement en demeure, il ne doit que les intérêts ordinaires. Glück propose avec raison le système suivant : S'il y a simplement demeure, ou emploi des fonds dans un but

____

(1) L. 1, § 1, D. XXII, 1.

(2) Cujas (Observ. 23, 27). — Pothier, § 44. *Pand.*. h. t. Ces deux auteurs ajoutent le mot *aut* devant *cum ea pecunia*. — Noodt, *De fœnere et usuris.* L. 1, cap. 5. — Molitor, II, 303.

personnel, sans demeure, il n'est dû que l'intérêt simple; si les deux conditions sont réunies, il y a lieu de se
montrer plus sévère envers l'associé, qui sera condamné
in quod socii intererat. Lorsque l'associé meurt, plus de
société, nous restons dans le droit commun, et l'héritier ne sera jamais tenu que des intérêts moratoires
(L. 60).

57. Le cas fortuit a naturellement pour effet de
libérer la partie qui est dans l'impossibilité d'exécuter
son obligation. Celui qui a promis une chose déterminée n'est plus tenu de l'apporter, si elle périt; les autres
parties ne seront pas moins obligées, et devront partager
avec lui le surplus de l'actif social (1); si l'apport au lieu
d'être en propriété était en jouissance, il en serait autrement, dès que la chose périt, la société est dissoute,
puisque l'un des associés n'effectue plus l'apport successif qu'il avait promis; si ce dernier se trouve déchu
de ses droits, il aura toujours l'avantage de n'être soumis à aucuns dommages-intérêts. Même solution pour
l'associé qui a promis son industrie, et que la maladie
rend incapable de travailler; car ici encore l'apport est
successif, et la société est dissoute. Cependant, par analogie de ce qui a lieu dans le louage de services, je
pense que, lorsque l'industrie de l'associé n'a pas un
caractère personnel, il pourra demander le maintien
de la société en se faisant remplacer par un tiers expérimenté.

58. 6° « C'est encore une des obligations qui naissent du contrat de société, dit Pothier (2), que chacun
des associés est obligé de laisser ses associés jouir et

______

(1) L. 58, pr. *in fine*, D. h. t. — (2) *De la Société*, n° 133.

user des choses communes, comme ils en doivent jouir suivant les lois et les conventions de la société (1).

59. 7° « Le résultat de la société est commun à tous les associés tant pour le bénéfice que pour la perte : si l'un d'eux a reçu sa part de créance d'un débiteur commun, devenu insolvable par la suite, il est tenu de rapporter ce qu'il a reçu. Il n'a touché, pourrait-on dire, que ce qui lui était dû, et n'a rien à restituer; cependant Ulpien décide que cette part devra être rapportée à la masse, car il est contraire à l'équité qu'un associé soit mieux traité qu'un autre (2); en droit on peut soutenir que tout associé, devant préférer à son propre intérêt celui de la société, ne peut recevoir pour sa part, il ne reçoit jamais que pour le compte de la société. Pour le même motif l'insolvabilité d'un associé doit être supportée par tous les autres, c'est un dommage commun (3).

60. Généralement le contrat indique dans quelle proportion les associés doivent partager les bénéfices et contribuer aux pertes. S'il ne contient rien à cet égard, chacun aura une part virile; c'est évidemment le sens des mots *æquales partes* que nous trouvons aux Institutes (4), et *æquas partes* qui sont au Digeste (5). Il me semble difficile d'admettre l'opinion des commentateurs qui le traduisent par *parts proportionnelles;* l'égalité entre les associés est l'idée qui se présente le plus naturellement; le règlement de parts proportionnelles entraînerait de grandes difficultés quand l'un aurait apporté une mise en nature, l'autre son industrie. Si dans les lois 76

(1) L. 52 § 13, D. h. t.
(2) L. 63, § 5, D. h. t. — (3) L. 67, pr. D. h. t.
(4) Inst., III, 25, 1. — (5) L. 6, L. 76, D. h. t.

et 80 on trouve une idée de proportion, c'est que les associés, en remettant à un arbitre le soin de déterminer les parts, ont par là même écarté l'hypothèse de parts égales, et manifesté l'intention d'établir une certaine proportion (1).

Les associés ont, dans le contrat, fixé les parts qu'ils prendront dans le gain, ils n'ont rien dit pour les pertes ; tout le monde admet que chacun aura dans les pertes une part égale à celle qu'il a dans le gain (2).

61. Les associés ont remis la fixation des parts à l'arbitrage d'un tiers. Si ce dernier ne consent pas à remplir sa mission, ou s'il meurt avant de l'avoir terminée, la société sera nulle (3), les parties se seront trouvées dans une communauté de fait, chacune retirera ce qu'elle a apporté en corps certains ou en argent ; des choses ont elles péri, la perte sera pour celui qui les a apportées, puisque les communistes ne sont pas obligés de contribuer aux pertes. Si l'arbitre remplit sa mission, les parties sont tenues de respecter sa décision ; il lui est loisible d'apprécier les avantages que chacun procure à la société, et en conséquence de donner à l'un une part supérieure à celle de l'autre ; sa nomination prouve que les parties reconnaissaient la nécessité de faire cette appréciation ; les apports n'étant pas égaux, elles désiraient qu'un homme capable vînt proportionner la part de chacun à sa mise sociale (4). Ce mandat comporte une certaine latitude, sans toutefois donner à l'ar-

---

(1) Nous citerons les fragments suivants : L. 7, § 2, D. xxxiv, 5, où *pro portionibus hœreditariis* est opposé à *œquas partes*. — L. 5, § 2, D. xlvi, 3, où *œqualiter* est opposé à *pro rata*. —L. 23, D. xxxvi, 1, où *œquas partes* est synonyme de *viriles partes*.

(2) Gaius, III, 150, *in fine*. Inst. Just., III, 25, 3.

(3) L. 75, D. h. t. — (4) L. 80, D. h. t.

bitre des pouvoirs illimités. La décision doit être telle que l'aurait prise un homme de bien, *ad boni viri arbitrium*, et si elle est d'une injustice manifeste, la partie lésée aura le droit de demander en justice sa réformation, *eo magis quod judicium pro socio bonæ fidei est* (1).

La loi 76, en disant: *Etsi nominatim persona sit comprehensa, cujus arbitratu fit*, laisse entendre qu'il était loisible de renvoyer la fixation des parts à un arbitre, sans le désigner immédiatement; la société n'en était pas moins formée, et en cas de contestation sur le choix de cet arbitre, le juge eût été compétent pour le nommer. Une pareille décision n'aurait pas été admise en matière de vente où le prix devant être déterminé ne peut être remis au jugement d'une personne incertaine (2).

62. Les associés peuvent fixer en toute liberté les parts que chacun doit prendre dans le gain ou dans la perte; mais ceci ne fut pas admis sans contestation; en vertu de l'idée exagérée d'égalité et de confraternité que les jurisconsultes romains voulaient faire prévaloir dans notre contrat, L. Mucius repoussait la clause qui aurait attribué à l'un des associés une part dans le gain supérieure ou inférieure à celle qu'il avait dans les pertes. Servius Sulpicius, dont l'avis prévalut, valida non-seulement cette clause, mais même celle qui, accordant une part de bénéfice à un associé, l'affranchissait de tout risque de perte, ce qui arrivait quand l'industrie de l'un avait une valeur bien supérieure aux apports des autres. Mais on prohiba toujours la clause qui excluait un associé de toute part dans le bénéfice; semblable con-

____

(1) L. 78, L. 75 et sqq., D. h. t. — (2) L. 15, Code IV, 38.

dition eût rendu la société léonine, ou pour mieux dire l'eût empêchée d'exister, puisque nous ne pouvons la concevoir sans l'espérance d'un bénéfice commun.

Lorsque les parts dans le gain et la perte sont inégales, il faut entendre que cette inégalité ne porte que sur le résultat final ; il ne serait pas permis à Titius qui a deux tiers de bénéfice et un tiers de perte, de prendre les deux tiers de chaque opération avantageuse et d'entrer pour un tiers dans celles qui n'ont pas réussi ; il arriverait ainsi infailliblement à prendre tout le bénéfice net, et à en exclure son associé ; on réunira toutes les opérations de la société ; si elle a bien opéré, après avoir prélevé ce qu'il faut, pour payer les dettes, Titius prendra les deux tiers du reliquat actif ; si elle a mal opéré, on commencera par employer tout l'actif à l'extinction des obligations, et Titius contribuera pour un tiers au payement du surplus.

63. 8° Les rapports des associés ont un caractère tout personnel, qui ne permet pas à l'un d'eux d'introduire une tierce personne dans la société, sans le consentement des autres ; il est libre de s'unir à ce tiers relativement à la part qu'il a dans la société ; mais ceci est une association distincte de la première, qui n'intéresse nullement les autres membres. *Socii mei socius, socius meus non est*, dit Ulpien (L. 20). Examinons avec les lois 21, 22, 23 les résultats d'une semblable combinaison.

Je suis associé avec Titius, Titius s'adjoint Sempronius ; les bénéfices que je ferai, je les partagerai avec Titius, non avec Sempronius, *nos cum eo non communicabimus* (1) ; Titius et Sempronius se partageront cette moitié.

Les profits faits par Sempronius dans des opérations

____

(1) L. 21, D. h. t

sociales, ou avec l'aide des objets appartenant à la société, sont, à mes yeux, faits par Titius; il devra les verser dans la caisse commune où j'en prendrai la moitié. Le dommage causé par Sempronius est, pour moi, le fait de Titius; celui-ci sera donc tenu de le réparer, *factum præstabitur societati,* dit le même texte, sauf à lui à recourir contre Sempronius.

Pourra-t-il compenser les bénéfices et les dommages provenant des faits de Sempronius. Pomponius croyait la chose douteuse, mais Ulpien dit avec raison que, sans aucun doute, la compensation ne peut avoir lieu. Car à mon égard le dommage a été causé par Titius, le bénéfice également réalisé par lui, et nous savons que l'associé ne peut prétendre compenser les gains et les dommages (1).

Dans ses rapports avec Sempronius, Titius doit lui donner sa part des bénéfices provenant soit des opérations que j'ai faites, soit des opérations que lui, Titius, a faites. Y a-t-il eu perte résultant d'un dol ou d'une faute : si c'est moi qui suis coupable, Titius obtiendra de moi des dommages-intérêts, et les communiquera à Sempronius; si c'est Titius qui est en faute, il sera poursuivi d'abord par moi à raison de la première société, ensuite par Sempronius à raison de la seconde.

Supposons un instant que Sempronius, débiteur de la société, soit insolvable. Suffira-t-il à Titius de me céder l'action qu'il a contre lui? Pomponius était porté à admettre cette solution; mais ici encore Ulpien tranche la question d'une manière plus conforme aux principes; Titius devant *præstare factum Sempronii* est tenu personnellement et indéfiniment envers moi, car je ne puis

(1) L. 23, § 1, D. h. t.

souffrir de l'association qu'il a formée en dehors de moi.

Prenons l'hypothèse inverse; je suis hors d'état de remplir mes engagements envers Titius; il lui suffit en ce cas de céder en partie l'action qu'il a contre moi à Sempronius; celui-ci ne pouvait ignorer la société qui existait entre nous deux, et savait quels étaient les risques qu'il avait à courir. D'ailleurs, Titius, en associant Sempronius, lui a cédé une part d'une universalité de droits, et celui qui cède une universalité n'est pas tenu à garantie.

64. Un associé peut encore disposer entre-vifs ou à cause de mort de sa part dans la société; ici, comme dans l'hypothèse précédente, les rapports personnels continuent entre les associés; le tiers cessionnaire reste étranger aux opérations; il prend simplement la place de son cédant dans les résultats. Si, par exemple, un associé a vendu sa part, l'acheteur aura l'*actio empti* pour réclamer à son vendeur tout ce que celui-ci aura retiré de la société; de son côté le vendeur lui demandera, par l'*actio venditi*, outre le prix de vente, sa contribution aux pertes qu'a éprouvées la société. Un associé a aussi le droit de vendre la part indivise qu'il a dans un objet commun. Cette vente ne change rien aux relations sociales, et si le vendeur ne pouvait demander le partage, l'acquéreur, entrant simplement dans les droits de son auteur, doit rester dans l'indivision; les associés auront contre lui toutes les exceptions qu'ils auraient pu opposer au vendeur. Ce dernier sera de plus, s'il avait renoncé à la faculté de vendre, tenu à des dommages-intérêts (1).

____

(1) L. 16, § 1; L. 17, pr. D. h. t.

CHAPITRE IV.

65. La société, comme les autres contrats, ne produit d'effet qu'entre ceux qui ont été parties, la qualité d'associé ne modifie pas les relations avec les tiers ; pour ces derniers, l'association est *res inter alios acta ;* nous démontrerons plus loin que jamais les jurisconsultes romains n'ont reconnu aux sociétés civiles le caractère de personne juridique, et lorsque nous parlons des droits de la société, des obligations de la société, nous donnons au mot société un sens collectif, pour désigner plus brièvement tous les associés. Les rapports des associés et des tiers doivent donc être réglés d'après les principes généraux.

66. 1° Si tous les associés ont contracté avec les tiers, ils seront tous créanciers pour une part virile, à moins de convention contraire entre le tiers et eux, ou à moins que le tiers n'ait connu la répartition des parts.

Comme les créances de choses divisibles se divisent de plein droit, et que la solidarité ne se présume pas, il y aura autant de créances que de créanciers associés, autant de dettes que de débiteurs associés ; la solidarité n'existe entre associés que dans certains cas spécialement prévus par les textes ; les banquiers étaient tenus *correaliter* (1). Les diverses personnes qui avaient constitué ensemble un facteur de commerce ou un capitaine

____

(1) L. 9, pr.; L. 25, pr.; L. 27, pr. Dig. ii, 14.

de navire (1) répondaient solidairement des engagements pris par leurs préposés (2). Quant aux sociétés de
publicains, le fragment 9, § 4, Dig. XXXIX, 4, n'est pas
assez clair pour qu'on les soumette à la solidarité. Quelques auteurs argumentant de la loi 44, § 1, Dig. XXI, 1,
disent qu'il y a solidarité pour la garantie des vices
cachés d'une chose vendue par tous les associés ; nous
pensons que ce texte était spécial aux marchands d'esclaves, *venaliciarii ;* leurs fraudes habituelles et le mépris
dans lequel ils étaient justement tenus, avaient nécessité
ces mesures exceptionnelles. Il était loisible du reste aux
parties de stipuler cette solidarité.

67. 2° Si un seul associé, ou quelques-uns seulement
ont traité avec les tiers, il n'existe d'obligation et d'action
qu'entre les tiers et les associés qui sont intervenus au
contrat. C'est l'application des règles du mandat. Le
mandataire ne représente pas le mandant ; il ne peut stipuler pour ses associés ni promettre en leur nom, la
stipulation serait inutile ; il doit parler en son nom, il
n'acquiert que pour lui-même et n'oblige que lui. L'é-
quité demande pourtant que les mandants profitent des
avantages qui résultent de l'opération ou en supportent
les charges. Si l'associé a stipulé dans les limites de son
mandat, il devra céder les actions qu'il a acquises à ses
coassociés ; s'il a promis, il aura par l'action *pro socio* le
droit de se faire indemniser, ou mieux, il cédera au
tiers créancier le droit d'exercer cette action.

Il peut se faire que l'associé mandataire refuse de
céder son action ; le préteur viendra au secours de l'é-

----

(1) L. 1, § 25, D. xiv, 1.
(2) Si au lieu de préposer un capitaine au navire, les *exercitores* le
commandaient en personne, la solidarité cesserait. L. 4, pr. D. xiv, 1.

quité ; les associés, en présence de la mauvaise volonté ou de l'insolvabilité de leur mandataire, poursuivront directement le tiers par des actions utiles, *actio utilis empti, locati, ex stipulatu;* le préteur les leur accordera *pro portione qua socii sunt.* Le tiers, dans le même cas, aura son recours contre les associés au moyen d'actions *adjectitiæ qualitatis,* le préteur lui donnera une *actio utilis quasi institoria* (1).

La ratification accordée après coup à l'associé, qui a agi sans mandat, produit les mêmes effets : « Semper « qui non prohibet pro se intervenire, mandare creditur. « Sed, et si quis ratum habuerit quod gestum est, obstrin- « gitur mandati actione. » Remarquons que dans ces diverses actions les associés ne figureront pas comme associés, mais en qualité de mandants.

A défaut de mandat et de ratification, l'associé qui, sans en être chargé et à l'insu des autres, a fait des opérations dans l'intérêt commun, oblige ses associés et leur acquiert des créances, conformément aux règles de la gestion d'affaires.

68. En dehors de ces cas, l'associé, qui agit sans mandat, est seul en jeu, et les conséquences des actes posés par lui restent étrangères à ses coassociés. S'il achète une maison, il en reste propriétaire quand même il l'aurait payée avec des fonds empruntés à la société ; il sera simplement tenu de rembourser le montant de l'emprunt, plus les intérêts. S'il fait un emprunt en dehors des opérations communes, il est seul obligé, lors même qu'il a versé tout ou partie de l'emprunt dans la caisse sociale. Quelques personnes ont, dans ce cas, accordé au

(1) L. 10, § 5, D. XVII. 1.

prêteur l'action *de in rem verso* en invoquant la loi 82
de notre titre : «Jure societatis per socium ære alieno
«socius non obligatur, nisi in communem arcam pecu-
«niæ versæ sint. » Mais telle n'est pas l'espèce prévue par
cette loi ; il ne s'agit nullement, dit Cujas, de la question
de savoir si celui dont l'associé a fait un emprunt est
tenu envers le tiers prêteur, mais quand il est tenu envers son associé emprunteur, et la loi décide qu'il n'est
tenu qu'autant que la somme a été versée dans la caisse
commune. En comparant la loi 82 avec la loi 16, Dig. XII,
1, et la loi 27, pr. Dig. II, 14, nous voyons que l'associé
n'est jamais tenu envers les tiers, lorsque son coassocié
agit sans mandat : «Non quærimus, ajoute Cujas, in
«credita pecunia, ad quem ea pecunia pervenerit, sed
«quis eam pecuniam rogavit, quis contraxit, ut hic solus
«obligetur.» Sénèque dit encore, *de beneficiis*, §5 : «Pe-
«cunia ab eo petitur, cui credita est, quamvis illa ad me
«aliquo modo pervenerit. »

Quant à l'action *de in rem verso*, elle n'a rien à faire
dans notre matière ; si, en effet, on examine quelle a été
l'origine de cette action, on voit que le droit prétorien
l'a introduite comme complément de l'*actio institoria et
exercitoria,* pour le cas où le fils ou l'esclave a agi sans
mandat. Le prêteur avait, en pareille circonstance,
connu la qualité de fils de famille ou d'esclave qu'avait
son emprunteur ; il savait qu'ils étaient les représentants du père ou du maître, et qu'entre eux il ne peut
y avoir d'intérêt distinct ; mais, si l'emprunteur est une
personne *sui juris*, le prêteur n'a en vue que la personne, que le crédit de son emprunteur ; il a accepté
sa foi ; il n'aura de recours que contre lui, et nullement
contre ceux qui pourront avoir reçu par la suite la

somme empruntée; sans cela il faudrait que dans chaque transaction, les parties eussent soin de rechercher l'origine des sommes qui leur sont remises. Ainsi, au moins du temps des jurisconsultes classiques, l'action *de in rem verso* ne se donnait jamais contre celui qui a profité de seconde main de l'emprunt fait *proprio nomine* par une personne *sui juris*. Après cette époque, cette action restreinte d'abord au père de famille et aux personnes placées sous sa puissance, paraît généralisée et appliquée à toute *in rem versio*, même entre personnes qui ne sont liées par aucune puissance, *liberæ personæ*. « Alioquin si cum libero res ejus agente, cujus pre- « cibus meministi, contractum habuisti, et ejus per- « sonam elegisti, pervides, contra dominum nullam te « habuisse actionem, nisi vel in rem ejus pecunia pro- « cessit, vel hunc contractum ratum habuerit » (1).

Si l'associé qui agit sans mandat n'oblige pas ses coassociés envers les tiers, lors même qu'il a versé dans la caisse sociale les sommes empruntées, il les oblige envers lui-même à raison de ces sommes dont il a augmenté l'avoir de la société, et qui ne constituaient pas un bénéfice *ex societate ;* c'est le cas que vise la loi 82 dont j'ai parlé tout à l'heure; à défaut d'action directe, le prêteur agira indirectement, en exerçant l'action qui lui sera cédée par son emprunteur.

69. 3° Les associés ont traité avec les tiers par l'intermédiaire d'un esclave commun — **a**). L'esclave a stipulé; il fait acquérir l'action à chaque associé, en raison de sa part dans la société, car chacun a de l'esclave une part indivise proportionnelle à la part qu'il prend dans

____

(1) L. 7, § 1, Const., Dioclétien et Maximin, Code. IV, 26.

l'actif social. Cette division de la créance n'aura pas lieu si l'esclave a stipulé nominativement pour un seul maître. — **b)** l'esclave a promis. S'il a promis par l'ordre d'un seul maître, ce dernier est seul obligé ; s'il a promis par l'ordre de tous, l'action *quod jussu* se donne *in solidum* contre chacun d'eux, *quia similes sunt duobus mandantibus* (1). De même si l'esclave a été mis à la tête d'un navire (*exercitor*) ou d'un commerce terrestre (*institor*), l'action *institoria* et l'action *exercitoria* sont données *in solidum* contre chaque associé, *ne in plures adversarios destringatur qui cum uno contraxerit* (2).

70. Le droit qu'a le créancier d'agir *in solidum* contre chaque associé a été contesté pour le cas où l'un d'eux est insolvable ; car, dit-on, ce droit n'existe qu'autant que le défendeur a la possibilité, par un recours postérieur contre ses coobligés, de recupérer une partie de ce qu'il a payé, et on invoque les mots de la loi 14, Dig. xiv, 3 : « Certe ubicunque actio societatis vel com-« muni dividundo cessat, quemque pro parte sua con-« demnari oportere constat. » Mais ces mots ne doivent pas être détachés du reste de la loi, et en poursuivant la lecture du texte, nous voyons que Paul suppose un prêt fait à un esclave ; le maître en mourant laisse deux héritiers et affranchit l'esclave ; le créancier pourra-t-il poursuivre *in solidum* chaque héritier ? Non, dit Paul, car d'une part l'esclave n'ayant jamais été commun entre eux, celui qui aurait payé la totalité de la dette, n'aurait pas le secours de l'action *communi dividundo* pour se faire rembourser la moitié afférente à son cohéritier ; d'autre part, les créances et les dettes du dé-

____

(1) L. 5, § 1, D. xv, 4. — (2) L. 1, § 25; L. 2, D. xiv, 1 ; L. 13, § 2, D. xiv, 3.

funt, lorsqu'elles ne sont pas indivisibles, se partagent de plein droit entre ses successeurs, et s'il laisse deux successeurs, comme le suppose la loi qui nous occupe, chacun d'eux ne pourra être poursuivi que pour moitié. Paul ne recherche donc pas si, en fait, un des héritiers n'aura aucun recours ou qu'un recours illusoire, il applique simplement le principe de la division des dettes entre les héritiers, et sa décision est complétement étrangère à notre question.

Les associés tenus *in solidum* auront-ils le droit d'invoquer le bénéfice de division? Marcellus semble l'accorder en général à tout débiteur tenu *in solidum*, dans le cas où tous sont solvables (1). Mais ce bénéfice paraît n'avoir été admis en définitive qu'au profit des tuteurs (2). Nous ne pensons pas que la Novelle 99 leur soit plus favorable ; cette novelle, dont la texte est d'ailleurs obscur et difficile à comprendre, semble, de l'avis des meilleurs auteurs, s'appliquer uniquement au cas où les débiteurs se sont obligés en se cautionnant l'un l'autre *cum alterna fidejussione* (3).

71. 4° Les associés ont confié un mandat à un tiers. Ce mandat ne présente rien de particulier; pas plus qu'un autre mandat, il n'établit de rapport direct entre les mandants et les tiers qui contractent avec le mandataire. Celui-ci ne peut stipuler, promettre qu'en son propre nom ; il s'oblige personnellement envers les tiers, mais il se fera indemniser par les associés (4); il oblige

____

(1) L. 47, D. xix, 2. — (2) L. 1, § 11, § 12, D. xxvii, 3.

(3) Doneau, M. de Savigny, M. Demangeat, II, 269.

(4) De bonne heure cependant le préteur accorde aux tiers une action utile, qui, *ad exemplum institoriæ*, leur permet d'agir directement contre les mandants.

les tiers envers lui, mais il devra céder les actions aux associés; ces derniers auront, pour arriver à ce résultat, l'action *mandati*, si le mandat est gratuit. Dans le cas où leur action deviendrait illusoire, le préteur a fini, quoique avec beaucoup de peine, par leur donner une action utile qui leur permettra d'agir directement contre les tiers. Dans une hypothèse spéciale, lorsque le mandataire avait fait un *mutuum* avec l'argent de la société, les associés avaient une *condictio certi directa* contre les tiers; les jurisconsultes faisaient intervenir ici une sorte de tradition de brève main (1).

(1) L. 9, § 8, D. xii, 1.

CHAPITRE V

72. Je n'essayerai pas d'introduire dans les différentes causes qui amènent la dissolution des sociétés une classification rigoureuse, que Modestin et Ulpien n'ont pas cherché à établir; elle présenterait peu d'utilité; je procéderai par simple énumération, en examinant d'abord les causes qui paraissent dériver d'un fait volontaire des parties, et à la fin celles qui proviennent d'un fait indépendant.

73. 1° La société finit par l'expiration du temps pour lequel elle a été contractée (1), lors même que le but que les parties avaient en vue n'a pas été atteint. Ce terme est d'ordinaire explicite, cependant il peut être implicitement désigné. Exemple : deux personnes se sont associées pour exploiter un hôtel meublé; l'immeuble, qui ne leur appartient pas, leur a été loué pour neuf ans; la société finira avec le bail.

Le terme peut être prorogé par le consentement unanime, soit d'une manière formelle, soit d'une manière tacite.

Le terme n'est jamais *jure civili* une cause d'extinction des obligations; son seul effet est d'enlever tout caractère frauduleux ou intempestif aux renonciations postérieures.

74. 2° La fin de l'opération, qui était le seul but de la société (2). Cette cause de dissolution rentre quelque peu

(1) L. 65, § 6, D. h. t. — (2) Instit., III, 25, 6. L. 65, § 10, D. h. t.

dans celle que nous venons de mentionner, la fin de l'opération constituant, selon quelques-uns, un terme implicite. Je crois pourtant qu'à la différence de ce qui a lieu dans la société à terme, l'associé peut ici valablement renoncer sans être obligé de donner une raison légitime de sa retraite.

75. 3° Le mutuel dissentiment, « quoniam consensu « nudo contrahi potest, etiam dissensu contrario dissolvi « potest (1) ; le dissentiment peut être tacite, tous les associés cessent de se voir et agissent chacun de leur côté (2).

76. 4° La renonciation d'un seul ou de plusieurs des associés ; nous distinguerons à ce sujet entre le cas où la société a une durée illimitée, et celui où elle est à terme fixe.

Dans le premier cas, la société est dissoute par la volonté d'un seul, pourvu que la renonciation soit de bonne foi, faite en un temps convenable et portée à la connaissance de tous.

a). De bonne foi, c'est-à-dire qu'elle ne soit pas faite dans le but de s'approprier un bénéfice qui doit être commun entre tous; Paul nous en donne deux exemples (3). Dans une société de tous biens, un associé renonce parce qu'il est appelé à une hérédité qu'il veut recueillir seul; Paul décide que, par suite de ce dol, les coassociés auront le droit de demander le partage de l'hérédité, si elle est bonne, de la refuser si elle est onéreuse. — Deux personnes se sont entendues pour un achat commun, puis l'une s'empresse de renoncer pour

___

(1) L. 80, C. xlvi, 3. — (2) L. 64, D. h. t.
(3) L. 65, § 3, § 4, D. h. t.

faire seule cette acquisition. L'associé a le droit, s'il juge
l'opération avantageuse, de réclamer la copropriété
de l'objet acquis; il peut, dans le cas contraire, rester
inactif, et par suite, étranger à l'acquisition. Le dol produit ici son effet ordinaire, et entraîne pour le contrat
une nullité relative que peut seul invoquer celui qui en a
été victime.

Mais il ne faut pas étendre outre mesure le principe
que la renonciation frauduleuse ne nuit qu'à son auteur;
ce principe ne s'applique qu'au fait que le renonçant
avait en vue. Aussi, dans notre première espèce, nous
déciderions que celui qui a renoncé en vue d'une hérédité aura droit de garder la donation qui lui est faite
postérieurement à sa renonciation (1).

b). Faite en temps convenable, la renonciation est intempestive quand elle pourrait occasionner des pertes à
la société. Labéon en donne un exemple. Nous avons
acheté des esclaves; puis, sans motif, vous voulez rompre
notre société à un moment où les esclaves sont à un prix
peu élevé, de telle sorte que la liquidation m'occasion-
nera des pertes; je pourrais, par l'action *pro socio*, vous
demander compte de cette perte. Toutefois la renonciation n'est pas intempestive si elle nuit aux intérêts d'un
associé pris isolément; elle ne l'est qu'autant que l'intérêt commun est compromis (2). Les effets de la renonciation intempestive sont les mêmes que ceux de la renonciation frauduleuse, elle nuit au renonçant qui n'a
aucun droit aux bénéfices faits postérieurement, et profite à ses associés qui peuvent le faire contribuer aux
dettes.

(1) Gaius, III, 154, Inst. Just., III, 25, 4.
(2) L. 65, § 5, D. h. t.

c). Portée à la connaissance de tous. Aucune difficulté lorsque l'associé exprime lui-même sa volonté de se retirer, mais il peut le faire connaître par lettre, par messager, par mandataire. Dans ce cas, il se trouve jusqu'à un certain point à la discrétion de ses associés, qui peuvent tenir la renonciation pour bonne du moment même où le renonçant a manifesté sa détermination, ou n'en faire sortir les effets que de l'instant où ils en ont eu connaissance, suivant que le premier ou le second parti leur paraîtra plus avantageux.

77. Celui qui renonce en l'absence de son associé se place dans la même position jusqu'au moment où ce dernier a connu ce fait (1). De même il ne suffit pas pour rompre une société qu'un maître retire à son esclave l'autorisation qu'il lui avait donnée; à l'égard du maître et de l'esclave, la société ne sera terminée que lorsque leur intention sera connue des autres associés (L. 18).

Celui qui gère les affaires d'un associé peut, à moins que son mandat ne contienne une clause prohibitive à cet égard, faire une renonciation valable (2). De même un *procurator*, si un associé lui signifie sa renonciation, a capacité pour l'accepter ou la refuser (3). Le curateur d'un fou a, vis-à-vis des associés de ce fou, le même pouvoir qu'un administrateur général (4).

78. Examinons maintenant le cas où la société doit durer jusqu'à un terme fixé d'avance; pareille convention ne prive pas complétement les associés du droit de renoncer; mais elle produit cet effet que la renonciation doit non-seulement satisfaire aux conditions que

(1) L. 17, § 1, Dig. h. t. — (2) L. 65, 7, Dig. h. t.
(3) L. 65, § 8, D. h. t. — (4) L. 7, Code IV, 37.

nous venons d'exprimer, mais encore avoir une cause légitime. Parmi ces causes légitimes, nos sources indiquent, mais non d'une manière limitative, le cas où le renonçant aurait à se plaindre de la conduite injuste ou frauduleuse de l'un de ses associés (L. 14), celui où il ne lui serait pas permis de se servir des choses sociales (L. 15), celui où, chargé d'administrer la société, il se verrait forcé de faire une longue absence pour le service de la république, sans pouvoir trouver un gérant capable de le remplacer (L. 16, pr.).

Les associés ne peuvent abdiquer d'avance le droit qu'ils ont de renoncer à la société, le principe que *in communione vel societate nemo compellitur invitus detineri* (1) était d'ordre public; les parties ne pouvaient y déroger par aucune clause; quel sera donc l'effet de la clause *ne abeatur* dont nous parle Pomponius? simplement d'assimiler les sociétés illimitées aux sociétés à terme et d'invalider toute renonciation qui ne serait pas motivée par une cause légitime.

Le pacte *ne dividat* implique-t-il la défense de renoncer? Nullement; tout associé aura, malgré ce pacte, le droit de renoncer sans avoir besoin de donner un motif, pourvu que ce ne soit ni frauduleusemnt ni à contre-temps; mais il sera tenu de rester dans l'indivision jusqu'au moment fixé; s'il vend à un tiers sa part indivise d'un objet commun, la vente sera valable, mais si le tiers, devenu propriétaire, veut exercer l'action *communi dividundo*, il sera repoussé par une exception tirée du pacte (2).

Les causes de dissolution que nous venons de voir

(1) L. 5, Code III, 37. (2) L. 16, § 1, D- h. t.

dérivent de la volonté des associés, celles qui suivent en sont complétement indépendantes.

79. 5° La mort de l'un des associés (1); cet événement suffit, pour dissoudre la société, non-seulement vis-à-vis de l'associé défunt, mais encore vis-à-vis des autres associés. S'il n'y avait que deux associés, cette conséquence est forcée, car j'ai voulu me lier avec telle personne dont le caractère ou la capacité m'était connue, et non avec ses héritiers que je ne connais pas. S'il y avait plusieurs associés, le résultat doit être le même, car je puis n'être entré dans la société que parce que je comptais sur le talent du défunt, ou l'influence qu'il pouvait avoir sur mes associés.

Cette dernière présomption peut tomber devant la volonté contraire manifestée même dès le contrat; il nous est licite de convenir que la société continuera avec les survivants (2); on se contentera alors de remettre aux héritiers du défunt ce qui devait lui revenir.

Si les héritiers paraissent capables, les survivants sont libres de s'associer avec eux, mais cette convention ne prolongera pas l'ancienne société, elle donnera naissance à une nouvelle; ce qui est défendu d'une manière absolue, c'est le pacte qui, par avance, substituerait dans la société l'héritier à son auteur. Les relations personnelles et de confraternité qui sont la base et l'élément essentiel d'une bonne société, s'opposent à ce qu'on s'engage d'avance à rester avec une personne incertaine (3). Dira-

---

(1) Je crois que, malgré l'influence des idées stoïciennes, le suicide aurait été considéré comme une renonciation intempestive, et aurait donné lieu à des dommages-intérêts.

(2) Inst. III, 25, 5, *in fine.* — L. 65, § 9, D. h. t.

(3) 65, § 11, D. h. t.

t-on qu'il est aisé de lever cette difficulté en désignant dans l'acte de société l'héritier que l'on veut choisir, on vient se heurter contre d'autres principes encore plus absolus. Ai-je désigné mon héritier légitime? la clause est nulle, car je ne puis renoncer au droit de tester. Ai-je désigné Titus qui n'est pas appelé à mon hérédité *ab intestat?* la clause est encore nulle, Titus ne sera pas mon héritier, car je ne puis instituer un héritier dans un contrat; cela ne m'est permis que dans un testament *jure perfectum* (1).

Rappelons ce que nous avons dit au sujet des sociétés d'impôts; c'est que ces sociétés, étant plutôt des associations de capitaux que des réunions de personnes, n'étaient pas dissoutes par le décès d'un associé et que les héritiers venaient prendre la place du défunt, sauf le cas où l'individualité de ce dernier était indispensable à la conduite des affaires sociales. (Voir § 44.)

80. En fait, les survivants peuvent avoir continué les opérations sociales, soit entre eux, soit avec les héritiers du défunt; si cette communauté d'action a duré assez longtemps, ils seront réciproquement tenus de toutes les obligations d'associés ordinaires; car la société peut être formée par consentement tacite, et dans l'hypothèse de plusieurs associés survivants, on présumera facilement l'intention de s'associer (L. 37).

La preuve contraire sera admise; par exemple, les héritiers du défunt prouveront qu'ils n'ont agi que pour terminer une opération commencée par leur auteur, et que, ce faisant, ils n'ont voulu que satisfaire au devoir imposé à l'héritier de tout mandataire (L. 40); une nou-

____

(1) L. 52, § 9, D. h. t.

velle société ne se sera donc pas formée, on liquidera
en conséquence, les héritiers prendront leur part tant
dans les pertes que dans les gains des opérations faites
du vivant de leur auteur, car ils ont recueilli dans sa succession les droits et actions qu'il avait, et resteront étrangers au résultat des opérations postérieures (1). Remarquons, du reste, que quant aux opérations commencées
par le défunt et qu'ils ont dû terminer, ils ne sont tenus
que de leur dol et de la faute grave (2).

81. 6° La mort civile était assimilée à la mort naturelle et amenait la dissolution de la société; car les obligations qui pesaient sur la personne civile s'éteignaient
avec elle, par suite de cette idée que l'obligation constituant un rapport de personne à personne ne pouvait subsister quand l'un des sujets de ce rapport avait disparu (3).

La *maxima capitis deminutio* faisait passer l'associé sous
la puissance d'un maître; celui-ci était *loco heredis*, et
prenait les biens à charge de payer les dettes ; il réclamait donc, à raison des faits antérieurs à la perte de la
liberté les gains faits en commun ; de leur côté, les associés lui demandaient de contribuer aux pertes résultant des mêmes faits, au moyen d'une action utile que
le préteur leur accordait.

La *media capitis deminutio* faisait perdre la cité, et ceux
qui héritaient du déporté, étaient dans la même position que le maître dans le cas précédent ; remarquons

(1) Toutefois, tant qu'ils resteront dans l'indivision avec les associés
de leur auteur, ils pourront, par l'*actio communi dividundo*, prendre leur
part des fruits et produits de la chose commune.

(2) L. 40, L. 65, § 9, D. h. t.

(3) M. Machelard, *Oblig. nat.*, p. 318.

toutefois cette différence entre la *media* et la *maxima capitis deminutio;* le citoyen devenu pérégrin avait une nouvelle personnalité, et, le contrat de société étant du droit des gens, les anciens associés pourront former une nouvelle société avec le déporté devenu pérégrin.

82. La *minima capitis deminutio*, qu'elle fût le résultat d'une émancipation ou d'une adrogation, n'était pas une cause de dissolution; Julien déclare que la société formée avec un fils de famille n'est pas détruite par l'émancipation; les associés, pour tout ce qui précède ce moment, pourront agir contre le père de famille (1); contre le fils, ils agiront aussi bien à raison des actes faits avant ce moment que de ceux faits après (2).

De même que le fils émancipé reste associé, de même l'homme *sui juris* qui se donne en adrogation reste dans la société, et l'adrogeant ne le remplace pas. Paul nous en donne la raison: c'est que personne n'est tenu d'être associé avec quelqu'un qu'il n'a pas choisi; or, telle serait la position de l'adrogeant; pas plus que les héritiers d'un associé défunt, il n'a le droit de se substituer aux relations personnelles existant entre l'adrogé et ses associés. Dans la rigueur du droit civil, l'adrogé, en conservant tous ses droits, était dégagé de toutes ses obligations; mais ce résultat, trop préjudiciable aux intérêts communs, fut modifié peu à peu. Et d'abord, tous les droits actifs que possédait l'adrogé (3) passent à l'adro-

---

(1) Il faudra, en ce qui concerne ces actions, distinguer si le fils avait contracté la société par l'ordre de son père ou sans son ordre. Au premier cas, les associés auront en tout temps le droit d'exercer l'action *quod jussu* ; au second cas, l'action *de peculio*, qui est seule à la disposition des intéressés, doit être intentée dans l'année qui suit l'émancipation.

(2) L. 58, § 2, D. h. t.

(3) Sauf avant Justinien, l'usufruit, les *operæ liberti*, les droits d'agnation et autres droits personnels.

geant, non d'après une disposition du droit civil ou du
droit prétorien, mais d'après le droit coutumier (1) ; c'est
la conséquence de cette sorte de succession universelle
que produisait l'adrogation ; l'adrogeant deviendra copropriétaire des choses communes, il intentera l'action
pro socio pour les faits antérieurs à l'adrogation parce
qu'il l'a trouvée dans le patrimoine de l'adrogé, pour
tous les faits postérieurs parce qu'il l'a acquise par son
nouveau fils en vertu des droits de la puissance paternelle.

Les obligations de l'adrogé sont éteintes d'après le
droit civil, sauf celles résultant d'un délit dont il se serait rendu coupable à l'égard de ses associés ; mais le
préteur vient au secours de l'équité ; il accordera une
action avec formule fictice, l'action *pro socio rescisa capitis
deminutione* (2) et si l'adrogé n'est pas défendu, le préteur
autorisera la vente de tous les biens qui lui appartenaient. Cette rescision de l'adrogation n'était pas une
véritable *restitutio in integrum ;* elle en diffère en ce que
le préteur, qui ne prononce jamais la *restitutio* sans avoir
préalablement examiné les faits, et qui s'était réservé le
droit de l'accorder ou de la refuser, paraît avoir toujours
accordé *de plano* l'action fictice ; et surtout en ce que
l'exercice de cette action, ainsi que le dit formellement
Ulpien (3), n'était pas comme la *restitutio in integrum* ren-
fermé dans un délai de rigueur ; les créanciers pouvaient
l'intenter en tout temps ; quant aux dettes postérieures,
l'adrogé en est tenu personnellement et civilement
comme tout fils de famille, et les associés pourront, en

(1) Inst. III, 10, pr.
(2) Gaius, III, 84-iv, 38. — (3) L. 2, § 5, D· iv. 5.

outre, intenter contre l'adrogeant les diverses actions accordées contre le père de famille.

83. La vente des biens amenait encore la mort civile du débiteur et, comme conséquence, la fin de la société. Le droit civil avait donné au fisc public le droit de faire vendre en masse les biens d'un débiteur; cette vente, ₁ui s'appelait *bonorum sectio*, avait lieu, *sub hasta* et transportait à l'acheteur le *dominium legitimum;* le droit prétorien étendit cette pratique aux créanciers privés; la masse des créanciers pouvait faire vendre l'universalité des biens du débiteur, après une série de formalités qui ne sont pas de notre sujet; c'était la *venditio bonorum*. Ces deux ventes produisaient un effet analogue à celui de la mort naturelle; l'adjudicataire devenait le successeur du débiteur insolvable, et ce dernier était dépouillé de tous ses droits; la société qu'il avait formée était rompue (1).

84. 7° La pauvreté de l'associé était encore considérée par les Romains comme une cause de dissolution; c'est à ce titre que, du temps de Justinien, les débiteurs malheureux, dont les biens ont été confisqués, et qui, en vertu de la loi Julia, ont fait une cession de biens à leurs créanciers, ne font plus partie de la société. Cet empereur avait enlevé à l'ancienne *venditio* et *sectio bonorum* l'effet remarquable que nous venons de signaler, ce n'était plus un mode d'acquérir d'une manière universelle; la *distractio bonorum*, vente partielle de tous les biens, les avait remplacées; elle n'entraînait plus la mort civile, mais, plongeant l'associé dans l'*egestas*, elle n'en dissolvait pas moins la société.

---

(1) Gaius, III, 154. — Inst. Just., III, 25, 7. — L. 67, § 1, § 12, D. h. t.

85. 8° L'aliénation d'un esclave associé. Paul, dans la loi 58, § 3 de notre titre, suppose qu'un maître a permis à son esclave de s'associer avec Titius. Qu'arrivera-t-il s'il vend cet esclave et que l'acheteur approuve l'association? y aura-t-il continuation de la même société ou formation d'une nouvelle? D'après Paul, l'aliénation de l'esclave a rompu la première société, et le consentement du nouveau maître en a formé une seconde, *ex integro alteram inchoatam*. En effet, l'esclave n'a pas de capacité propre et ne peut être *socius* que *ex persona domini;* l'aliénation faisant changer la personne du *dominus*, fait changer celle du *socius*. Le cas est le même que lorsqu'un associé, du consentement de ses coassociés, s'est substitué un tiers. Que deviennent les créances et les obligations? Les créances provenant de la première société sont au nom du vendeur, et il les gardera pour lui; les créances provenant de la nouvelle société resteront par contre la propriété exclusive de l'acheteur, au nom duquel elles ont été acquises. Si les tiers poursuivent l'exécution des obligations au moyen des actions *quod jussu, exercitoria, institoria*, ils agiront contre le vendeur, pour tout engagement antérieur à l'aliénation; contre l'acheteur, pour tout engagement postérieur; s'ils emploient l'action *de peculio*, ils n'ont de recours que contre le détenteur du pécule, c'est-à-dire le vendeur, si l'esclave a été vendu sans son pécule, ou si le pécule est entré dans la vente pour un prix distinct; l'acheteur, si l'esclave et le pécule ont été vendus en bloc (1).

Notons en terminant que l'adoption d'un fils de fa-

_____

(1) L. 32, § 2, L. 33, D. h. t.

mille ne saurait entraîner ces conséquences ; le fils de famille a une personne, une capacité juridique ; son changement de famille est sans influence sur la durée de la société.

86. 9° Tout événement qui ne permet plus d'atteindre le but que les associés s'étaient proposé, une loi qui prohiberait l'opération pour laquelle la société a été contractée, rentrerait dans ce cas.

10° La société *negotiationis alicujus* est dissoute quand l'opération est terminée ; désormais il n'y a plus d'avantage commun à obtenir.

87. 11° La perte du fonds social met fin aux sociétés particulière, (1). La société universelle de tous biens, ayant encore l'espoir des biens à venir, et la société universelle de tous gains ayant toujours l'industrie des associés, échappent à cette cause de dissolution. Mais la société particulière, lorsque le fonds social ou du moins la chose principale qui constitue ce fonds à péri, tombe de fait, puisque les associés ne sont pas tenus de verser un nouvel apport. Ce versemont eût-il lieu, la société n'en aurait pas moins été dissoute ; car ce versement est un fait postérieur qui ne peut résulter que d'un nouveau consentement ; il aura pour effet, non de faire revivre l'ancienne société, mais d'en créer une nouvelle.

La perte d'une seule chose peut amener la dissolution ; mais il faut distinguer : 1° Un associé a promis comme apport la propriété d'une chose déterminée. La chose a-t-elle péri par cas fortuit avant que la propriété eût été transmise, mais sans que l'associé fût en

____

(1) L. 63, § 10, D. h. t.

demeure, elle périt pour la société, et le promettant se trouve libéré de son obligation, sans perdre aucun de ses droits ; car, dans un contrat bilatéral, si l'une des personnes obligées est mise par force majeure dans l'impossibilité d'exécuter le fait qui lui incombe, elle se trouve affranchie, sans pour cela être privée du droit d'exiger la prestation qui lui est due par la partie adverse en vertu du même rapport obligatoire (1). La chose a-t-elle péri après le transfert de propriété, elle périt encore pour la société qui en était devenue propriétaire, et les rapports réciproques des associés n'éprouvent aucune modification. 2° Un associé a promis simplement la jouissance d'une chose. La perte de cet objet détruit la société ; il y avait promesse d'un apport successif, promesse qui n'est jamais complétement remplie tant que dure la société. La chose périssant, l'associé manque à son obligation et perd ses droits correspondants.

L'industrie d'un associé est également un apport successif ; est-il hors d'état de s'occuper de la société, il doit se retirer, à moins qu'il ne prouve que son industrie n'est pas un fait personnel et qu'un tiers pourra utilement agir en son nom (1).

Dans le cas où l'apport consiste dans la jouissance d'une chose ou dans l'industrie d'un associé, si une partie seulement a péri, nous déciderons par analogie des règles du louage que l'associé perdra de ses droits une quantité proportionnelle à la partie d'apport détruite (3).

(1) Inst. III, 23, 3.
(2) L. 31, D. xlvi, 3.
(3) L. 9, § 4 ; L. 17, § 6 ; L. 28, § 2, D. xix, 2.

88 12° *Ex actione*. Paul nous dit que la société se dissout *ex actione*, par suite d'une stipulation ou d'un jugement.

a) D'une stipulation.—La loi 71 nous indique comment ces stipulations étaient conçues d'ordinaire; elle nous indique aussi qu'il faut distinguer avec soin le cas où les parties ont voulu adjoindre au contrat une clause pénale, ce qui donnera simplement le droit de réclamer le montant de cette peine par l'action *pro socio*, et le cas où elles ont voulu faire novation et déduire dans la stipulation ce qui fait l'objet du contrat de société, ce qui donnera ouverture à l'action *ex stipulatu* (1).

b) D'un jugement.—Lorsque les parties demandent un compte général, la dissolution résulte de la délivrance de la formule de l'action *pro socio*. On présume qu'en agissant ainsi, les parties veulent renoncer à la société. mais ce mode de dissolution ne se confond pas avec la renonciation; car, malgré la renonciation, les obligations des associés ont pour cause le contrat de société (2), au contraire, la *litis contestatio* éteignait soit de plein droit, soit à l'aide d'une exception, les obligations antérieures (3); *mutata est societatis causa*, nous dit Paul, et le demandeur agira désormais en vertu de la formule délivrée par le magistrat.

----

(1) L. 71, pr. D. h. t.
(2) L. 65, pr. D. h. t. — (3) Gaius, III, 180, 181.

CHAPITRE VI

DE L'ACTION PRO SOCIO

———

SECTION Ire.

De l'action pro socio.

89. Le contrat de société n'engendre qu'une seule action à la différence des autres contrats consensuels, vente, louage, mandat, qui donnent lieu à deux actions, une *actio directa*, une *actio contraria* ; c'est que dans la société nous trouvons des obligations identiques pour chaque contractant, nous n'y rencontrons pas deux rôles, comme dans les contrats que nous venons de nommer ; aussi l'action est *directa ab utraque parte.*

Par cette action, les parties poursuivent l'exécution de toutes les obligations résultant du contrat ; elle leur servira à faire effectuer les apports des associés qui sont en retard, à obtenir la réparation des dommages causés par l'un d'eux, à être indemnisées des dépenses faites dans l'intérêt social ou des pertes éprouvées en gérant les affaires communes, à demander la communication des gains réalisés et des actions acquises.

L'action *pro socio* peut être intentée à diverses reprises : pendant la durée de la société, toutes les fois qu'un associé voudra obtenir un des résultats mentionnés plus haut ; à la fin de la société, pour arriver au règlement de comptes de chaque associé, et procéder au partage définitif. Souvent elle se trouvera concourir avec d'autres actions.

90. L'indivision qui existe entre les associés par rapport à divers objets, leur permet d'intenter l'action *communi dividundo*, qui appartient à tout communiste, et souvent il y aura lieu de choisir entre les deux actions. Veut-on partager les fruits d'une chose commune; ce but peut être atteint aussi bien par l'action *communi dividundo* que par l'action *pro socio*. La réparation des dommages causés à la chose commune, l'indemnité à raison des impenses faites sur cette chose seront obtenues indifféremment par l'une ou l'autre voie; mais, à côté de ces points de contact, je me hâte de signaler des différences importantes.

91. 1° L'action *pro socio* comprend dans sa formule toutes les prestations personnelles que l'on est en droit d'exiger de ses associés, mais elle ne peut avoir pour résultat d'attribuer la propriété d'un objet commun à l'un des associés. La formule ne contenait pas cette quatrième partie que le magistrat ajoutait à certaines actions pour donner au juge le droit de transférer le *dominium*, et qui portait le nom d'*adjudicatio*. Pareil effet résultait au contraire de l'action *communi dividundo*, qui renfermait une *adjudicatio*. Lorsque les parties voulaient procéder à un partage, elles pouvaient bien commencer par intenter l'action *pro socio*, qui déterminait, eu égard aux obligations réciproques des associés, la part qui revenait à chacun dans les objets communs, mais, pour devenir propriétaire de cette part, il fallait recourir à l'action des communistes, et alors le juge, en vertu des pouvoirs conférés par l'*adjudicatio*, opérait la translation de propriété. En résumé, l'action *pro socio* pouvait être déclarative de propriété, elle n'était jamais attributive. Les parties auraient pu recourir de suite à la seconde

action, parce que dans cette dernière le juge pouvait et devait tenir compte des prestations personnelles que les communistes se devaient.

Pourquoi les Romains n'avaient-ils pas, pour éviter ces difficultés, ajouté une *adjudicatio* à l'action de la société? C'est que le but de la société est non de faire un partage, mais d'obtenir un résultat commun. Le partage des biens sociaux ne figurera jamais dans l'action de la société que comme une conséquence indirecte et médiate du contrat lui-même. L'introduction d'une *adjudicatio* eût été, dans la plupart des cas, sans objet, les associés ayant le plus souvent recours à cette action pour obtenir une toute autre prestation que celle de transférer la propriété. Si, d'ailleurs, on eût ajouté cette partie de formule à toute action qui peut tendre, dans certains cas, à un transfert de propriété, on eût dû l'ajouter à l'action *empti*, à l'action *mandati*, quand le mandataire a acheté quelque chose pour notre compte, à l'action *ex mutuo* et à bien d'autres.

Les associés pourront commencer indifféremment par l'une ou l'autre action; seulement le juge devra tenir compte dans la seconde de ce qu'ils auront obtenu dans la première (L. 43).

92. 2° Les créances qui appartiennent à la société, n'entreront jamais dans l'action *communi dividundo*, « parce que cette dernière n'a pour objet que des choses communes, et qu'une créance ne peut pas être réputée, à proprement parler, une chose commune. En effet, ou l'associé a prêté en son nom propre, et dans ce cas il a acquis une créance qui lui est personnelle et non commune, ou il a prêté au nom de la société, et dans ce cas la créance qu'il a acquise n'est pas commune, mais se

divisera entre tous les associés (Pothier, *Pandectes*, *sur la loi* 43). »

Lorsqu'un associé a acquis une créance en son nom, ses créanciers lui demanderont, par l'action *pro socio*, soit à être constitué par lui *procuratores in rem suam* pour la part qui leur revient, soit à recevoir une caution pour leur garantir, si la dette n'est pas encore échue, qu'ils auront part au payement.

93. 3° L'action *pro socio* ne s'applique qu'aux prestations qui ont leur cause dans le contrat de société, l'action *communi dividundo*, à celles qui ont leur source dans l'état d'indivision.

94. 4° Le défendeur qui succombe dans l'action née de l'indivision n'encourt aucune peine spéciale; le défendeur à l'action de la société est noté d'infamie. Le déshonneur qui résultait d'une semblable condamnation n'était pas purement nominal, il avait des conséquences civiles et politiques, telles que Cicéron, dans un de ses plaidoyers, considère cette peine comme presque capitale (1), et que Modestin assure qu'elle était qualifiée ainsi dans le langage ordinaire (2). Nous citerons parmi les conséquences politiques la perte du *jus honorum*, c'est-à-dire l'aptitude aux dignités et aux magistratures romaines (3), et peut-être celle du *jus suffragii*, ou droit de prendre part aux comices; parmi les conséquences relatives au droit civil l'incapacité de postuler pour autrui.

---

(1) Si qua enim sunt privata judicia summæ existimationis et pene dicam capitis, tria bæc sunt, fiduciæ, tutelæ, societatis. (Pro L. Roscio, 6.)

(2) Licet capitalis omnis causa existimationis videatur. (L. 103, D. L, 16.)

(3) L. 1, pr. D. xlviii, 7.

L'infamie encourue par l'associé qui succombait dans l'action *pro socio* ne s'étendait pas aux héritiers d'un associé défunt ; c'était une peine toute personnelle (1).

95. 5° L'action *pro socio* laisse au défendeur la ressource d'opposer le bénéfice de compétence et de n'être condamné que dans la limite de ses moyens ; pareil bénéfice n'existe pas dans l'autre action. La confraternité qui existe entre les associés aggrave donc la condamnation au point de vue de l'infamie, mais elle apporte en revanche cet adoucissement que les commentateurs ont appelé bénéfice de compétence, et qui est accordé dans un grand nombre d'autres circonstances, où les relations d'affection qui doivent exister entre le demandeur et le défendeur, demandent que le premier ne se montre pas trop rigoureux envers un débiteur malheureux ; en jouissent le père et la mère poursuivis par leur fils (2), le frère et la sœur actionnés par leur frère (3), les époux entre eux (4), le beau-père à qui son gendre réclame la dot (5), les soldats d'une manière générale (6), le donateur vis-à-vis du donataire (7), le patron et ses enfants, le père et la mère du patron vis-à-vis de l'affranchi, le débiteur insolvable et de bonne foi qui a fait cession de biens (8).

La condamnation n'était pas calculée de même pour chacune de ces personnes ; le donateur avait un avantage sur tous les autres ; on commençait par déduire de son actif tout ce qu'il pouvait devoir à d'autres per-

(1) L. 6, § 6, D. iii, 2.
(2) Inst. IV, 6, 38. — L. 16, D. xlii, 1. — (3) Arg., L. 63, pr. D. h. t.
(4) Inst. IV, 6, 37. — L, 17, D. xlii, 1. — (5) L. 19, § 1, D. xlii, 1.
(6) L. 6, L. 18, D. xlii, 1. — (7) L. 19, D. xlii, 1.
(8) L. 4, pr. D. xlii, 3.

sonnes, et le juge avant de condamner devait encore réserver sur ce surplus ce qui était indispensable au donateur pour vivre. Dans l'action *pro socio*, le juge devait certainement compenser la dette du défendeur avec les créances qu'il pouvait avoir contre le demandeur ; mais pour le surplus il n'avait pas à se préoccuper des dettes ayant une autre origine, qui grevaient le patrimoine du défendeur (1); il faisait le calcul eu égard à la situation de l'associé au moment du jugement (2), et ne réservait rien pour laisser vivre l'associé. Les compilateurs du Digeste ont maladroitement introduit dans le texte de Paul (3) les mots *ne egeant*. Ces mots peuvent avoir leur valeur quand il s'agit du donateur, puisqu'on tient compte de toutes ses dettes ; mais, dans les autres cas, ils auront pour unique résultat de nuire aux associés, sans que le débiteur en profite ; car ce qui lui sera laissé par le juge sera immédiatement saisi par les autres créanciers, à qui il ne peut opposer le bénéfice de compétence.

Le défendeur perdait ce bénéfice s'il s'était mis volontairement dans l'impuissance de payer en faisant donation de ses biens (mais non s'il avait négligé d'acquérir) ou s'il s'était rendu coupable de dol (4).

96. La question de savoir si tout associé jouissait du bénéfice de compétence paraît avoir fait doute à l'époque classique. Nous trouvons du moins deux textes d'Ulpien qui semblent se contredire. Dans le premier (L. 63, pr. de notre titre), il nous dit que plusieurs n'admettaient le bénéfice de compétence que dans les socié-

---

(1) L. 63, § 3, D. h. t.
(2) L. 63, § 9, D. h. t. (3) L. 173, pr. D. L, 17.
(4) L. 68, § 1, D. h. t. — L. 22, § 1, D. XLII, 1.

tés universelles, mais que Sabinus, dont il adopte l'avis, accordait ce bénéfice à toutes les sociétés. Dans la loi 16, *de re judicata*, XLII, 1, il restreint sa décision aux sociétés de tous biens. Pothier nous donne trois opinions que cette difficulté avait déjà fait naître de son temps (1); il pensait que les mots qui terminent la loi 16, *socium autem omnium bonorum accipiendum esse*, avaient été intercalés par un glossateur. S'il n'en est pas ainsi, il faut au moins sous-entendre le mot *maxime* qui aurait marqué le fait signalé par la loi 63, pr., c'est-à-dire que, pour les sociétés universelles, le doute n'a jamais existé. Cette correction du texte, soit d'une manière, soit de l'autre, semble difficile à admettre, car les différentes éditions du Digeste et des Basiliques concordent sur ce point. La seconde opinion qu'il emprunte à Schülting, consiste à dire que le second texte énumérait ceux qui jouissaient toujours du bénéfice de compétence, et qu'il n'a pas cité les sociétés particulières où ce bénéfice faisait quelquefois défaut, parce que les associés étaient libres d'intenter une autre action que l'action *pro socio*. Cette opinion ne repose sur aucun argument, c'est un pur avis. Enfin, dit Pothier, on peut admettre qu'Ulpien suivait l'opinion de Sabinus quand il a écrit le premier texte, et qu'il avait changé d'avis en écrivant le second.

Ces diverses solutions ne valent pas, je pense, celle qu'a proposée récemment M. de Vangerow. La loi 22, § 1, *de re judicata*, nous apprend que le préteur s'était réservé de n'accorder le bénéfice de compétence à l'associé que *causa cognita*, probablement dans les sociétés

______

(1) *Pandectes*, h. t., § 46.

universelles, les liens de confraternité étaient tellement
forts que jamais le préteur n'aurait refusé son consentement, et la loi 16 aurait implicitement marqué cette
différence. La *causæ cognitio* avait pour but d'examiner
si le défendeur était bien réellement associé, ou s'il
ne s'était pas rendu coupable de dol. Pour l'époque de
Justinien, le texte bien formel des *Institutes* (1), lève
toute difficulté, le bénéfice appartient à tous les associés; le mot *socius* est pris dans son acception la plus
étendue.

97. L'associé avait seul le droit de n'être condamné
que *in id quod facere poterat;* le père ou le patron qui
avait ordonné au fils ou à l'affranchi de former une
société ne partageait pas ce droit (2); les héritiers
ou autres successeurs universels de l'associé n'en jouissaient pas davantage. Le fidéjusseur n'y peut également
prétendre, mais il en profitera lorsqu'il n'est pas poursuivi directement, c'est-à-dire lorsque l'associé étant en
cause, il reste étranger au procès, ou se présente simplement comme *defensor* de l'associé (3).

SECTION II.

Concours de l'action pro socio avec d'autres actions.

98. L'action *pro socio* a pour but de faire valoir toutes
les obligations que les associés peuvent avoir les uns
contre les autres, par suite du contrat de société; mais
ces obligations peuvent tirer leur source de faits qui,
par eux-mêmes et sans tenir compte des relations des

(1) Inst. IV, 6, 38. (2) L. 63, § 2, D. h. t.
(2) L. 63, § 1, D. h. t.

associés entre eux, donneraient naissance à une action
particulière. Nous avons déjà vu comment l'action *communi dividundo* peut concourir avec l'action *pro socio*, à
raison du fait d'indivision qui règne entre les associés.
Passons rapidement en revue les diverses actions que les
associés peuvent avoir à leur disposition.

99. *Concours de l'action* PRO SOCIO *avec l'action* EX STI-
PULATU. — Lorsque nous avons étudié les causes de dissolution de la société, nous avons vu que les associés
prenaient quelquefois la précaution d'adjoindre au contrat des stipulations qui, lorsqu'elles étaient rédigées
sous forme de clause pénale, n'amenaient aucune nova-
tion dans la cause des obligations mutuelles des contractants (L. 71) ; lorsqu'un associé n'aura pas res-
pecté la prohibition contenue dans la clause pénale, il
pourra être poursuivi par le *condictio ex stipulatu* pour le
montant de la peine. Si le dommage causé est plus
considérable que la peine, il aura encore à sa disposition
l'action *pro socio*, mais le juge tiendra compte de ce qu'il
a déjà obtenu dans le premier procès et ne condamnera
le défendeur qu'au surplus. Si au contraire il avait
commencé par cette dernière action, il ne pourrait plus
revenir à l'action en stipulation, lors même que la peine
serait supérieure au dommage ; le choix de l'action *pro
socio* impliquerait renonciation à la *condictio*.

100. *Concours de l'action* PRO SOCIO *avec l'action* VENDITI.
— Le Digeste nous donne un exemple de ce concours
dans la loi 69. Malheureusement ce court extrait d'Ulpien, soit qu'il ait été maltraité par les copistes, soit
qu'il eût besoin d'être rapproché des explications du jurisconsulte, ne présente pas la clarté ordinaire des textes
d'Ulpien ; depuis longtemps il embarrasse les commen-

tateurs, qui, probablement, n'ont pas encore trouvé son
véritable sens. Il est ainsi conçu : « Cum societas ad
« emendum coïretur, et conveniret ut unus reliquis
« nundinas, id est epulas præstaret, eosque a negotio
« dimitteret, si eas eis non solveret, et pro socio et ex
« vendito cum eo agendum est. » Accurse, qui le premier
a signalé l'obscurité de ce passage, et après lui Cujas,
l'ont corrigé en substituant *ad negotium* aux mots *a negotio*, et posent l'espèce suivante. Trois marchands se
sont associés, et il est convenu que pendant que deux
d'entre eux feront les voyages nécessaires aux achats,
le troisième sera chargé d'héberger les marchands qui
viendront à Rome. Tertius manque à son engagement ;
il sera actionné d'abord par ses coassociés au moyen
de l'action *pro socio*, comme ayant manqué aux clauses
du contrat, puis par le marchand au moyen de l'action *venditi* pour n'avoir pas rempli la promesse que
Primus et Secundus lui avaient faite en concluant la
vente (1). Dans cette opinion on ne peut dire qu'il y a
concours d'action, puisque l'action de la vente appartient à l'acheteur seul, non aux associés ; c'est aller
évidemment contre la construction grammaticale de la
phrase ; car dans *si eas eis non solveret*, *eis* se rapporte
sûrement aux deux associés, et le dernier membre de
phrase suppose bien que ce sont les mêmes personnes
qui peuvent à leur choix employer l'action *venditi*, et
l'action *pro socio*.

Pothier, suivant l'opinion de Janus à Costa, suppose
une autre clause ; il pense que, par un pacte adjoint
au contrat, les trois associés ont convenu que tous frais

______

(1) Cujas, *Observ.*, liv. XIII, ch. 17.

de pot-de-vin, donné comme condition du marché, seraient à la charge de l'un d'eux : si par exemple ce dernier est un jeune marchand, qui étant moins expérimenté que les deux autres, se trouve faire un apport
moindre d'industrie ; les deux anciens ont avancé un
pot-de-vin, comment le réclameront-ils ? Pothier donne
pour justifier le concours des deux actions une raison
qui me semble fausse ; il dit (2ᵉ note sur la loi 69) : chaque marchand ancien n'étant tenu, d'après le contrat
ordinaire de société, que de supporter un tiers des frais,
ici un tiers du pot-de-vin n'a pu faire porter le pacte
que sur le remboursement de ce tiers qui lui est personnel. « N'ayant donc, continue Pothier, point été question du tiers que le novice devait payer pour lui personnellement et l'action de la société ne contenant que ce qui
est entré dans l'acte de société ou dans les pactes adjoints
à cet acte, les deux anciens qui ont volontairement payé
pour lui ne peuvent pas réclamer son tiers par l'action
de la société ; mais ils l'obtiendront par l'action de la
vente que leur cédera le vendeur envers lequel il en
était tenu, ou par une action utile de la vente, si cette
cession n'est pas intervenue. » Il me semble que, par
l'action de la société, les deux anciens obtiendront le
tout : les deux tiers qui leur étaient personnels en vertu
du pacte joint, le tiers qui était personnel au jeune associé en vertu du principe général que, par l'action *pro
socio*, l'associé qui a fait un déboursé utile à tous se fera
rembourser par ses associés en proportion de la part
de chacun. Nous rejettons donc l'opinion de Pothier.

Plus récemment Glück a proposé de traduire *nundinas
id est epulas præstare*, par rembourser les frais de marché,
même les frais d'auberge, le sens *même* donné aux mots

id est n'est pas arbitraire ; nous voyons Ulpien leur donner cette signification quelques lignes plus loin dans la
loi 73 ; puis la phrase incidente *eosque a negotio dimitteret* signifierait que l'associé peut, en couvrant ses associés de toutes leurs dépenses, prendre le marché pour lui.
L'hypothèse prévue par Ulpien serait celle-ci. Trois
personnes sont associées pour faire des achats, mais
l'une d'elles a par une clause spéciale le droit exorbitant
de pouvoir conserver l'entreprise pour son compte en dés-
intéressant complétement ses deux associés, même des
frais d'auberge qu'ils ont faits. Alors, s'il prétend invoquer cette clause, et que pourtant il ne paye pas, le
remboursement sera poursuivi au choix par les deux
associés évincés, soit par l'action *pro socio*, puisqu'elle
comprend les pactes joints au contrat principal, soit
par l'*action venditi*, puisqu'en fait ils ont vendu leur part
dans la société moyennant la restitution de tout ce qu'ils
ont déboursé. Ce dernier système est logique dans son
ensemble ; a-t-il deviné la pensée d'Ulpien ? C'est ce
qu'il serait téméraire d'affirmer.

L'emploi de l'une de ces actions exclut l'autre, *quia
utraque actio ad rei persecutionem respicit* (L. 50).

101. *Concours de l'action* PRO SOCIO *avec l'action* LOCATI
CONDUCTI, MANDATI, *etc.* — Nous nous contenterons de
poser une espèce où ce concours a lieu : un associé peut
proposer à la société de lui louer son grenier pour y
déposer des marchandises ; il aura le choix entre l'action *locati* pour demander le loyer de sa chose, et l'action
pro socio pour demander à être indemnisé de la perte
qu'il éprouve en ne louant pas son grenier à d'autres
personnes : il serait aisé ainsi de multiplier les hypothèses.

102. *Concours dè l'action* PRO SOCIO *avec la* CONDICTIO EX LEGE. — Nous avons déjà parlé de l'édit de Marc-Aurèle, autorisant l'associé qui aurait réparé un édifice commun à réclamer à son choix le remboursement de la dépense, plus quatre mois d'intérêt à partir de la fin des travaux, ou la propriété de la maison ; il pourra, dit le texte, atteindre ce résultat par une *condictio*, ou se contenter, en employant l'action *pro socio*, d'obtenir *quod sua intererat*. La *condictio*, dans bien des cas, devait être préférable, car elle emportait avec elle un privilége en vertu duquel celui qui avait fait les réparations était préféré à tous les autres créanciers (1). Mais les deux actions ne se cumulaient pas.

103. *Concours de l'action* PRO SOCIO *avec la* CONDICTIO FURTIVA. —Ce concours intéressant à examiner avait lieu quand un associé avait détourné une chose commune. La *condictio furtiva* se donnait contre le voleur ou ses héritiers (2) et avait pour effet de faire condamner le voleur à restituer la chose avec tous ses accessoires et dépendances, sinon à payer des dommages-intérêts au propriétaire. Ces dommages comprenaient tout l'intérêt que celui-ci aurait eu à ne pas être volé. S'il perd, par suite du vol, une hérédité à laquelle son esclave était appelé, la valeur de l'hérédité sera comprise dans la condamnation; il en est de même des produits de la chose volée. Quant à l'estimation de la chose elle-même, elle se fait sur le pied de la plus grande valeur qu'elle a atteinte depuis le vol (3). La *condictio furtiva* était en

____

(1) L. 52, § 10, D. h. t.

(2) Les héritiers sont même tenus *in solidum*, et non pas seulement *in quantum locupletiores facti sunt* (L. 5, L. 7, § 2, L. 9. D. xiii, 1).

(3) L. 3, L. 8, § 2, L. 8, § 1, D· *De condict. furtiva*, xiii, 1).

général plus avantageuse que l'action de la société, car elle comprenait le dommage indirect aussi bien que le dommage direct, et le voleur n'était pas libéré de l'obligation de restituer, même en cas de perte de la chose par cas fortuit. Les deux condamnations n'étaient donc pas identiques, et l'associé qui avait intenté l'une d'elles pouvait ensuite intenter l'autre, si elle lui était plus avantageuse; sauf à déduire de la condamnation ce qu'il avait obtenu par la première. (L. 47.)

104. *Concours de l'action* PRO SOCIO, *et d'une action pénale bilatérale.* — Il y a ici cumul des deux actions puisqu'elles ne tendent pas au même but. Supposons encore qu'un associé ait volé une chose commune, les associés obtiendront par l'action *pro socio* la réparation du dommage que leur a causé le vol, et par l'action *furti*, le double ou le quadruple à titre de peine de la valeur du préjudice causé. (L. 45.)

L'action *pro socio* se cumule encore avec l'action créée par la loi Fabia *de plagiariis;* la loi Fabia punissait ceux qui avaient détourné des esclaves.

Il y aura cumul également avec l'action *servi corrupti.* Le délit de corruption d'esclaves consistait à prêter asile à un esclave fugitif ou à lui donner de mauvais conseils (1). Par cette action, on obtenait le double du préjudice causé. En comparant la loi 9, pr. Dig. XI, 3 avec la loi 51, pr. de notre titre, nous voyons que dans la société, l'intention de mal faire ne devait pas être facilement présumée, et que là où il y aurait eu pour un tiers, un délit de vol ou de recel d'esclave bien déterminé, on admettait volontiers que l'associé avait simplement voulu user de son droit de copropriété.

(1) L. 1, § 2, § 3, D. XI, 3.

105. *Concours de l'action* PRO SOCIO *avec une action mixte.* — Par l'action mixte, le défendeur tend à obtenir outre la chose, une augmentation de son patrimoine aux dépens de celui du défendeur; il est clair que, dans ces circonstances, l'action *pro socio* n'aboutissant qu'à la simple réparation du préjudice causé, l'action mixte pourra être intentée pour tout le surplus; c'est ce que dit Paul, «Si ex eodem facto duæ competant ac-«tiones, postea judicis potius partes esse, ut quo plus «sit in reliqua actione, id actor ferat» (1). Si, au contraire, l'action *pro socio* est plus avantageuse, ce qui peut arriver par exemple si l'associé est mort et que ses héritiers soient seuls en cause, on pourra, après avoir employé l'action mixte, recourir à l'action répersecutoire.

Parmi les actions de cette classe, nos sources indiquent l'action *legis Aquiliæ* qui devait se présenter fréquemment. Si un associé a tué ou blessé un esclave commun, ses coassociés pourront lui demander par l'action *pro socio* réparation de la perte que la société a éprouvée de ce fait, ou par l'action de la loi Aquilia, la plus haute valeur de l'esclave pendant l'année; si celui-ci a eu la même valeur pendant toute l'année, les deux actions concourront électivement, mais sans se cumuler; c'est le cas prévu par la loi 50, où l'action de la loi Aquilia devient unilatérale; si, ce qui arrivera le plus souvent, l'esclave valait moins au moment du délit qu'un an avant, l'action de la loi Aquilia sera utilement intentée après l'exercice de l'action *pro socio*, puisque la *condemnatio* qu'elle renferme est supérieure;

---

(1) L. 41, § 1, D. XLIV, 7. Les derniers mots de cette loi : *si tantumdem aut minus id consequatur* demandent une correction évidente, et l'introduction d'une négation dans le dernier membre de phrase. Cujas lit *nil consequatur*, M. de Savigny : *id non consequatur.*

seulement le juge aura pour mission d'en déduire le montant de ce que les associés ont obtenu dans le premier procès.

L'action de la loi Aquilia sera encore préférable, si le défendeur nie le délit, car c'est un des cas où *lis inficiando crescit.*

106. Les actions pénales mises à la disposition des associés diffèrent à trois points de vue de l'action de la société (1).

1° Lorsque le délit est le fait d'un esclave associé, le maître échappera à l'action pénale en faisant l'abandon noxal de l'esclave ; pareil avantage lui est refusé dans l'action *pro socio.*

2° L'action *pro socio* peut être exercée contre l'héritier de l'associé ; l'action pénale n'est pas transmissible, et l'héritier ne peut être poursuivi que *duntaxat de eo quod ad eos pervenerit* (2); aussi l'action *legis Aquiliæ,* étant toujours pénale au moins *ex parte rei* (il n'est pas enrichi par le délit et sera appauvri par la réparation), ne sera jamais donnée contre l'héritier.

3° Si deux associés ont commis un délit, Titus, leur associé, réclamera à chacun d'eux, par l'action de la société, la moitié du dommage causé ; par l'action pénale, il poursuivra celui qu'il voudra pour le tout, et le fera condamner *in solidum ;* si l'action est pénale unilatérale, le payement fait par un des délinquants libérera l'autre vis-à-vis de Titus (3); si elle est pénale bilatérale, le tiers pourra nonobstant ce payement poursuivre le second associé, et le faire condamner une seconde fois *in solidum* (4).

---

(1) M. Demangeat, *Cours élémentaire de* D. R., II, 552.
(2) L. 17, § 1, D. iv, 3. — (3) L. 17, pr. D. iv, 3.
(4) L, 1, Code IV, 8.

107. Nous terminerons cette matière par une remarque importante : « Le concours formel de l'action *pro
socio* avec d'autres actions n'a lieu que lorsque la cause
qui donne lieu à l'action spéciale est postérieure à la
conclusion du contrat de société ; car, si elle dérive du
contrat même, elle est absorbée par l'action *pro socio* et
ne peut donner lieu à une action spéciale. Cependant,
même dans pareille hypothèse, il n'y en a pas moins
concours matériel de deux rapports obligatoires ; en
d'autres termes, les obligations sociales présentent un
caractère complexe, participant à la fois de la nature
du rapport spécial et de la nature du contrat de société.
Nous en avons vu des exemples en traitant de la garantie de l'apport et des risques et périls, matières qui,
suivant les circonstances, doivent être jugées par analogie de la vente et du louage des choses. De même si
le contrat social assure à l'un des associés une rémunération spéciale en échange de son travail, il y aura
lieu de recourir à l'analogie du louage de services ;
l'associé qui fournit une somme d'argent à prélever
après la dissolution de la société, prendra le rôle d'un
prêteur, etc..... Il va sans dire que, dans pareil cas, le
rapport spécial ne peut jamais exercer son influence au
point d'anéantir le principe social qui domine toujours
l'ensemble du lien obligatoire ; mais il n'en importe pas
moins d'analyser avec soin les éléments dont cet ensemble se compose et de tenir compte de chacun de ces
éléments » (1). L'action *pro socio* étant de bonne foi permettra aisément d'introduire dans la formule les modifications nécessitées par ces rapports secondaires.

(1) Maynz, *Éléments de droit romain*, II, 238.

CHAPITRE VII

108. L'effet principal de la dissolution d'une société est de séparer les intérêts des associés, en sorte que chacun d'eux agira désormais pour son compte, recueillant tout le bénéfice des opérations qu'il entreprend et supportant seul la perte qu'elles peuvent lui faire éprouver. Cet effet n'est modifié que par le principe exposé plus haut que toute opération qui a été une suite nécessaire des affaires de la société, sera encore au compte de cette société.

Cette séparation d'intérêt amène d'habitude, et comme conséquence médiate, la liquidation de la société, c'est-à-dire une suite d'opérations tendant à constater son avoir et à le diviser entre tous les associés. On conçoit que les parties peuvent employer, pour arriver à ce but, la voie qui leur plaît ; elles pourraient, et c'est l'idée qui vient le plus naturellement, partager les marchandises et les propriétés communes, se distribuer par des cessions d'actions les créances sociales, et s'engager par des cautions ou autres sûretés à supporter au prorata de leur part les dettes non échues ; il suffit d'un peu d'attention pour saisir les complications, recours en garanties, retour d'actions, que ce mode de procéder amènerait ; il serait d'ailleurs impraticable lorsque les choses matérielles sont indivisibles.

D'ordinaire, la liquidation comprend les opérations suivantes : on fait rentrer les sommes dues à la société par des tiers; on paye les dettes; on établit le compte de chacun des associés, en balançant ce qu'il doit avec ce qui lui est dû. La masse de l'actif ainsi composé, on procède au partage.

Il n'y a rien à dire sur la rentrée des créances et l'acquittement des dettes échues; le compte de chaque associé, comprenant le règlement de ce qu'il doit à la société, et les prélèvements qu'il a le droit de faire, mérite quelques explications.

109. *Rapports.* — Chaque associé doit rapporter tant ce qu'il devait au moment de la dissolution, que ce qu'il a pu devoir depuis, à raison des dommages qu'il aurait causés, des bénéfices qu'il n'aurait pas communiqués, des fonds ou objets qu'il aurait retirés de la masse commune; il suffira pour comprendre l'étendue de ces obligations de se rapporter à ce que nous avons dit au chapitre III.

110. *Prélèvements.* — Un associé a fait des dépenses utiles dans l'intérêt général; il a subi des pertes ou éprouvé des dommages à l'occasion des affaires sociales; il aura le droit de se faire indemniser, et, à cet effet, il prélèvera, au moment du partage, le montant de ce qu'il a dépensé ou perdu; son prélèvement comprendra et les conséquences des actes posés pendant la société, et les conséquences des actes posés après la dissolution, qui étaient une suite nécessaire de l'association. Mais le prélèvement ne pourra être augmenté à raison des dettes à terme et non échues, dont l'associé pourrait être tenu par suite de sa gestion; ce dernier bénéficierait indûment de l'intérêt qui courra depuis le prélèvement jusqu'à l'échéance; tout ce qu'il pourra demander, c'est que les associés lui donnent caution

suffisante , pour être indemnisé de ce qu'il payera.

Si un esclave commun a acquis *ex re unius socii*, l'acquisition est commune parce que l'origine disparaît devant la copropriété dominicale ; mais avant le partage cette acquisition sera prélevée par son auteur.

Les prélèvements portent quelquefois sur les apports ; mais dans quel cas ? Cette question soulève beaucoup de difficultés, parce que les parties négligent d'habitude, dans le contrat, d'expliquer leur intention à ce sujet ; il est pourtant important de savoir si l'apport d'une des parties constitue un bénéfice pour toutes ou s'il constitue un simple moyen d'action que cette partie s'est réservée le droit de réprendre à la fin. L'intention des parties étant, à cet égard, souveraine, nous laissons de côté le cas où elle serait formellement exprimée pour voir dans quel sens, en l'absence de cette manifestation de volonté, la question doit être tranchée.

Le cas où chaque partie a fait un apport d'industrie ne présente aucune difficulté, puisqu'il ne saurait être question de prélèvement. — Celui où chaque partie a stipulé une part proportionnelle à sa mise entraînera peu de discussion dans la pratique ; car, à moins de supposer un intérêt d'affection qui fasse préférer la chose à son équivalent, ce qui arrivera rarement (on ne met pas en société un objet auquel on tient beaucoup), peu importe à un associé de prélever sa mise avant le partage, ou de la retrouver après le partage dans sa part d'actif social.

111. Pour les autres hypothèses, on distingue d'ordinaire si l'associé a voulu apporter la propriété ou la jouissance de sa mise ; il est bien certain que, si la société n'a droit qu'à la jouissance, il y aura lieu à prélè-

vement, mais il peut en être de même dans le cas où elle a droit à la propriété. L'associé a pu consentir, comme le prêteur dans le *mutuum*, à se dessaisir de sa chose, mais à condition de devenir créancier d'autant et de prélever l'équivalent avant le partage.

Cette distinction, loin de trancher la question, lui en substituerait d'ailleurs une autre : les associés ont-ils voulu apporter la jouissance ou la propriété? Je préfère prendre successivement les différents cas qui peuvent se présenter : 1° Les associés ont apporté en propriété des choses non fongibles; leur volonté paraît évidente; la chose reste commune; sans cela à quoi bon l'apporter en propriété? Au moment du partage, il n'y aura pas de prélèvements; la masse comprendra tous les apports. 2° Les associés ont apporté des choses non fongibles, mais sans manifester leur intention ; l'apport est-il un moyen de production ? l'intention des parties a-t-elle été de mettre la chose en commun ? Nous pensons qu'il faut suivre la règle *in dubio id quod minimum est sequimur*, et nous admettons l'apport *quoad usum*. J'invoque à l'appui de cette opinion la loi 58 *pr. h. tit. in fine*, qui ne suppose l'apport en propriété qu'autant que cela a été expressément dit. Toutefois, dans une matière si incertaine, il faut tenir compte des circonstances spéciales à la cause. Deux personnes se sont associées pour vingt ans dans le but d'exploiter un hôtel meublé; l'un a apporté la maison, l'autre un mobilier d'égale valeur; il n'est pas à présumer qu'à la fin de la société la maison revienne par préciput au premier; son apport ne serait en effet que faiblement détérioré, tandis que celui du second aurait perdu toute sa valeur. 3° Les associés ont apporté des choses fongibles de valeur différente, et

néanmoins ils doivent prendre part égale dans les résultats; quoique dans ce cas il y ait transfert de propriété en faveur de la société, nous pensons que les associés reprendront leur mise; car d'une part la société
a plutôt pour but d'arriver à un résultat commun que
de mettre des choses en commun, et il est plus facile
d'admettre une avance faite à la société qu'une aliénation définive. 4° Les apports sont de nature différente;
il serait impossible d'énumérer tous les cas si variés
compris sous cette dénomination; à titre d'exemple,
supposons qu'un des apports soit en industrie, l'autre
en argent; quoique l'argent devienne la propriété de
la société, nous déciderons comme au 3°, en faveur de
l'associé qui l'a apporté. Ceci devient une certitude si
l'industrie de l'un vaut à peu près l'intérêt de la somme
versée par l'autre. Si, au contraire, dans une société
formée pour deux ans, l'un avait apporté 10 ou 12,000 fr.,
l'autre son industrie estimée 5,000 fr. par an, le bailleur de fonds ne pourra réclamer aucun prélèvement (1).
Cette solution n'est pas admise par tout le monde.

a) Voët s'appuyant sur le § 2 aux Instit. III, 25, et
sur la loi 52, § 2, Dig. h. tit., soutient qu'on doit partager la masse, sans qu'il soit question de prélèvement;
car l'industrie de l'un est un moyen de production, aussi
bien que le capital de l'autre. A cela nous répondrons
que les deux lois visées par les partisans de ce système
ont rapport au partage des bénéfices, mais sont étrangères à la question du prélèvement; qu'en outre si,
comme nous l'avons supposé, l'intérêt du capital vaut

____

(1) Grotius, *De jure belli ac pacis*, II, chap. XII, 24. Vinnius, *Quœst. Se,
lectœ*, liv. I, cap. LIV.

l'industrie, il serait souverainement injuste, en admettant que l'association n'ait produit aucun bénéfice, de faire perdre à l'un son industrie seulement, à l'autre des intérêts qui sont parfaitement équivalents à cette industrie, et en outre un capital considérable. — **b)** Le second système n'invoque qu'un seul principe, que dans le doute l'apport doit être supposé fait *quoad usum*, et décide que dans tous les cas il y aura lieu à prélèvement. Nous ne saurions admettre, sans arguments décisifs, un système qui, dans un grand nombre de cas, heurterait le grand principe d'équité et de confraternité qui règne dans le contrat de société.

L'associé qui, n'ayant apporté que l'usage d'une chose ou son industrie, est appelé par une clause favorable du contrat à partager les mises faites en toute propriété par ses coassociés, ne doit pourtant pas recevoir sa part sur la totalité des mises, lorsque la société a été dissoute avant le terme fixé. Dans une société qui doit durer cinq ans, Titius apporte 20,000 fr. sans clause de préciput, Seius son industrie évaluée 4,000 fr. par an. Une circonstance fortuite dissout la société au bout de trois ans. Seius ne pourra demander à partager les 20,000 fr., plus les bénéfices faits pendant ces trois ans. De même qu'un locataire qui aurait payé d'avance cinq ans de loyer reprendrait les deux cinquièmes de ce qu'il a donné si la maison venait à être détruite au bout de trois ans, de même Titius prélèvera 8,000 fr. ou deux cinquièmes de son apport, et le surplus formera avec les bénéfices la masse partageable.

112. Que décider dans le cas où l'apport de l'un des associés a péri par cas fortuit? Je distingue : L'associé a-t-il, d'après les distinctions que nous venons d'établir,

le droit de reprendre son apport en nature ? La société débitrice d'un corps certain est libérée par suite du cas fortuit, et la perte sera pour l'associé. A-t-il le droit de reprendre l'équivalent de son apport, la société débitrice d'un genre n'est pas libérée par le cas fortuit, et supporte la perte. N'a-t-il droit à aucun prélèvement, la perte est évidemment pour la société.

113. Pour terminer, je ferai remarquer que la question des apports ne peut se présenter que dans les sociétés particulières, elle ne se rencontre jamais dans les sociétés universelles ; car dans la *societas omnium bonorum*, l'apport des biens présents et à venir est en pleine propriété et définitif. Dans la société universelle d'acquêts, il ne peut être question de laisser des apports dans la masse, puisque la masse est exclusivement formée des bénéfices que les associés ont faits par leur industrie et du produit des mises. Le texte de Paul, *sed æs alienum, nisi quod ex quæstu pendebit, veniet in rationem societatis*, relatif aux espèces, ne laisse aucun doute à cet égard (L. 12).

114. *Partage.* — La masse commune étant ainsi établie, on procède au partage ; nous avons vu au 3° comment se déterminait, en l'absence de conventions explicites, la part que chaque associé devait prendre dans le gain et celle qu'il devait supporter dans la perte. Si le partage est amiable, les associés pourront former des lots, même non homogènes, dont la valeur totale sera égale à la part qui leur revient. Si le partage a lieu en justice, les associés devront recourir à l'action *communi dividundo* pour partager les objets corporels et en général les droits réels compris dans la masse sociale. Le juge a à cet égard les pouvoirs les plus étendus ; il peut

partager matériellement les objets, grever une part de servitudes envers l'autre ; il peut adjuger le tout à un associé, à charge par lui de donner une soulte à l'autre ; il peut procéder à la licitation d'une chose commune pour arriver à transformer un objet impartageable en espèces. Les Romains admettaient même comme moyen de sortir d'indivision l'attribution de la nue propriété à l'un, de l'usufruit à l'autre (1) ; quant aux créances, celles qui ont été contractées au nom d'un seul ne peuvent entrer dans l'action *communi dividundo ;* l'associé créancier donnera caution de partager entre les autres le payement qu'il recevra à l'échéance ou les constituera, chacun pour leur part, *procuratores in rem suam ;* s'il refuse, les associés recevront une action utile pour poursuivre le débiteur.

115. *Des effets du partage.* — Lorsque le partage est fait à l'amiable, la propriété des objets contenus dans chaque lot n'est transmise que par la tradition (2) ; lorsqu'il a lieu en justice, le juge, en vertu de l'adjudication insérée dans la formule, a le pouvoir de rendre chaque associé propriétaire de son lot. Mais le droit romain ne considérait pas le partage comme un acte déclaratif de propriété ; c'était un acte purement attributif, équivalent à une vente ou à un échange. *Divisionem prædiorum, vicem emptionis obtinere placuit* (3). Chacun des copartageants est censé acquérir de ses copartageants les parts indivises qu'ils avaient dans les objets compris dans son lot, et leur céder en échange

---

(1) Inst. IV, 17, 5. L. 22, § 1, § 2, § 3, D. x, 2. L. 6, § 10, D. x, 3. L. 7 §10, eod.

(2) L. 15, Code III, 36.

(3) L. 1, Code III, 38.

celle qu'il avait dans les objets tombés dans leurs lots.
Par suite il doit supporter les charges de toute nature
que ses copartageants ont consenties sur les objets communs ; de là naît pour chaque partie l'obligation de garantir aux autres les objets qui leur sont échus. L'associé évincé aura recours contre ses associés dans la
mesure de son intérêt, et il exercera ce recours soit par
l'action *ex stipulatu* s'il a eu soin, ce à quoi le juge était
obligé de veiller, de se faire donner caution de l'éviction (1), soit, s'il n'a pas eu cette précaution, par l'action
præscriptis verbis accordée aux coéchangistes (2) ; il aura
encore l'action *empti* si, en retour de l'objet qui lui a été
adjugé, le juge l'a condamné à donner une soulte en
espèces.

Les principes relatifs à l'éviction en matière de vente
nous fournissent encore la solution suivante pour notre
contrat. La stipulation de non-garantie n'est valable
qu'autant qu'elle est intervenue de bonne foi ; elle ne
protégerait pas celui qui l'aurait proposée, sachant que
le copartageant peut être évincé (3).

116. Le partage peut être résolu si la condition sous
laquelle il a été fait ne s'accomplit pas. Deux associés
acceptent le partage proposé par leur coassocié, à la
condition que celui-ci affirmera sous serment qu'il a été
sincère dans les opérations du partage ; s'ils surpren-
nent sa mauvaise foi, ils pourront provoquer judiciairement un nouveau partage (4).

Le partage est également résoluble pour cause de
dol ou de fraude, à plus forte raison pour cause de vio-

(1) L. 10, § 2, D. x, 3. — (2) L. 7, Code III, 38.
(3) L. 11, § 18, *in fine*, D. xix, 1. — (4) Arg., L. 6, Code III, 38.

lence ; car l'action *communi dividundo* est de bonne foi et *in bonæ fidei judiciis quod inæqualiter factum est, in melius reformabitur* (1). Si le dol provient du juge, les co-partageants trompés pourront le prendre à partie, car, par cette décision injuste, il a fait le procès sien.

Le partage ne peut être rescindé pour cause de lésion, quelque énorme qu'elle soit. La rescision pour cause de lésion est la dérogation la plus grande au droit strict que l'équité ait jamais produite. Nous ne pouvons donc étendre les termes du rescrit de Dioclétien (2) en dehors des cas prévus expressément par cet empereur.

117. Le partage peut-il être rescindé pour cause d'erreur ? L'erreur peut porter : 1° sur la valeur d'une chose, et en ce cas jamais de rescision, puisque nous admettons qu'on ne doit pas tenir compte de la lésion ; 2° sur la chose elle-même : — **a**) une chose peut avoir été comprise à tort dans le partage, auquel cas il n'est pas nécessaire d'avoir recours à la rescision ; l'associé évincé réclamera des dommages-intérêts par l'action en garantie ; — **b**) une chose peut avoir été oubliée ; en ce cas elle sera partagée par une action *communi dividundo*. Cette dernière action, à la différence de l'action *familiæ erciscundæ*, qui, destinée à partager une universalité, ne s'intente qu'une fois, peut être répétée autant de fois qu'il en est besoin, sans vicier en rien la validité des premiers partages (3).

3° Sur la personne. Les rapports personnels qui lient les associés ne permettent pas de supposer que l'erreur porte sur la personne de l'un d'eux, elle ne peut porter que sur la personne d'un héritier. J'ai partagé avec

(1) L. 3, Code III, 38. — (2) L. 2, Code IV, 44.
(3) L. 4, § 2, D. x, 3.

l'héritier apparent de mon associé au lieu de partager
avec son héritier véritable; en ce cas le partage est encore
valable, et l'héritier véritable ne peut actionner que l'héritier apparent: la raison en est que je n'ai reçu que ce
qui me revenait (L. 62).

4° Quant à l'erreur de calcul, elle doit toujours être
réformée, qu'elle se trouve dans un partage conven-
tionnel ou dans un jugement passé en force de chose
jugée. Dans ce dernier cas, il n'est pas besoin de faire
appel du jugement. L'erreur trouve sa preuve dans le
jugement même; en la corrigeant, on obéit plutôt à la
décision du juge qu'on ne la conteste (1).

_____

1` L` § 1, D. xlix, 8.

APPENDICE.

§ 1. — HISTORIQUE.

118. L'histoire de Rome nous révèle, même sous ses
premiers rois, l'existence de sociétés qui, à côté des intérêts privés de chacune des parties, revêtaient un certain
caractère public par la manière dont elles étaient constituées et par les dérogations nombreuses aux règles
générales de notre matière qui leur avaient été concé-
dées par le pouvoir public à titre de priviléges et d'en-
couragements. Ces associations de plusieurs personnes
poursuivant un but et ayant des intérêts communs s'ap-
pelaient *universitas, corpus, collegium, ordo*, et n'existaient
qu'en vertu d'une autorisation de l'État, accordée en vue
du but que l'association se proposait d'atteindre. Nous ne
parlerons pas de celles qui avaient un caractère purement politique ou administratif; ce sujet nous mènerait
trop loin, car il faudrait examiner l'organisation de l'État
lui-même, du *populus romanus* qui était évidemment la
première de ces corporations; celle des provinces qui,
dans les derniers temps de l'empire, figurent comme
personnes civiles susceptibles d'acquérir des droits et
d'avoir des obligations (1); celle des municipes, des colonies, des villes libres, des bourgs mêmes (*civitates, fora,
conciliabula, castella, vici*), qui avaient des intérêts propres

(1) L. 9, C. Théod. XII, 12.

à débattre et à défendre devant les tribunaux; celle des colléges religieux, tels que le collége des pontifes de Jupiter, le collége des vestales, etc. Ce qui suit ne s'applique qu'aux associations de pur droit privé.

119. Sans examiner si la création des *collegia opificum* remonte à Numa (1) ou à Servius Tullius (2), nous pouvons affirmer que de bonne heure Rome eut des réunions d'artisans de la même industrie, sortes de corporations de métiers telles que nous en présente le moyen âge, ayant des intérêts pécuniaires, politiques et religieux communs. Le développement de la puissance romaine rendit ces associations nécessaires à l'administration des provinces. En effet, les impôts étaient perçus en nature; tantôt l'État les affermait à quelques uns de ces colléges, *societas vectigalium*, qui les transformaient en argent; tantôt il les mettait en œuvre lui-même avec l'aide d'autres colléges. Ainsi, les blés fournis par les provinces d'Afrique étaient transportés à Rome par des corporations de voituriers et de marins, des corporations de boulangers les recevaient pour les livrer au peuple à l'état de pain; les routes se faisaient par des corporations d'ouvriers; les mines de l'État étaient exploitées par des corporations de mineurs.

120. Les *collegia opificum* devenaient des rouages de l'État. Nous trouvons indiqués, soit dans les historiens, soit dans les jurisconsultes :

Les *pistores* (boulangers) chargés de tranformer en pain le blé livré par les provinces, soumis à un préfet spécial (*præfectus annonæ*), possédant leur temple (*annonæ*

----

(1) Plutarque, Vie de Numa, ch. 15.
(2) Florus, ch. 1 et 6.

sanctœ). En punition de certains délits, on était incorporé de force dans cette corporation (1).

Les *suarii* et *pecuarii* (charcutiers et bouchers), qui recevaient les animaux pour le compte de l'État, à charge de les abattre et de livrer la viande au peuple gratuitement ou au-dessous du cours.

Les *calcis coctores* (chaufourniers), qui recevaient les matériaux envoyés des provinces et les appliquaient à la construction ou à la réparation des monuments publics.

Les *dendrophores*, qui étaient chargés de transporter les bois de l'État, de fournir du combustible pour les bains publics et d'entretenir les machines de guerre.

Les deux corporations d'*aquarii*, appartenant l'une à César, l'autre au peuple, qui devaient entretenir les aqueducs publics. Frontin leur reproche de détourner l'eau des canaux publics pour la vendre aux particuliers (2).

Les *fabricenses* (armuriers), marqués au bras et solidairement responsables entre eux de la faillite d'un de leurs confrères (3).

Les *metallarii* (mineurs), qui tous avaient été appliqués à ce rude travail par suite de condamnations criminelles.

Enfin, on trouve au service même du prince des ateliers impériaux, *gynœciaria*, où tous les métiers étaient représentés ; les empereurs faisaient faire ainsi tout ce qui était nécessaire au service de leur maison ; souvent même ils se livraient au commerce ; ils s'étaient réservé le commerce de la pourpre et de la soie (4). Constantin

(1) L. 5, L. 14, C. Théod. *de pœnis.*
(2) *De aquœductibus* U. R. 75, 115, 116, etc. — (3) C. Just. XI, 7.
(4) Lampride, Vie d'Alex. Sévère, ch. 39. C. Just XI, 8.

vendait des toiles et des pelleteries, Théodose forçait tous les soldats à acheter leurs vêtements des mains des employés du fisc (1).

121. Une constitution de Constantin énumère quarante corporations différentes. Toutes ne présentent pas la même forme. Une distinction depuis longtemps en germe dans l'empire se précise dans le cours du deuxième siècle et nous montre les colléges divisés en trois groupes, dont les membres jouissent d'autant moins de la liberté individuelle qu'ils ont avec l'État des rapports plus intimes. Ces trois groupes comprennent les manufactures de l'État, les professions nécessaires à la subsistance du peuple et les métiers libres.

L'État devenant peu à peu producteur et commerçant avait ses manufactures d'armes, de monnaie, de tissus de pourpre, d'orfévrerie; chaque atelier avait ses ouvriers, véritables serfs que l'on marquait d'un fer rouge sur le corps ou même sur les mains (2), qui ne pouvaient épouser de femmes étrangères, dont les filles devaient se choisir un mari parmi les compagnons de leur père (3). Ce servage durait autant que la vie. Une novelle de 438 dit que « les armuriers doivent être tellement asservis à leur métier, qu'épuisés par le travail, ils demeurent encore jusqu'au dernier soupir, eux et leurs familles, dans la profession qui les a vus naître » (4). Le seul privilége accordé en compensation de tant de rigueur était l'exemption du service militaire.

Un peu au-dessus de cette classe d'ouvriers, se plaçaient ceux que l'État occupait à préparer la subsis-

(1) C. Théod. X, 20.
(2) L. 10. C. Just. XI, 42. — (3) L. 10. C. Théod. X, 20.
(4) C. Théod. nov. 1, 13.

tance du peuple. Nourrir et amuser la plèbe romaine
était l'affaire la plus importante des empereurs, la condition même de leur existence. Une administration considérable, fonctionnant à l'aide de nombreuses corporations, allait prélever dans tout l'empire, les grains, les
bestiaux fournis par l'agriculture, les amenait à Rome,
les transformait en objets de consommation et les livrait
au peuple. Les diverses corporations de cette catégorie
avaient, comme les colléges libres que nous étudierons
tout à l'heure, une organisation complète, une caisse
commune, des assemblées délibérantes, etc. Mais, à bien
d'autres égards, leur position n'était pas meilleure que
celle des armuriers et des monnayeurs, leur travail était
si nécessaire au salut de l'État que leurs membres étaient
enchaînés pour leur vie à leur métier, et aucune faveur
impériale, aucune dignité ne pouvait les délivrer; toutefois en récompense de leurs services, on leur avait
accordé des priviléges plus sérieux que ceux des ouvriers
des manufactures impériales. Outre l'exemption du service militaire, ils avaient encore l'avantage de n'être assujettis ni à la corvée, ni aux redevances, ils échappaient
aux fonctions de la curie; en présentant un successeur
capable, ils pouvaient sortir du collége; enfin de nombreuses prérogatives honorifiques venaient jeter quelque
considération sur leur profession; les naviculaires furent
élevés par Constantin et Théodose au rang de chevaliers (1). Les patrons des bateliers du Tibre et les patrons
des charcutiers avaient de plein droit au bout de cinq
ans de service le titre de comte.

Un degré plus haut, nous trouvons les colléges for-

____

(1) L. 16. C. Théod. XII, 5.

més par les artisans dans leur propre intérêt; s'ils avaient un peu plus de liberté, leur condition, d'autre part, était bien plus difficile. Le travail libre avait eu de bonne heure à lutter contre le travail des esclaves et des affranchis, que soutenaient et protégeaient leurs riches patrons. Pour résister plus sûrement à cette terrible concurrence, les hommes libres cherchèrent à se grouper; ce fut l'origine des *collegia tenuiorum*. On appelait *tenuiores* des artisans vivant de leur travail, qui, moyennant des cotisations périodiques, formaient un fonds commun destiné à secourir les plus pauvres, à faire les frais de certains sacrifices religieux (chaque collége avait ses dieux protecteurs et des cérémonies particulières); enfin, ainsi qu'il résulte de certaines inscriptions, à procéder à la sépulture des membres indigents (1).

122. Mais toutes les aristocraties sont méfiantes. Le sénat romain craignit bientôt que ces réunions de la plèbe ne cachassent des projets factieux, aucun *collegium* ne put exister sans qu'un décret du sénat eût approuvé ses statuts. Sylla, durant sa dictature réactionnaire, les supprima complétement; le tribun Clodius les rétablit et s'en fit un instrument pour envoyer Cicéron en exil (2).

Les guerres civiles et les troubles des dernières années de la république leur permirent de se développer sans contrainte. Auguste s'empressa de les dissoudre et ne conserva que les plus anciens (Suétone, 32). Ses successeurs l'imitèrent; Claude et Néron rendirent des rescrits pour en diminuer le nombre. Sous Trajan, un in-

(1) Orelli, Inscript. 4107, 4079, 4093, 4420.
(2) Cicero *ad Attic.* Epist. III, 15.

cendie considérable ayant détruit une grande partie de
Nicomédie, Pline, gouverneur de la province, songea à
établir un corps d'hommes destiné au service des pom-
pes; l'empereur refusa son autorisation (1). L'empereur Sévère paraît avoir vu les *collegia tenuiorum* avec
plus de faveur, car il permet aux gouverneurs des villes
de les autoriser à certaines conditions. « Sed permittitur
« tenuioribus stipem menstruam conferre, dum tamen
« semel in mense coeant » (2).

« Ainsi les classes ouvrières, organisées en colléges,
étaient depuis les premiers temps de Rome, méprisées et
suspectes. Humbles et faibles depuis Numa jusqu'aux
guerres puniques, parce que Rome n'avait pas de commerce, puis étouffées et avilies par la concurrence des
esclaves; poursuivies par le sénat parce qu'elles étaient
devenues l'asile de tous les misérables et l'espoir de tous
les séditieux, elles furent encore, après la chute de la
république et la fin des troubles civils, redoutées et pro-
scrites pendant plus d'un siècle par les empereurs, jusqu'au jour où ils sentirent la nécessité de recourir à ces
mêmes colléges pour soutenir l'industrie languis-
sante » (3).

123. Tout collége qui n'était pas autorisé était illicite
et entraînait pour ses membres les pénalités les plus
dures; former un collége illicite était un *crimen extraor-
dinarium* (4). Le préfet de Rome et les gouverneurs de
province étaient chargés de veiller sur ce point (5) et de
faire appliquer aux contrevenants la peine réservée à
ceux qui avaient violé en armes les lieux publics et les

(1) Pline, Epist. X, 42 et 43. — (2) L. 1, D. XLVII, 2.
(3) Levasseur (*Histoire des classes ouvrières*, I, 17.)
(4) L. 2, D. XLVII, 22. — (5) L. 1, § 14, D. I, 12.

temples (1), c'est-à-dire la peine capitale. Toutefois, si le but était honorable, le magistrat se contentait de dissoudre la société et permettait même aux associés de reprendre leurs mises et de partager entre eux le fonds social (2).

Les communautés chrétiennes furent poursuivies à l'origine comme étant des corporations illicites, mettant en danger la sûreté publique. D'après ce que nous dit Tertullien (*Apolog.*, 39), elles avaient pour les magistrats romains la plus grande analogie avec les *collegia tenuiorum;* cotisation mensuelle de chaque membre, réunions périodiques, emploi des fonds communs à secourir les pauvres, à enterrer les indigents ; enfin, cérémonies religieuses spéciales et divinité protectrice particulière, tout les rapprochait, et comme elles n'étaient pas autorisées, elles constituaient des corporations illicites et exposaient leurs membres aux châtiments les plus sévères.

§ 2. — Législation spéciale aux colléges.

Un collége ne pouvait être formé par moins de trois personnes, mais une seule suffisait pour l'empêcher de périr; ce survivant exerçait les actions de la société et était poursuivi à raison des dettes communes (3).

On ne pouvait faire partie à la fois de deux colléges ; si cela arrivait, par exemple, si le membre d'un collége héritait d'une part dans un autre collége, la loi lui ordonnait de choisir entre les deux corporations, lui per-

(1) L. 2, D. XLVII, 22. — (2) L. 3. D. XLVII, 22,
(3) L. 85, D. L, 16; — L. 7, § 2 , D. III, 4.

mettant d'emporter la part qu'il a dans celle qu'il aban-
donne et de la verser dans celle qu'il a préférée (1). De
même qu'on peut faire société avec un esclave, de même
on peut admettre un esclave dans un collége, pourvu
que son maître le lui permette; la contravention à cette
règle aurait fait encourir une amende de cent sous
d'or (2). Dès que la société avait été autorisée, les membres étaient inscrits sur un grand registre ou matri-
cule (3); mais, pour jouir des immunités et des priviléges accordés au collége, le membre devait, outre l'in-
scription, faire la preuve qu'il avait été valablement
nommé (4).

Le collége ne changeait pas lorsqu'un de ses membres
mourait ni même lorsque tous les membres primitifs
avaient été remplacés par d'autres (5). Les fonctions diverses étaient remplies par des membres, nommés dans des
assemblées, qui réunissaient au moins les deux tiers de
leurs collègues (6); on élisait ainsi les magistrats du
collége, *duumviri* ou *magistri quinquennales*, le trésorier,
arcarius, chargé d'opérer les recettes et de garder la
caisse commune (*arca communis*); le gérant, appelé syndic,
qui avait l'administration des intérêts sociaux et repré-
sentait le collége en justice.

125. Le collége était en effet une personne susceptible

(1) L. 1, § 2, D. XLVII, 22.
(2) L. 3, § 2, D. XLVII, 22. — (3) L. 16, C. Just. VI, 21,
(4) L. 10, D. L, 2. — (5) L. 7, § 2, D. III, 4.
(6) L. 4, D. III, 4. Certains auteurs ont prétendu que cette règle ne
s'appliquait qu'aux corporations municipales ; sans doute c'est à l'occasion des corps communaux que le Digeste nous la fait connaître ; elle
présente cependant un caractère général. Nous ne nions pas, du reste,
que l'acte constitutif d'un collége ne pût contenir d'autres règles obligatoires pour les membres de ce collége ; cet acte, approuvé par le pouvoir législatif, pouvait déroger aux lois.

d'avoir des droits et d'être soumise à des obligations; à l'exemple de la république romaine, qui n'était que la première corporation, il avait son trésor, des choses communes qui constituaient son avoir, et un représentant judiciaire, *actor vel syndicus* (1); il n'existait aucune confusion entre les biens de la société et les biens des associés; l'esclave de la société n'était pas l'esclave commun des associés; il acquérait à la société et non à chaque membre pour sa part; dans les instructions criminelles, le témoignage d'un esclave n'est point admis contre son maître; mais l'esclave d'un collége peut déposer contre les membres du collége; l'esclave affranchi a pour patron le collége, et non les membres qui le composent. Les associés n'étaient point créanciers des débiteurs de la société ni débiteurs de ce qu'elle devait (2), aussi ne pouvaient-ils être poursuivis à sa place; la société et ses membres ayant chacun une personnalité distincte, on pouvait contracter avec le collége dont on faisait partie.

126. Les colléges pouvaient, soit par leur représentant, soit par leurs esclaves, acquérir la possession d'une chose et prescrire par usucapion (3); ils pouvaient être tenus comme tout propriétaire de l'action *ad exhibendum* (4). Mais ils n'avaient pas le *factio testamenti* ni le *jus capiendi*; le droit de recueillir les hérédités n'appartenait qu'aux personnes certaines; cette rigueur fut adoucie, et la loi 8 au Code *De hœred. instit.*, VI, 24, laisse voir que, comme privilége, le droit de recueillir à titre universel fut accordé à quelques-uns. Des exceptions à la règle furent introduites :

(1) L. 1, § 1. D. III, 4. — (2) L. 7, § 1. D. III, 4.
(3) L. 1, § 22, D. XLI, 2. — (4) L. 7, § 3, D. X, 4.

1° Lorsque le *de cujus* a institué héritier non pas le collége, mais la divinité protectrice et le collége ensemble en employant cette formule *Deo et collegio ejus.*

2° Lorsque le *de cujus* était un affranchi du collége; car du moment que le collége pouvait réclamer l'hérédité *ab intestat* (1), il était logique qu'il pût recueillir l'hérédité à titre d'héritier.

3° La majorité des colléges avait obtenu la faveur de recueillir *ab intestat* le bien de leurs membres morts sans enfants et sans avoir fait de testament (2).

4° Lorsqu'un affranc hi mourait sans enfants, ils avaient le droit commun à tous les patrons d'hériter *ab intestat.*

5° Le droit de recevoir par legs et fidéicommis leur fut aussi dénié à l'origine, mais de bonne heure la règle fut modifiée par Nerva d'abord, en faveur des *civitates* et des *municipes;* par Marc-Aurèle, en faveur de toute corporation autorisée (3).

127. Dans les relations extérieures, la corporation, être immatériel, avait besoin d'être représentée par des individus; tantôt une commission était chargée de l'administrer et de faire valoir ses droits; le plus souvent ce rôle était confié à un de ses membres qui portait le nom de *syndicus, procurator, actor.* Le syndic d'un collége ne peut être comparé au tuteur du mineur; celui-ci doit compléter la personne de son pupille, le premier représente simplement le collége; le tuteur administre le patrimoine du pupille sans avoir besoin d'obtenir un mandat spécial à chaque opération nouvelle, le syndic reçoit son mandat de l'assemblée, et pour chaque affaire

______

(1) L. 1, § 2. D. XL,3. — (2) L. 1, L. 5, C. Just. VI, 61.
(3) Ulp. Reg. XXIV, 28. — L. 1, L. 2. D. XL, 3.

en particulier; un mandat général serait nul (1). Le seul point de contact entre le mineur et le collége, c'est que l'un et l'autre peuvent demander la *restitutio in integrum*, dans le cas où ils éprouveraient un préjudice résultant de l'acte posé par le tuteur ou le syndic (2).

Tant qu'il agissait dans les limites de ses pouvoirs, le syndic engageait la société, sans s'obliger personnellement; il était dispensé de donner la caution *de rato* (3); toutefois il devait justifier que l'engagement avait tourné au profit de la société; si par exemple celle-ci n'avait rien reçu du montant d'un emprunt fait en son nom par le syndic, elle ne serait nullement tenue', et le syndic serait responsable vis-à-vis du prêteur (4).

Le collége pouvait-il être obligé par un délit? Évidemment non, car il n'a de personnalité que pour le but en vue duquel il a été créé par le pouvoir social, et il est impossible que le pouvoir social autorise un délit. Lorsqu'un méfait a été commis au nom d'une communauté, il ne peut être imputé, même au point de vue civil, qu'aux individus qui s'en sont rendus coupables. L'*universitas* ne sera tenue de rendre que ce qu'elle a reçu, *quod ad eam pervenit* (5). Le fragment 9, § 1, D. *quod metus causa* IV, 2, qui paraît contraire, s'explique facilement quand on tient compte de la nature particulière des remèdes légaux contre la violence qui sont *in rem scripta.*

Cette question est bien différente de celle de savoir si les *collegia* sont tenus du dommage provenant de l'inexécution ou de la mauvaise exécution de leurs obli-

(1) L. 6, § 1. D. III, 4. — (2) L. 4, C. Just. II, 54.
(3) Arg. L. 9. D. XLVI, 8. — (4) *Glose ad leg.* 27, *de rebus creditis* XII,1.
(5) L. 15, § 1. D. IV, 3. — L. 4, D. XLIII, 16.

gations, alors que les faits qui ont occasionné le dommage ont été posés par leur agent; nous répondons
affirmativement pour ce cas.

Le syndic avait seul qualité pour défendre le collége
mais en son absence ou à son refus toute personne,
après l'avoir mis en demeure, pouvait défendre la société;
le demandeur lui-même pouvait, si personne ne se
présentait pour le collége, demander au magistrat de
désigner quelqu'un qui devînt son contradicteur légitime.

128. Les membres du collége étaient soumis à une
juridiction spéciale. On choisissait parmi leurs collègues
des juges qui, étant de la même profession, avaient une
aptitude spéciale pour décider des questions de commerce ou de négoce. Le demandeur avait le choix entre
les juges ordinaires et les juges spéciaux; mais le défendeur cité devant ces derniers ne pouvait contester
leur compétence (1). Ce dernier cas devait se présenter
rarement, car cette juridiction était considérée comme
un privilége, et n'appartenait qu'à ceux qui remplis-
saient les charges du collége.

129. Toute corporation subsiste tant que les conditions essentielles requises pour son existence se trouvent réunies; elle cesse dès que l'une d'elles vient à
manquer; évidemment si l'État retire l'autorisation qu'il
a accordée, la corporation perd sa personnalité et se trouve
dissoute; ainsi la cité détruite à la suite d'une ré-
volte, sur le sol de laquelle on fait passer la charrue,
cesse d'exister comme être capable d'avoir et de devoir
des droits; si aucun intérêt politique n'est lié à la cor-

____

(1) L. 2, L. 7, C. Just. III, 13.

poration, une décision de l'assemblée de ses membres sera valable pour la dissoudre. « Mais, de ce qu'une corporation peut être continuée par un seul membre, dit M. de Savigny, quelques auteurs concluent à tort qu'elle cesse nécessairement d'exister par suite de la mort de tous ses membres. Cette opinion doit être rejetée dans tous les cas où le but de la corporation est de sa nature perpétuel et d'intérêt public. Si, par exemple, les membres d'un corps de métier étaient tous subitement emportés par une épidémie, on aurait grandement tort de considérer la communauté comme éteinte, et ses biens comme étant sans maître ou tombés dans le domaine public »(1). Si le but se rapportait exclusivement aux intérêts personnels de ceux qui la composent, elle sera éteinte après la mort du dernier de ses membres.

Que devient le patrimoine d'une communauté dissoute? Cette question est restée douteuse en présence du silence des lois romaines. Nous avons bien vu que lorsque le but d'une réunion était honorable, et que cependant celle-ci ne pouvait obtenir l'autorisation impériale, le magistrat accordait d'habitude aux membres qui la composaient, le droit de reprendre leurs apports. Mais de cette décision rendue à propos d'un *collegium illicitum*, il nous paraît trop hardi de conclure, comme certains auteurs l'ont fait, que l'avoir social du collége était, en cas de dissolution, réparti entre tous ses membres.

130. Outre la juridiction dont nous avons parlé plus haut, des priviléges spéciaux étaient accordés aux colléges. Nos textes parlent d'immunités, *jus immunitatis*,

____

(1) Tom. II, § 89.

accordées à certaines corporations. Le *jus immunitatis* n'était pas un droit fixe, invariable; le décret impérial qui l'accordait en réglait l'étendue; d'habitude il comprenait l'exemption de tous les *munera personalia*, tutelle, curatelle, service militaire; quelquefois il comprenait l'exemption de tout ou partie des *munera patrimoniorum*, impôt foncier, prestations en nature, etc. Il paraît toutefois que ces priviléges devinrent par la suite bien inférieurs aux charges, puisque les empereurs furent obligés d'avoir recours aux mesures les plus sévères, pour forcer les enfants à rester dans le collége dont leur père avait fait partie; ce qui, à l'origine, avait été une faveur qu'on ne pouvait obtenir qu'avec peine, ne fut plus qu'un fardeau accablant, plus lourd que l'esclavage, puisque l'esclave avait l'espoir de devenir libre par l'affranchissement, et que le membre d'un collége était condamné fatalement à y rester.

§ 3. — LA SOCIÉTÉ ORDINAIRE, A LA DIFFÉRENCE DES COLLEGIA, NE FORMAIT PAS UNE PERSONNE JURIDIQUE.

131. D'après ce qui précède, nous voyons que les collegia constituaient une personne civile, et présentaient de grands points d'analogie avec ce que nous appelons aujourd'hui des sociétés anonymes. Les différences avec les sociétés formées par de simples particuliers sont nombreuses : quant à la durée, quant aux causes de dissolution, quant à l'administration; faut-il dire aussi quant à la personnalité? Nous le croyons. Les sociétés civiles ordinaires ne formaient pas un être juridique capable d'avoir des droits indépendamment des membres qui la composaient. Pour un esprit attentif et de

bonne foi ne suffit-il pas de lire le passage suivant?
«Neque societas, neque collegium, neque hujusmodi
«corpus passim omnibus habere conceditur : nam et
«legibus, et senatusconsultis, et principalibus consti-
«tutionibus ea res coercetur; paucis admodum in cau-
«sis concessa sunt hujusmodi corpora; ut ecce vecti-
«galium publicorum sociis permissum est corpus ha-
«bere; vel aurifodinarum, vel argentifodinarum» (1).

De ce texte, il semble résulter bien clairement qu'aucune réunion ne peut avoir une existence légale sans
que la puissance publique soit venue donner à cette
chose incorporelle et de pure raison, la vie qui lui manquait. «La nécessité du consentement de l'État pour la
formation d'une personne juridique, dit M. de Savigny (2), trouve sa source dans la nature même du
droit ; quand la capacité naturelle de l'homme est étendue fictivement à un être idéal, l'apparition corporelle
manque, et la volonté de l'autorité peut seule y suppléer, en créant des sujets artificiels de droit.» La société ordinaire ne remplit pas cette condition; jamais
le contrat de société privée n'a dû être approuvé par
l'autorité supérieure; c'est un contrat purement consensuel, qui ne requiert aucune forme particulière;
aussi n'y est-il fait aucune allusion dans l'énumération
des sociétés ayant un *corpus*, contenue dans le texte pré-
cité. Un grand nombre d'auteurs ont pourtant soutenu
que la société ordinaire constituait en droit romain une
personne civile, ces auteurs s'appuient sur les textes
suivants :

(1) L. 1, *proœ Gaïus.* D. III, 4.
(2) *Histoire du droit romain,* T. II.

132. 1° La loi 22 *de Fidej.* XLVI, § 1. « Mortuo reo
« promittendi, et ante aditam hæreditatem fidejussor ac-
« cipi potest, quia hæreditas personœ vice fungitur, si-
« cuti municipium, et decuria, et societas. » M. Troplong
trouve que ce texte est sans réplique, « de même qu'un
municipe absorbe dans son être abstrait les individus
dont il se compose, de même une société est dans ses
rapports extérieurs et intérieurs, une personne morale
qui éclipse les associés qui la forment ; les associés ne
sont pas plus à considérer que l'héritier n'est à rechercher pour savoir si une hérédité peut remplir les fonctions juridiques. » Mais ce texte en dit-il autant que lui
en fait dire M. Troplong ? Il suppose bien qu'une société
peut avoir une personnalité, auquel cas, si elle est débitrice, un tiers pourra se porter caution pour elle ;
mais il ne dit pas que toutes les sociétés sont dans cette
position, et le rapprochement des mots *municipium* et
decuria nous ferait plutôt penser que le mot *societas*, qui
suit, désigne également une corporation administrative, telle que la *societas vectigalium* et les divers *collegia.*
Il suffisait à Florentinus, pour pouvoir légitimement
ajouter à son énumération le mot *societas*, qu'une catégorie de sociétés pût être assimilée aux municipes, aux
décuries et à l'hérédité jacente ; il n'avait pas mission,
dans cette phrase incidente, de marquer la distinction
qui existe entre les sociétés. Cette distinction, c'est la
loi *Neque societas* citée plus haut qui nous la fournit.
Donner ici au mot *societas* le sens de société privée, c'est
résoudre la question par la question.

2° La loi 3, § 4, *De bon. poss.* XXXVII, 1. « A muni-
« cipibus et societatibus, et decuriis, et corporibus, bo-
« norum possessio acquiri potest. » Mais n'est-ce pas ici,

comme dans le texte précédent, une énumération de personnes juridiques? Ulpien ne devait-il pas mentionner la société, puisque quelquefois elle a ce caractère?

133. 3° La loi 65, § 14, *pro socio* XVII, 2 : « Si com-« munis pecunia penes aliquem sociorum sit, et alicu-« jus sociorum quid absit, cum eo solo agendum penes « quem ea pecunia sit : qua deducta, de reliquo, quod « cuique debeatur omnes agere possunt. » Voici comment M. Troplong interprète ce texte : « Dans cette espèce, dit-il, le jurisconsulte considère la société comme un être abstrait de raison, distinct des associés ; il la personnifie dans la caisse commune, tour à tour débitrice et créancière ; un associé a souffert un dommage qui lui donne droit à une réparation de la part de la société ; s'il est vrai qu'il faille considérer les associés plutôt que la société, cet associé devra s'adresser à chacun de ses coassociés individuellement, pour se faire indemniser par eux suivant leur part et portion. » Or Paul décide le contraire et déclare qu'on agira, non contre tous les associés, mais contre celui qui a la caisse, c'est-à-dire contre la caisse commune. Cette caisse personnifie donc la société. A cela, nous répondons qu'on conçoit très-aisément la solution de Paul, sans supposer la société personnifiée dans sa caisse; quel est le cas prévu par cet auteur? Un associé a le mandat de gérer les affaires sociales ; naturellement il reçoit l'argent commun, et a la mission de payer pour les autres. Par suite, celui qui se trouve créancier d'une somme quelconque s'adresse à lui comme étant le mandataire de ses associés; ceci est une simple application des règles du mandat.

4° On a encore à tort invoqué la différence qui existe entre l'action *pro socio* et l'action *communi dividundo;* si l'action *pro socio* est personnelle, dit-on, c'est qu'elle n'a jamais pour but le partage, attendu que ce n'est pas aux associés, mais à la société qu'appartient le fonds social. L'erreur est évidente, l'action *pro socio* ayant pour objet l'accomplissement des obligations réciproques des associés ne s'occupe nullement du partage; le préteur n'avait donc nul besoin d'y insérer une *adjudicatio*. Lorsque les associés voudront faire le partage, résultat indirect de la société, ils auront recours à l'action qui appartient à tout communiste, l'action *communi dividundo*.

134. Nos adversaires invoquent pour eux des autorités qui leur sont complétement contraires. Ainsi, ils disent que Cujas, sur la loi 3, § 4, *De bon. poss.*, que nous avons citée, admet la personnalité des sociétés en général. Or voici les paroles de Cujas : « Ostenditur in hoc « paragrapho a municipibus acquiri posse bonorum « possessionem, itaque non tantum a singulis, sed etiam « a municipiis, civitatibus, et a societatibus, *quæ species est universitatis ut a societatibus publicanorum.* » Ce dernier membre de phrase est limitatif et marque nettement que Cujas n'entend comprendre parmi les sociétés capables de demander la possession de biens que celles qui sont des universités, par exemple, les sociétés d'impôts.

Ils citent encore Balde, dans son commentaire du titre *pro socio*, au Code. Or, dans la préface de ce titre, Balde commence par dire : « J'établis d'abord, pour la clarté du sujet, que la société est de deux espèces : l'une est dite collége, lorsque plusieurs se réunissent sous l'autorité de leurs supérieurs..... L'action *pro socio* ne dérive pas de cette société dans laquelle la communauté est une personne. L'autre société dont naît l'action *pro socio* est celle dont traite ce titre. C'est une société de particuliers qui a été formée pour acquérir du bien et de l'utilité. » Il est difficile de mieux distintinguer les deux natures de sociétés et de marquer la différence énorme qui existe entre elles : la première étant une personne civile, la seconde ne l'étant pas (1).

135. Nous pouvons donc invoquer avec raison ces savants auteurs comme des partisans de notre système. Nous nous appuyons sur l'opinion de M. de Savigny. Ce grand romaniste a consacré plusieurs chapitres de son histoire du droit romain à l'étude des personnes civiles ; il recherche toutes les agglomérations d'individus qui, d'après nos sources, peuvent prétendre à cette qualité, et nous ne voyons pas qu'il ait été dit un seul mot des sociétés entre particuliers. Peut-on dire qu'un contrat aussi important, aussi usité, ait passé sans intention, et que son exclusion de la liste des personnes civiles ait été le résultat d'un oubli? De plus, à quelle action notre contrat donne-t-il naissance ? à l'action *pro socio*, action *utraque parte directa ;* aussi la rubrique du Digeste n'ajoute pas *vel contra*, car la position des associés les uns vis-à-vis des autres est identique. Il est impossible d'admettre que l'action *pro socio* ait appartenu aux tiers et leur ait donné des droits contre la société ou sur le fonds social ; nous ne voyons pas qu'ils soient arrivés à ce résultat par quelque autre action ;

(1) M. Malapert, *Revue critique de législ. et de jurisp.* 13ᵉ année, T. 23, p. 267 et s.

ils ne pourront donc agir que contre l'associé qui a traité directement avec eux, par suite avoir de recours que contre les biens de cet associé. Comment donc soutenir en pareille circonstance que la société ait formé un être moral responsable vis-à-vis d'eux? Voyons-nous rien dans les nombreux textes du titre *pro socio* qui montre qu'un associé en posant un acte ait engagé, non ses biens, mais ceux de la société exclusivement? Ce résultat est parfaitement indiqué, au contraire, lorsqu'il est question des colléges et des corporations. L'antithèse qui existe entre ces deux classes de sociétés, les sociétés privées et les sociétés revêtues d'un caractère public et autorisées par la puissance exécutive, nous paraît être la démonstration la plus frappante de ce que nous avons avancé.

DEUXIÈME PARTIE

DROIT FRANÇAIS

DES

ASSOCIATIONS COOPÉRATIVES

CHAPITRE PREMIER.

ASSOCIATIONS OUVRIÈRES ET AGRICOLES AU MOYEN AGE.

§ 1er. — *Communautés agricoles celtiques, ghilde germanique. Corporations d'artisans.*

Les documents relatifs à la condition des peuples qui habitaient la Gaule avant l'invasion des Romains, quoique peu nombreux, sont assez importants pour nous donner une idée générale suffisamment exacte des mœurs gauloises et de l'esprit du droit gallique. Au premier plan se placent les Commentaires de César; ce grand général était, comme tous les patriciens de Rome, un jurisconsulte distingué; de plus, il était profond observateur, et son livre contient beaucoup de remarques précieuses sur l'état des Gaules au moment de son arrivée. Puis viennent les lois galloises de Howel et la très-ancienne coutume de Bretagne qui nous font connaître les lois et les mœurs des peuples celtiques; à l'aide de ces divers documents, l'état des personnes et des propriétés en Gaule, au premier siècle avant Jésus-Christ, se précise sinon dans ses détails au moins dans son ensemble. Trouverons-nous dans ces ouvrages quelques données qui intéressent les sociétés et surtout les associations d'ouvriers et d'agriculteurs ?

Bien peu de chose en ce qui touche l'industrie. Les Gaulois, hommes grossiers et d'un caractère belliqueux, dédaignaient comme les peuples peu civilisés les travaux manuels; ils avaient pourtant des mines, certains de leurs produits étaient recherchés; mais il est probable que les esclaves ou tout au plus les clients de basse extraction étaient seuls livrés aux occupations commerciales ou industrielles. La société telle que nous l'entendons aujourd'hui était inconnue.

En ce qui concerne l'agriculture au contraire, les lois galliques nous offrent de curieux renseignements : « Il existait dans les mœurs gauloises des sociétés ou communautés de laboureurs et vilains qui détenaient ou cultivaient des terres sujettes à redevances ou des terres serviles dépendant des domaines du chef supérieur ou de chefs inférieurs Teyrn et Mactiern. Les lois de Howel ont de nombreuses dispositions sur les sociétés de labourage qu'elles appellent Cyfar, expression dont la racine est la même que celle des mots qui veulent dire cens, terre concédée, biens communs, loi, l'idée de loi se liant ainsi dans la loi gallique à celle de terre et de société. Dans ces possessions de communistes, les enfants ne succédaient pas aux fonds paternels pour en faire le partage; ils restaient dans la communauté. Cependant le fils le plus jeune gardait, à titre héréditaire;

la maison habitée par le père » (1). Cette institution profondément celtique survécut à la conquête romaine et à l'invasion barbare ; elle nous occupera plus loin d'une manière spéciale.

La conquête romaine étendit la lèpre de l'esclavage et apporta à la Gaule le mépris du travail et des arts, tellement enraciné chez les Romains que Sénèque s'indignait de voir attribuer l'invention des arts aux philosophes et non aux plus vils esclaves. L'industrie, néanmoins, se développa sous la domination de Rome; les Gaulois apprirent à dorer, à argenter, à tisser, et le pays sillonné par les voies romaines se couvrit de ces grands monuments destinés au plaisir ou à l'utilité générale, dont nous voyons encore les restes à Nîmes, à Arles, sur le Gard, etc.

Plus l'Empire vieillit, plus l'uniformité s'établit entre les diverses régions qui lui étaient soumises. Les artisans gaulois forment entre eux ces *collegia* que Rome connaissait depuis longtemps. L'empereur eut ses manufactures desservies par des corporations d'ouvriers ; les monnaies se faisaient à Arles, à Trèves, à Lyon ; l'orfévrerie à Reims, à Arles, à Trèves ; les tissus à Vienne ; la teinturerie à Toulon et à Narbonne. A côté des gynécées impériaux, les travailleurs libres eurent comme les artisans romains leur *collegia opificum* dont quelques-uns purent atteindre un haut degré de prospérité. Les bateliers du Rhône élevaient un temple à l'empereur ; les *nautæ parisienses* formaient une corporation puissante qui traversa la période de l'invasion, devint le centre de la municipalité parisienne et vit son

---

(1) M. Laferrière, *Histoire du Droit français*, II, 122.

emblème servir d'armoiries à la capitale de la France ; des institutions aussi fortes ne pouvaient complétement disparaître.

De même que la commune romaine ne fut pas détruite par la sanglante anarchie du v° et du vi° siècle, et que plus d'une cité envahie continua de se gouverner suivant ses antiques institutions municipales ; de même plus d'une communauté d'ouvriers continua de fonctionner d'après ses anciens statuts, offrant aux faibles le moyen de se défendre contre l'avidité du barbare victorieux et plus tard contre l'oppression du seigneur. « La double organisation municipale et industrielle du monde romain offrait trop d'éléments de salutaire résistance pour pouvoir périr ainsi tout à fait (1). Toutefois, ces deux sortes d'institutions si intimement liées et si tutélaires, évoluèrent en partie dans le sens d'institutions non moins protectrices, venues avec la conquête et se mêlèrent peu à peu avec celles-ci, sans que toutefois leur caractère primitif s'effaçât jamais complétement » (2).

Quel était donc cet élément nouveau introduit par la conquête ? C'était l'antique Ghilde scandinave, mot qui veut dire banquet à frais communs, association ou confrérie, parce qu'à la fin du banquet qui avait lieu à des époques solennelles et où l'on vidait des coupes de bière en l'honneur des dieux, des braves et des parents défunts, les assistants prêtaient le serment de s'aimer

____

(1) D'après M. Em. Laurent les associations qui sous le nom de *franches* existaient sous la domination lombarde et obtinrent des Papes le monopole de la construction des églises, ne furent que la continuation des anciens colléges romains.

(2) Em. Laurent, *Le paupérisme et les associations de prévoyance*, t. I.

et de s'entre-aider comme frères. Cette promesse comprenait non-seulement les suites des accidents ordinaires de la vie, incendie, naufrage, pauvreté, elle obligeait même à défendre le confrère contre les poursuites légales encourues pour des crimes ou délits; elle réunissait non-seulement les habitants d'un même territoire, mais encore toute espèce de personnes, depuis le chef jusqu'au laboureur et à l'artisan dans les pays les plus éloignés.

Voici quelques-unes des dispositions les plus saillantes de la Ghilde du roi Eric, la plus complète et celle qui semble les résumer toutes:

« Si un convive (c'est le nom que se donnaient les confrères) est tué par un non-convive, que les convives, s'ils sont présents, le vengent s'ils peuvent; s'ils ne le peuvent, qu'ils fassent en sorte que le meurtrier paye l'amende de 40 marcs, et que jusque-là ils n'aient rien de commun avec le meurtrier. »

« Si un convive a tué un non-convive, homme puissant, que les frères l'aident autant qu'ils le pourront à sauver sa vie de tout danger; s'il est près de l'eau, qu'ils lui procurent une barque avec des rames, un vase à puiser de l'eau, un briquet et une hache; s'il a besoin d'un cheval, qu'ils le lui procurent et l'accompagnent jusqu'à la forêt. »

« Si les biens de quelques frères sont confisqués par le Roi, tous les frères auxquels il s'adressera, soit dans le royaume, soit hors du royaume, lui donneront cinq deniers. »

« Si quelque convive a souffert du naufrage dans ses biens et n'a rien pu sauver, il recevra trois deniers de chacun des frères. »

« Si quelque frère est fait prisonnier, il recevra de chacun des convives trois deniers pour sa rançon. »

« Si un des convives a eu son grenier avec les provisions détruit par l'incendie, il recevra trois deniers de chacun de ses frères » (1).

La Ghilde contient un grand nombre d'autres dispositions relatives à la police intérieure et punissant les diverses offenses dont un associé se serait rendu coupable envers un autre associé; mais celles que nous avons citées nous montrent dans la Ghilde un type parfaitement accusé d'association de secours mutuels, son caractère est bien différent de celui de la corporation romaine : celle-ci a, comme trait fondamental, l'esprit de subordination et de discipline civile; celle-là a l'esprit de confrérie militante, l'idée séculaire de protection réciproque sous forme de résistance et de lutte. Aussi, loin d'être favorisée comme la première par l'autorité, et de devenir entre ses mains un moyen de gouvernement, elle est poursuivie par toutes les puissances; le pape et les évêques excommunieront les confrères; Charlemagne, dans ses capitulaires, les menacera des peines les plus dures; mais le peuple et les opprimés y auront recours : elle réunira au xie siècle tous les paysans de la Normandie contre les seigneurs et les chevaliers; elle armera tous les habitants d'une ville dans un même esprit de garantie mutuelle contre les exactions des suzerains et fera éclore dans les villes au nord de la Loire toutes ces communes jurées dont nous recherchons si curieusement l'histoire. En outre, et c'est à cet égard qu'elle nous intéresse, elle viendra modifier le

____

(1) Aug. Thierry, *Considérations sur l'histoire de France*, chap. 6.

collége romain; et de ces deux institutions si différentes d'origine sortira la corporation des métiers.

Vers le xᵉ et le xıᵉ siècle, le souvenir de l'invasion s'efface; il n'y a plus de Germains ni de Romains; la féodalité a remplacé la conquête, et tout homme est serf ou seigneur, car l'esclavage a disparu pour faire place au servage; peu à peu, les chartes d'affranchissement deviennent plus nombreuses : Louis le Hutin, en 1315, donne la liberté à tous les serfs du domaine royal. Ces changements dans l'état des personnes durent changer les conditions des travailleurs; cédant à ce courant qui, suivant l'observation de M. Troplong, entraînait au moyen âge tous les individus vers l'association, les artisans des villes trouvèrent dans les traditions romaines et germaniques les éléments des chartes qui les régissaient. Les gens du même métier se réunissent, le mouvement commercial multiplie les corporations; la corporation est une petite commune; à la différence du collége romain, elle n'est pas imposée par un pouvoir supérieur à ses membres, elle est volontaire et défensive contre les officiers du seigneur; elle n'exempte pas des impôts, mais, comme le *collegium*, elle a besoin de la sanction royale pour exister légalement. L'abus ne tarda pas à s'y glisser : elle devint un monopole, et nous pouvons dire hardiment que si, au début, elle fut favorable au commerce, sa tendance au monopole la rendit une source de procès et un obstacle à la grande industrie. Quoi qu'il en soit, à côté des erreurs que l'esprit des temps fit pénétrer dans les statuts des corps de métiers, il est consolant de lire bien des prescriptions qui avaient pour but de venir en aide aux inférieurs et aux malheureux. Nul patron ne pouvait renvoyer un ap-

prenti sans lui accorder un délai de huit jours habituel-
lement, d'un mois d'après les règlements des teinturiers de fil et des bonnetiers de Paris. « Le tiers des
amendes qui seront levées, dit Etienne Boileau, afférant
à la portion des maistres du métier, soit pour soutenir
les povres vieilles gens du mestier décheuz par fait de
marchandise ou de vieillence » (1). D'autres règlements
fixaient une somme à donner chaque semaine au maître
qui était malade. En résumé, le système corporatif était
tant une défense mutuelle contre les agressions du dehors,
qu'une garantie réciproque contre les chances ordinaires de la vie commune. Mais, s'il nous montre que nos
sociétés de secours mutuels peuvent faire remonter leur
origine jusqu'aux temps les plus éloignés, il ne présente que des rapports éloignés avec les sociétés coopératives ; son but n'est pas d'arriver à une production
commune, son esprit est exclusif : loin d'ouvrir à tous
les rangs de la corporation, de leur faire partager ses
avantages, il crée règlement sur règlement pour interdire l'entrée du corps à quiconque n'est pas fils de maître, pour rendre la maîtrise d'un accès difficile aux apprentis. Si nous voulons rechercher les précédents du
genre d'association qui nous préoccupe, quittons donc
les villes où existent les corps de métiers, et voyons dans
les campagnes si nous ne trouverons pas de trace de la
véritable coopération.

§ II. — Des communautés rurales.

Les lois galliques dont nous avons plus haut cité des
extraits nous montrent comme une coutume assez ré-

____

(1) Registre des métiers, L. XIX, p. 177.

pandue parmi les nations celtiques, les membres d'une même famille cultivant les terres en commun, sous la direction de l'un d'entre eux, et partageant les produits du sol, suivant la part de travail que chacun a apporté à la communauté; elles nous indiquent d'une manière bien nette l'idée d'une propriété commune à tous les membres d'une famille, en reconnaissant comme fondé sur un usage général le retrait lignager qui ne permettait pas à certains biens de sortir de la famille sans l'assentiment de ses membres. La conquête romaine ne fit pas disparaître ces coutumes nationales; comme preuve, nous citerons une constitution de Valentinien II, faite pour les Gaules en 391 et permettant de déroger à la règle du retrait lignager (1). Le Code de Justinien mentionne en plusieurs endroits les redevances payées en commun et les *agnations*, c'est-à-dire les communautés descendant d'un auteur commun. Le fils de colon qui s'était absenté pendant trente ans ne pouvait prétendre avoir acquis la liberté par prescription s'il avait laissé des parents cultivant les champs de la famille, « cum « enim pars quodammodo corporis ejus per cognationem « in fundo remanebat.» (2). Bien mieux, le système des corporations et colléges, que l'empire répandait partout, fut appliqué non seulement aux ouvriers des villes, mais encore aux agriculteurs, et vint donner aux communautés celtiques, qui n'étaient fondées que sur l'usage, une organisation et une forme plus complètes. — Il est probable que les corporations rurales se modelèrent sur les corporations urbaines, et qu'au moment de l'invasion, la Gaule offrait un aspect semblable à celui

____

(1) L. 6, Cod. Théod. III, 1. — (2) Loi 22, Cod. Justin, XI, 47.

de la Russie, où avant l'émancipation, les communautés
de serfs qui s'occupaient de travaux industriels et celles
qui se livraient à l'agriculture étaient organisées de la
même manière.

Les Germains, en entrant dans les Gaules, respectè-
rent ces associations; peuples pasteurs et guerriers, ils
savaient ce qu'était la jouissance en commun du sol;
chaque tribu avait ses pâturages où les membres de la
tribu avaient le droit d'envoyer paître un certain nombre de bestiaux, nombre déterminé d'après des règles
traditionnelles; notons cependant que, si la jouissance
était commune, le résultat restait propre à chacun, ce
qui établit une différence essentielle avec les familles
des colons romains; mais l'usage commun de la chose
était un premier pas fait par les conquérants vers le
système pratiqué dans le pays conquis.

Ainsi l'exploitation collective que les Celtes connaissaient depuis longtemps, avait été encouragée et régle-
mentée par leurs premiers maîtres, les Romains; elle
était pratiquée par leurs nouveaux vainqueurs, les Germains; il n'y a donc rien d'étonnant à ce que la communauté de fait ou de droit devînt au moyen âge une
institution universelle; nous la trouvons partout dans
les villes et dans les campagnes, chez les nobles, chez
les bourgeois, chez les paysans libres, chez les mainmortables.

. Chez les nobles, c'est la tenure en parage: on appelait tenir en parage, lorsque le fief du père, restant
indivis entre les fils, l'aîné répondait vis-à-vis du seigneur de l'accomplissement des services auxquels le
fief était tenu.

Chez les roturiers les exemples abondent : les vavas-

seurs, c'est-à-dire les cultivateurs libres de la Normandie, forment au xıı° siècle des associations analogues au
parage ; un seul d'entre eux représente l'association et
se met en relations avec le seigneur ; il porte le titre
d'aîné; en Alsace, les colongers se réunissent pour rendre
la justice entre eux, sous la présidence du seigneur.

Chez les mainmortables, le système était plus répandu et il se maintint plus longtemps. Il existait au
xv° et au xvı° siècle, dans quelques villages, de vastes
bâtiments où vivaient en commun plusieurs familles
associées pour une même exploitation. Souvent, au pied
des châteaux, on voyait des maisons juxtaposées, formant un hameau et dont les dépendances, telles qu'é-
tables ou greniers, étaient communes aux serfs qui habitaient ce hameau. Ces serfs vivant en commun,
portaient le nom de parsonniers. «Ce mot est dit et tiré
de l'ancien mot français parçon qui est diminutif de la
diction part, comme de gars on dit garçon ; ou bien est
déduit de portion et n'est pas déduit du mot personne » (1).

Le grand nombre de communautés de mainmortables s'explique tant par les tendances qui poussaient
à l'association les deux races couvrant le sol de la
France, que par les conditions économiques du temps
et l'état des personnes qui devenaient parsonniers. En
l'absence de toute communication, la communauté formait un tout qui était dans la nécessité de se suffire à
lui-même, elle renfermait les personnes capables de
remplir les divers métiers usuels; ainsi elle n'achetait, et

____

(1) Guy Coquille ; C^{me} Nivernais, ch. 22, 3. On trouve dans les cou-
tumiers anglo-normands les mots *parcennarii, parceniers*.

ne vendait rien. Legrand d'Aussy voit, en 1788, une communauté d'Auvergne des environs de Thiers qui n'achetait encore que du fer et du sel.

Mais la cause la plus importante de l'établissement des associations de mainmortables fut l'intérêt commun que cette combinaison procurait au seigneur et aux mainmortables eux-mêmes. D'après le droit féodal, le mainmortable ne pouvait tester, et le seigneur héritait des biens qu'il possédait. Cette règle si dure fu adoucie de différentes manières, grâce aux légistes qui eurent, il faut le reconnaître, une grande propension à étendre et à garantir la propriété des mainmortables. Ainsi, suivant les diverses régions, les droits du seigneur ne s'exerçaient que sur les meubles ou que sur les immeubles, ou qu'autant que le défunt n'avait pas laissé d'héritiers procréés de lui; ceci établi, on concevra aisément l'intérêt qu'avaient les mainmortables à former entre eux une communauté, quand on saura qu'ils s'assuraient, en vivant en commun, le droit de tester et de se succéder les uns aux autres. De leur côté, les seigneurs préféraient faire des concessions de terre à des associations plutôt qu'à des individus, parce qu'ils pouvaient réclamer de l'association entière le payement de leurs redevances.

M. Rozy a soulevé la question de savoir quel était celui des deux intérêts qui avait prévalu à l'origine : est-ce le seigneur qui a engagé ses serfs à se réunir entre eux? Sont-ce ces derniers qui ont demandé cette faveur pour obtenir le droit de successibilité que les coutumes leur refusaient? Il soutient la dernière opinion et invoque en sa faveur les arguments suivants :

Le droit de succéder les uns aux autres paraît être la

préoccupation constante et presque exclusive des parsonniers; ainsi, dans son *Traité de la Communion*, Dunod dit : « La communion est un grave point en mainmorte ; c'est le fondement des successions des mainmortables et elle les fait préférer au seigneur même; il
est donc nécessaire de l'examiner avant d'entrer dans
la discussion des effets de la mainmorte. » Il en résulte
donc que la communion établie contre les seigneurs
dans le but de diminuer leurs droits n'a pas été probablement organisée par eux ou propagée par leur influence.

En second lieu, lorsqu'un seul des serfs sort de la
communauté, celle-ci se trouve dissoute à l'égard des
autres ; or, si le seigneur avait vu de bon œil l'établissement de la communauté, aurait-il permis qu'un fait
qui peut être si fréquent, lorsque le nombre des parsonniers s'élève un peu, vînt le priver des avantages que
lui procurait la solidarité de ses serfs; d'ailleurs le
payement des redevances serait-il devenu plus chan-
ceux par la disparition d'un parsonnier sur une communauté de trente ou quarante membres ?

Et si le seigneur avait vu d'un œil favorable les réunions de ses serfs, se serait-il borné à les conseiller ;
n'aurait-il pas imposé cette vie en commun à tous
ceux qui étaient en son pouvoir? Il est très-probable
même qu'il les y aurait contraints sans leur accorder
aucune compensation en retour. En tout cas, il se serait
réservé le choix du maître de la communauté et n'aurait pas abandonné aux simples parsonniers un droit
aussi important.

L'étude des archives de ces époques reculées ne
montre d'ailleurs aucune convention conclue entre les

seigneurs et les serfs dans le but d'établir des communautés agricoles. Ces archives renferment des chartes d'affranchissement, des actes par lesquels les seigneurs renoncent à certains droits de mainmorte, mais nulle part nous ne trouvons rien qui se rapporte à notre sujet.

Une dernière considération est que les seigneurs ne se rendaient pas compte des conditions d'une bonne production ; se rapportant aux apparences, ils auraient vu qu'ils abandonnaient un droit précieux, celui de succéder à leurs serfs et n'auraient pas su calculer dans l'avenir l'avantage qu'ils retireraient de cette concession.

Ces raisons paraissent assez concluantes et je crois, en effet, que ce sont principalement les efforts des paysans qui amenèrent la constitution des communautés ; mais je pense que de leur côté les seigneurs résistèrent peu à ces tendances ; quelque grand que fût leur pouvoir, il n'était pas absolu, et si les serfs ne pouvaient en l'absence de toute autorité supérieure, réclamer contre les abus de pouvoir dont ils étaient victimes, il leur restait une ressource, la fuite : or, d'après les plaintes contenues dans les actes seigneuriaux de cette époque, ce moyen devait être fréquemment mis en pratique ; nous voyons même au XIIIe siècle que certains seigneurs, pour arrêter la fuite de leurs serfs, se décidaient à les affranchir. Or, si quelques-uns furent obligés pour maintenir la population sur leurs domaines, d'arriver à cette extrémité, combien d'autres durent de préférence accorder à leurs serfs le droit de succéder les uns aux autres, en leur imposant comme compensation l'obligation de vivre en commun et de répondre solidairement du payement des redevauces dues par la tenure collective, ils les retenaient ainsi sur leurs terres et avaient l'espoir d'attirer par de semblables concessions les mainmortables qui abandonnaient les seigneuries voisines. Dans tous les cas, un fait que l'on ne saurait nier, c'est l'existence au moment de la rédaction des coutumes d'un grand nombre de communautés de paysans ; c'est l'état florissant dans lequel elles se trouvaient; c'est leur présence non-seulement au nord de la France, dans les pays de coutume, mais encore dans le midi, dans le pays de droit écrit.

Voyons maintenant qu'elle était l'organisation de ces associations.

§ III. — *De l'organisation des sociétés taisibles.*

Des conditions requises pour l'existence des sociétés taisibles. — Les communautés des mainmortables n'étaient qu'une variété des communautés coutumières qui se formaient sans écrit et que l'on comprend, pour ce motif, sous la dénomination de sociétés taisibles (de *tacitus,* tacite). M. Troplong semble réserver cette appellation pour les associations formées entre hommes libres, « appliquant leur travail au développement de l'agriculture, du négoce, ou au progrès de leur aisance commune; » mais il est en opposition avec certaines coutumes, notamment avec celle de la Marche qui qualifie de société taisible les sociétés formées entre les serfs, et récemment M. Dareste, dans son histoire des classes agricoles en France, a démontré que les associations de mainmortables avaient le caractère des sociétés tacites.

Les diverses provinces avaient, à l'origine, reconnu

la formation d'une société universelle entre plusieurs personnes, sans qu'il y eût besoin d'aucune convention expresse et par le seul fait que ces personnes avaient vécu ensemble pendant un certain temps, d'ordinaire pendant l'an et jour.

Voici ce que dit à ce sujet Beaumanoir, dans sa coutume de Beauvoisis, chap. 21 : « Compaignie se fait selon nostre coutume pour seulement manoir ensemble à un pain et à un pot, un an et un jour, puisque li meubles de l'un et de l'autre sont meslés ensemble. » Il suffit donc de deux conditions : vie commune, pendant l'an et jour, et confusion de mobilier. Une disposition aussi large ne manqua pas d'amener des abus; Beaumanoir est le premier à les signaler. Des personnes riches qui recueillaient chez elles des parents malheureux devaient avoir grand soin de ne pas laisser entrer chez elles les quelques meubles que leurs hôtes pouvaient posséder, car, au bout d'un an, ils se seraient trouvés associés avec ceux-ci et forcés de partager leur avoir.

« Si que nous avons vu aprouvé par jugement, ajoute Beaumanoir, que chil qui n'apporta pas en la Compaignie la valuë de 40 sols et n'y fut pas plus de deux ans et ne se mêloit de riens, ainçois fut appelé avec un siens oncles pour cause de pitié pour li nourrir, si demanda partie pour raison de l'accompaignement et l'eut par jugement, et en emporta qui valut plus de deux cents livres, etc. » Aussi lorsque les coutumes furent rédigées, la société taisible fut presque partout interdite et Loysel put poser la règle suivante : « Communauté n'a lieu si elle n'est convenue par exprès ou si la loi ou coutume ne l'ordonnent, quelque demeure qu'on fasse ensemble. » Cette règle n'est pourtant pas générale, et quelques coutumes continuent à admettre la communauté tacite par ce mélange de biens, entre autres celles de Poitou (art. 231), d'Auxerre (201), de Sens (299), de Troyes (101-102), de Châteauneuf (70), de Chartres (60), du Bourbonnais (267), du Nivernais (ch. 22). Mais dans toutes, le principe ne fut admis qu'avec de nombreuses restrictions qui eurent pour but de rendre bien manifeste l'intention des parties de vivre en commun.

Les sociétés taisibles avaient lieu :

1° Entre les frères et sœurs, après le décès de leur père ou mère, ou lorsqu'ils étaient émancipés et, jouissant de leurs droits, vivaient ensemble hors de la maison paternelle.

2° Entre l'oncle et le neveu, entre cousins germains et autres parents plus éloignés.

3° Même dans certaines coutumes entre personnes tout à fait étrangères.

Pour que cette société existât, il fallait les cinq conditions suivantes :

1° Que tous les participants eussent dépassé un certain âge, vingt ans suivant la coutume du Nivernais, ch. 22, art. 2, ou vingt-cinq ans suivant les coutumes du Poitou (art. 231), de Saintonge (titre 7, art. 58), d'Angoumois (art. 41). Les mineurs n'étaient pas capables de la contracter, parce qu'ils ne pouvaient pas disposer de leurs biens.

2° Qu'ils fussent tous de condition roturière, parce que cette société, espèce de négoce et de commerce, était interdite aux nobles; de même on ne la présumait pas entre ecclésiastiques, parce qu'ils sont au-dessus du trafic et doivent préférer la pureté de leur ministère à la fange du commerce (Lebrun, ch. 1er, n° 4); cependant elle était permise aux nobles par la coutume de Champagne (art. 101) « où le ventre annoblissait et où la noblesse se recrutait au comptoir et trafiquait aux foires » (1).

3° Qu'ils fussent *usants* de leurs droits, suivant l'expression consacrée; ainsi les femmes mariées et les enfants de famille ne pouvaient former une société sans convention expresse.

4° Qu'ils communiquassent tous ensemble et vécussent de biens communs (Angoumois, Poitou, Saintonge, mêmes art.). La coutume du Berry (tit. 3, art. 8 et 10) voulait qu'outre la demeure et la dépense communes, il y eût communication de gains, profits et pertes. C'était pour éviter les abus signalés plus haut et empêcher les personnes recueillies à titre de charité de dépouiller leurs bienfaiteurs. La jurisprudence appliquait cette règle même aux coutumes qui ne l'avaient pas mentionnée; ainsi, un arrêt du 15 mai 1698 décida : « qu'une pauvre fille, que sa sœur veuve avait retirée, logée et nourrie chez elle pendant quelques années, n'était pas en droit, par cette seule cohabitation, sans aucune mention, convention, pensée ni volonté de communauté et sans communication de gains et profits, de demander en vertu de l'art. 231 de la coutume du Poitou, par droit de communauté tacite, la moitié dans tous les biens de sa défunte sœur. »

5° Qu'ils vécussent ensemble pendant l'an et jour en cette société. Cette disposition n'était pas uniforme; quel-

______

(1) Michelet, *Histoire de France*, t. II, p. 96.

ques coutumes l'appliquaient d'une manière générale à
toutes personnes; d'autres, comme celles du Nivernais,
la réservaient à certains cas particuliers et demandaient,
pour les autres personnes, une cohabitation longue.
Guy Coquille, commentant l'art 1er du titre 22 des coutumes du Nivernais, dit que la société n'est formée entre
toutes personnes que par traité et convenance, et il
ajoute :

« La convenance peut estre expresse ou tacite, car la
volonté et consentement est aussi bien rapporté et tes-
moigné par faits et par paroles, et se trouvent plusieurs
actes informes. Doncques, si aucuns qui ne sont de la
qualité de ceux entre lesquels la coustume introduit la
société tacite par an et jour, communiquant leurs profits, gaings et moyens l'un avec l'autre uniformément
et sans diversité par longue espace de temps, comme de
six, huit ou dix ans ; je dirai que par convenance tacite
ils sont communs : sçavoir est, en tous biens, meubles
et conquêts, s'ils ont communiqué indistinctement tous
leurs meubles et droits mobiliers ou bien encore négo-
ciation, s'ils ont seulement communiqué les biens et
droits d'icelles négociations.

« Cela est plus prompt et facile à présumer ès maisons
de villages en ce pays, esquelles les sociétés sont non-
seulement fréquentes, mais aussi ordinaires, voire nécessaires selon la constitution de la région, en tant que
l'exercice du ménage rustique est non-seulement au
labourage, mais aussi à la nourriture du bestail : ce qui
désire multitude de personnes : et pourtant je croy que
la société tacite, hors les quatre cas de la société coustu-
mière devrait être présumée en moindre temps comme
de trois ou quatre ans, car la coustume fait aisément

présumer avoir esté fait ce qui est accoustumé d'estre fait » (1).

La coutume du Nivernais admettait pour les sociétés tacites un moindre délai, dans les cas suivants :

1° Au bout de l'an et jour, entre deux frères, pourvu qu'ils fussent majeurs de vingt ans, hors la puissance du père, qu'ils fussent demeurants ensemble et qu'ils fissent communication de biens, gains et profits. La même société ne serait pas présumée entre le frère et la sœur on entre deux sœurs, « car, dit Coquille, l'industrie et le travail de la femelle, ordinairement, ne sont pas tels que du masle. »

2° Au bout de l'an et jour entre l'époux survivant et les enfants arrivés à l'âge de puberté, s'il n'y a pas eu inventaire ou contradiction. Il ne faut pas confondre cette disposition avec la continuation de communauté qui avait lieu dans toutes les coutumes entre le survivant des époux et les enfants ; dans la continuation de communauté, l'époux survivant comptait pour moitié, tous les enfants réunis pour l'autre moitié. C'est ce qui avait lieu en Nivernais tant que les enfants étaient impubères et pendant l'année qui suivait la puberté ; mais, et c'est ici la différence, si les enfants atteignant la puberté, époque fixée d'après les traditions romaines, à douze ans pour les filles, à quatorze ans pour les garçons, continuaient à vivre avec le survivant, ils acquéraient, au bout de l'an et jour, une part entière, une part virile dans la communauté ; c'est-à-dire dès que la fille avait treize ans et un jour, dès que le garçon avait quinze ans et un jour, chacun prenait une part. Il est

(1) Édition Dupin, p. 304.

facile d'expliquer comment cette disposition si favorable aux enfants ne se rencontre dans aucune autre coutume en remarquant qu'il était injuste d'attribuer une part virile à un enfant aussi jeune, sûrement incapable de rendre à la communauté des services d'une valeur correspondante.

3° Entre les gens mariés, incontinent après la consommation du mariage (titre 23, art. 2).

4° Entre le gendre et la bru qui avaient continué de vivre en commun au bout de l'an et jour.

Quelques auteurs étaient plus sévères à l'égard des sociétés taisibles, et formulaient une sixième condition en exigeant que les associés fussent parents entre eux; les coutumes de Dreux, Chartres, Chateauneuf-en-Thimerais contenaient l'article suivant : « Qu'il y ait lignage entre parsonniers. »

De ce qui entre dans la société taisible. — La société comprend tous les meubles et acquêts faits pendant sa durée (Poitou, art. 231); les propres n'y entrent point, ni les deniers tenant lieu de propres. L'article 3 de la coutume de Nivernais est ainsi conçu : « En communauté de biens expresse ou taisible, les meubles faits paravant et durant icelle, les conquêts faits aussi durant icelle sont compris et communs entre les parsonniers. » Sont communs non-seulement les meubles que les parties possédaient au moment d'entrer en communauté et ceux qu'ils acquièrent par leur travail; mais encore ceux qui leur échoient par succession, donation ou autre titre, sauf le cas où le testateur ou donataire aurait inscrit la clause qu'ils resteraient propres; pareille clause est validée par la coutume, mais on ne pourrait stipuler que les fruits des propres ne tomberaient pas en communauté; est commun l'héritage acquis moyennant une rente ou charge perpétuelle.

Sont communs les deniers provenant du rachat d'un acquêt appartenant à l'un des parsonniers; que ce parsonnier l'ait acquis à rachat avant ou pendant la communauté, car le rachat exercé fait l'acquêt, et il ne reste que des deniers qui, de quelque part qu'ils adviennent, sont réputés meubles et entrent dans la communauté; est aussi commun le bâtiment construit sur un sol appartenant à la société.

Les propres qui restent la propriété de chaque parsonnier comprennent les héritages qui lui appartenaient au moment où la société s'est formée, ceux qui lui adviennent par suite à titre de succession, l'immeuble acquis par bail à rente d'une personne à la succession de laquelle ce parsonnier pourrait venir si, en effet, il devient plus tard héritier du bailleur; le propre qui a été vendu sous condition résolutoire, lorsque le parsonnier le reprend en vertu de la condition; mais si ce propre avait été vendu purement et simplement et que plus tard il eût été racheté de gré à gré, il ne rentrerait entre les mains du propriétaire primitif qu'à titre de conquêt, c'est-à-dire il deviendrait commun; le bâtiment construit sur un terrain propre à l'un des communistes, sauf le règlement de l'indemnité qu'il pourra devoir à la communauté. Guy Coquille nous dit à cet égard que la récompense due sera calculée non sur le coût de l'immeuble, mais sur la valeur qu'il a conservée au moment du partage.

De l'administration de la communauté. — Les sociétés

taisibles étaient représentées au dehors par un de leurs membres qui portait le nom de maître. Ce maître est tantôt élu par ses compagnons, tantôt établi par le consentement tacite de tous, qui lui laissent prendre la direction de la société. Ce maître recevait un mandat très-large. Nos anciens auteurs disent qu'il avait la *libera administratio*, et qu'il pouvait obliger ses parsonniers en contractant en matière mobilière, mais son pouvoir était limité par les deux considérations suivantes, d'abord qu'il eût contracté en qualité de maître ou au moins pour quelque chose qui intéresse évidemment la communauté; en second lieu, qu'il administrât sagement et conformément aux usages reçus. Autrement, il se fût seul obligé sans engager la communauté.

Le maître pouvait donner mission à un de ses parsonniers de traiter une affaire particulière, auquel cas la communauté était également tenue, mais elle n'aurait pas été obligée par le fait d'un simple membre agissant sans délégation du maître.

L'obligation que les parsonniers contractaient par le fait du maître agissant sagement et dans les limites de son pouvoir, portait non-seulement sur les meubles et conquêts communs, mais même sur leurs biens propres jusqu'à concurrence de leur portion virile; en retour ils avaient le droit de contrôler les actes du maître, mais vis-à-vis des tiers ils restaient tenus tant que ces modifications n'avaient pas été rendues publiques; la révocation du mandat confié au maître devait être publié, soit à la tenue des jours, soit au prône de la messe paroissiale.

Le maître avait l'exercice, non des actions person-

nelles comme le portent certains articles de coutume,
mais des actions mobilières et possessoires ; si une succession était échue à un parsonnier, il n'aurait pu, invoquant les droits que la communauté allait acquérir
sur les meubles faisant partie de la succession, forcer
l'héritier à accepter. « La raison, dit Coquille, est que la
qualité d'héritier peut apporter des charges à l'héritier,
outre la valeur des meubles de l'hérédité, et que ce péril
passe pouvoirs de maître de communauté, et ne peut
être contraint celui à qui l'hérédité est déférée de se dire
héritier ; ains il pourra à sa liberté répudier et ne sera
censé le faire en fraude de la communauté (Guy Coquille,
Coutume de Nivernais, chap. 22, art. 9). »

Telles étaient les règles générales qui s'appliquaient
à toute espèce de société taisible, aussi bien à celles
existantes entre hommes libres qu'à celles que les mainmortables formaient entre eux ; ces dernières présentaient de plus quelques particularités relatives, tant aux
avantages que les parsonniers en retiraient, qu'aux circonstances qui amenaient leur dissolution et méritent
qu'on entre dans quelques détails sur la manière dont
elles fonctionnaient ; la maître choisi par les parsonniers
avait, outre le pouvoir exposé plus haut de représenter
la communauté vis-à-vis des tiers, le droit de comman-
der à tous les hommes qui en faisaient partie ; il donnait à chacun l'ouvrage qu'il devait faire suivant son
âge, sa force, sa capacité. Les femmes, de leur côté,
choisissaient une d'entre elles pour maîtresse et recevaient ses ordres pour tout ce qui concernait l'intérieur
de la maison. Pour éviter que le pouvoir du maître et
de la maîtresse ne pesât trop lourdement, on posait
comme condition « que le maître et la maîtresse ne fus-

sent mari et femme, ni frère ou sœur. » Le maître distribuait les travaux et faisait le partage des bénéfices, et avait à table la première place. Écoutons Guy Coquille donnant dans son style naïf des détails sur la vie intérieure de la communauté :

« Selon l'ancien établissement du ménage des champs, en ce pays de Nivernais, lequel ménage des champs est le vrai siége et origine de bourdelage, plusieurs personnes doivent être assemblées en une famille pour démener le ménage qui est fort laborieux et consiste en plusieurs fonctions en ce pays, qui de soi est de culture malaisée, les uns servant pour labourer et pour toucher les bœufs, animaux tardifs ; et communément faut que les charrues soient traînées de six bœufs ; les autres pour mener les vaches et les juments aux champs ; les autres pour mener les brebis et les moutons ; les autres pour conduire les porcs. Ces familles ainsi composées de plusieurs personnes qui toutes sont employées suivant son âge, sexe et moyens, sont régies par un seul, qui se nomme maître de communauté, élu à cette charge par les autres, lequel commande à tous les autres, va aux affaires qui se présentent ès villes ou ès foires ou ailleurs, a pouvoir d'obliger ses parsonniers en choses mobilières qui concernent le fait de la communauté, et lui seul est nommé ès rôles des tailles et subsides. »

La communauté nourrissait tous ses membres, élevait les enfants et fournissait la dot des filles qui voulaient se marier.

« En ces communautés on fait compte des enfants qui ne savent encore rien faire, par l'espérance qu'on a qu'à l'avenir ils feront ; on fait compte de ceux qui sont en vigueur d'âge, pour ce qu'ils font ; on fait compte des vieux, et pour le conseil et pour la souvenance qu'on a qu'ils ont bien fait, et ainsi de tous les âges et de toutes façons, ils s'entretiennent comme un corps politique qui, par subrogation, doit durer toujours » (Guy Coquille, *Questions sur les coutumes*).

Cette continuité était le grand avantage que le système offrait aux hommes de mainmorte qui, suivant les règles rigoureuses du droit féodal, ne pouvaient disposer après leur décès des biens qui tombent en morte main ; la coutume de Franche-Comté allait même plus loin, l'article 13 portait « que l'homme de mainmorte ne peut vendre, aliéner ni hypothéquer l'héritage servile sans le consentement du seigneur, et s'il est aliéné et la possession réelle prise sans ledit consentement, il est acquis audit seigneur. »

Les coutumes faisaient exception à cette règle pour les serfs tant qu'ils sont demeurants en commun (C. de la Marche, 155 et Franche-Comté 13), et leur donnaient le droit de succéder entre eux.

Nous avons vu que ce privilége avait été concédé par les seigneurs un peu dans le but d'amener les serfs à vivre en commun et d'avoir les terres mieux cultivées, et principalement pour attirer sur leurs domaines les serfs des fiefs voisins. Les légistes ne se contentant pas de cette explication historique avaient donné en droit la raison suivante : Tant que les serfs demeurent en commun, ils possèdent solidairement leurs biens, et la portion de celui qui décède appartient au survivant par une espèce de droit d'accroissement ; à l'appui, ils citaient l'article 7, titre XXVII, de la coutume de Loudunois : « Si l'aîné ou l'aînée donne à ses puînés leur tierce partie ensemble, et qu'avant les puînés aient départi entre eux leur tierce partie, l'un desdits puînés décédé sans héritiers de sa chair, la portion dudit décédé accroît aux autres puînés. » La communauté a pu ne comprendre qu'une partie des biens, le droit de succession ne portera que sur cette portion de biens.

« Si les meubles sont partis, le seigneur succède aux meubles, acquêts et conquêts, noms, dettes et actions, et le parent qui était commun avec le trépassé aux immeubles, qui n'étaient partis ni divis au tems du décès. » (La Marche, 152.)

Des causes de dissolution. — De cette manière se trouvait détruite une des conséquences les plus dures du droit de mainmorte, mais cela n'avait lieu que tout autant que la communauté restait intacte ; l'usage voulait que le départ d'un seul membre, retirant la portion qui lui était afférente, détruisît la communauté avec tous ses effets favorables ou défavorables, et par conséquent rétablît l'exercice de la mainmorte ; la solidarité qui existait entre les serfs était éteinte.

Ils n'étaient plus communs, et le seigneur pouvait reprendre les biens de ceux qui venaient à décéder ; car, un parti, tout est parti, et le chanteau part le vilain, dit Loysel (titre I, règ. 75).

Le chanteau, c'est le gros pain (1), et la règle fait allusion à ce fait, que le maître de la communauté divisait le chanteau et donnait sa part à celui qui voulait s'en aller, c'était le signe de la séparation. Mais dans quel cas un d'eux est-il réputé parti ? La réponse à cette question est dans la règle suivante de Loysel : « Le feu,

_____

(1) *Cantellus*, du breton, *cant*, rond.

le sel et le pain partent l'homme de mortemain.» Le
domicile commun ne suffit pas pour établir la société
universelle, qui était la base de la communauté; il faut
en outre la vie commune, la confusion d'intérêts; de
même, lorsque la communauté a existé et qu'on veut la
dissoudre, le mainmortable est réputé parti lorsque le
feu, le sel et le pain, c'est-à-dire la nourriture ne sont
plus communs entre lui et ses parsonniers, quand même
ils demeureraient dans la même maison; c'est ce que dit
clairement la coutume de Bourgogne-Comté, chap. 15,
art. 17 : «Sont réputés les mainmortables séparés quand
ils font leurs dépenses, chacun à sa charge et séparément l'un de l'autre, supposé qu'ils demeurent dans une
même maison. »

La séparation avait des conséquences si funestes pour
tous les membres de la communauté, que l'interprétation des auteurs avait tendu à la rendre de plus en plus
rare; ainsi, comme il était presque impossible qu'entre
personnes ayant chacune des intérêts distincts et
vivant toujours ensemble, il ne surgît pas quelque
désaccord, on ne présumait pas qu'il y eût division,
lorsque, à la suite d'une querelle, l'un d'eux, sous
l'impulsion de la colère, avait pendant quelques jours
vécu séparément. La coutume de Nivernais, chap. 8,
art. 13, porte que « les gens de condition n'étaient
réputés pour partis que quand ils avaient tenu an et
jour feu et lieu à part et divisément les uns des autres, » parce que ce délai faisait croire à la persévérance
et à l'idée bien arrêtée de vivre à part.

Mais ce délai était suffisant et la communauté était
dissoute lors même qu'il n'y aurait pas eu partage des
biens communs; la coutume de la Marche demandait

encore plus : suivant elle, les serfs ne cessaient pas d'être communs par le pain séparé, à moins qu'il n'ait été séparé avec déclaration de vouloir partir ou diviser (art. 353).

La faveur avec laquelle ces réunions de paysans étaient vues introduisit de nouvelles dérogations à la règle ; on créa des justes causes de séparation, et dans ces circonstances on ne privait pas les parsonniers de leurs successions réciproques.

Le premier cas était celui d'un fils qui demeure hors la maison de son père pour quelque motif qui n'implique pas l'intention de ne plus revenir ; par exemple, s'il a été faire ses études, ou si, étant un homme d'église, il va desservir un bénéfice comme vicaire. (Nivernais, chap. 8, art. 14.)

Le second cas, est celui où un des parsonniers est serf d'un autre seigneur, ou enfant d'un autre lit que ses frères ; ainsi une femme a épousé un homme qui appartenait à un autre seigneur : après la mort de son mari, elle veut revenir sur les domaines du seigneur dont elle dépendait avant son mariage ; son départ n'amènera pas la division de la communauté ; car cette retraite est censée faite par juste occasion, « comme ne pouvant prendre parti au lignage de feu son mari. » (Guy Coquille.)

Si un enfant du premier lit, ne pouvant vivre avec sa belle-mère, veut abandonner la maison paternelle, son départ ne préjudicie qu'aux enfants du premier lit et non aux autres membres. Cette disposition, qui était formellement inscrite dans quelques coutumes (Nivernais, chap. 8, art. 9), fut généralisée par les commentateurs, et ils admirent qu'en principe le départ d'un parsonnier ne faisait tort, en ce qui concerne le droit de succession, qu'à ceux qui sont de la branche et lignage du partant.

Le troisième cas se rencontre quand une fille se marie ayant droit acquis, c'est-à-dire lorsque ses parsonniers lui ont donné sa dot, moyennant laquelle elle a renoncé à tous les droits qu'elle pouvait avoir sur leurs héritages ou sur les autres biens de la communauté.

Enfin, si l'un des parsonniers est un homme de mauvais caractère ou avec qui la vie soit difficile, ses compagnons ont le droit de le renvoyer, ou bien si ce parsonnier, par malice et sans avoir aucun motif raisonnable, veut se retirer et demande le partage de la communauté, dans l'un et l'autre cas il n'y aura lieu qu'à donner la part au retraitant, et la communauté continuera de subsister entre les autres membres.

Certes, la règle que un parti tout est parti, qui paraissait si rigoureuse au premier aspect, à été bien modifiée par tous ces tempéraments, et nous pouvons dire avec Coquille qu'elle ne s'applique «que quand tous les parsonniers, de commun consentement, se départent, ou quand les autres font si mauvais traitements à l'un de leurs parsonniers qu'il soit contraint de se départir, car en ce cas, étant cause du partage, serait tout autant que si eux-mêmes demandaient partage;» il n'y a donc lieu d'invoquer la séparation que quand le partage a lieu par le consentement ou la commune faute des parsonniers.

§ IV. — *Décadence des communautés rurales.*
Faut-il les regretter?

Nous venons de voir le cadre général dans lequel rentraient toutes les associations qui couvraient les différentes provinces de France; des différences de détail venaient bien modifier la condition des parsonniers de telle ou telle contrée, mais le fond restait le même : c'était une société de fermiers agissant sous une direction commune et tendant à obtenir, par la réunion, des efforts communs, un résultat que les individus isolés n'auraient pu atteindre, et tous venaient prendre leur part dans le profit qui avait été fait ; n'est-ce donc pas une société de coopération telle que nous l'entendons aujourd'hui, société moins nombreuse en général que celles qui se forment de nos jours, mais réunissant en elle les trois types auxquels on rapporte aujourd'hui les sociétés coopératives ; société de consommation , puisque, la table étant commune, la dépense afférente à chaque individu était moindre que s'il avait vécu à part; société de crédit, puisque le maître, pouvant obliger par ses actes non-seulement le fonds commun, mais encore les biens personnels des parsonniers, trouvait naturellement un crédit plus considérable ; société de production, puisque les divers membres, chargés chacun d'une partie du travail, contribuaient à enrichir la communauté dont ils étaient tous copropriétaires. Il serait donc impossible de ne pas tenir compte de ces modestes sociétés formées par les vilains du moyen âge, lorsque l'on recherche les origines réelles de l'association ouvrière de nos jours.

Si, à notre époque, nous jetons un coup d'œil autour de nous, pour voir ce que sont devenues ces communautés, nous sommes forcés de reconnaître qu'elles ont presque entièrement disparu. M. Dupin, il y a trente ans, a rendu célèbre une famille du Morvan, qui avait conservé les vieux usages de l'ancien temps et su maintenir l'union entre tous ses membres ; elle prétendait avoir plus de huit cents ans d'existence et posséder, non un bien seigneurial, mais un bien patrimonial, un bien franc. La communauté des Jault ne survécut pas longtemps à la gloire passagère qui était venue l'illustrer. Après la révolution de 1848, elle fut dissoute par un commissaire de la république comme étant contraire à nos institutions ; et de la vieille association, il ne reste plus que quelques membres isolés qui regrettent leur passé en déplorant la ruine de leur famille. D'autres communautés, qui avaient eu le bonheur de ne pas attirer ainsi l'attention, continuent à exister dans le Charolais, la Bourgogne, le département de la Nièvre ; mais leur nombre et leur importance diminuent chaque jour. Les propriétaires, dont elles avaient affermé les domaines, ont dû subdiviser les exploitations ; chaque nouvelle génération amène un morcellement. La région des Pyrénées nous offre aussi, dans le Lavedan, quelques associations de fermiers propriétaires, mais de peu d'importance.

Si l'on sort de la France, on trouve, au contraire, les communautés rurales nombreuses et pleines de vie. Où ? malheureusement dans les contrées les moins civilisées ou à l'inverse dans les pays en décadence. La Russie est le pays qui a le type le plus analogue à celui que nous venons d'étudier. Rien de plus naturel ; les conditions économiques, les conditions politiques, sont les mêmes. Les régions éloignées de la Russie sont encore en plein moyen âge ; les communications, le commerce, l'industrie, n'y sont pas plus répandus que dans notre France du xiiie et du xive siècle, et le servage y existait encore hier. Avant l'affranchissement proclamé dans l'ukase du 19 février 1861, le paysan russe était soumis à l'une des deux formes suivantes de servage : la corvée consistant en un certain nombre de journées que l'agriculteur devait faire sur le domaine réservé du seigneur en retour de la concession de terrain que ce dernier avait accordée ; l'abrok, redevance en argent que le serf était tenu de payer régulièrement, mais qui lui donnait le droit d'aller où il lui plaisait et de se livrer au travail qui lui convenait. Dans l'une et l'autre formes, mais principalement dans la dernière, les paysans et les ouvriers entraient dans des associations nommées *artèles*.

L'artèle, régie par des chefs sortis de l'élection, investis d'une autorité sérieuse, doit procurer du travail à chacun de ses membres, les loger et les nourrir (le plus souvent elle le fait en commun); les dépenses communes une fois payées par la caisse qui reçoit les salaires de chacun, l'excédant de recette est divisé également entre tous les membres. Pour remédier à l'injustice que cette répartition égale pourrait entraîner, l'inégalité d'adresse, de force, est compensée par la longueur des tâches et la fréquence des journées.

Outre l'artèle, les communes rurales présentent fréquemment des réunions de paysans appartenant à la même famille, qui reçoivent en commun du seigneur un espace de terrain ; ils le cultivent ensemble, vivent dessus, et l'abrock est payé pour tous par la caisse commune; seulement les chefs de la communauté, lorsqu'il s'agit de répartir les bénéfices entre les diverses branches, font contribuer celles-ci au payement de l'impôt en leur assignant une part qui varie non-seulement suivant le nombre d'individus que comprend la souche, mais encore suivant le pécule que celle-ci a pu accumuler par ses travaux personnels, résolvant ainsi d'une manière amiable le problème si complexe de l'impôt proportionnel.

Dans la Syrie, sur la limite du grand désert, les paysans qui habitent le Haouran, ne peuvent, s'ils sont isolés lutter efficacement contre les ravages des Bédouins qui menacent sans cesse les récoltes, ni contre la rapacité des cheiks toujours disposés à les rançonner, ni contre les chefs de famille puissants qui s'entendent pour leur faire supporter la plus lourde part des impôts. Dans un tel milieu, chacun trouve son avantage à s'appuyer sur une nombreuse parenté, à se grouper autour d'un chef commun. On apporte donc les biens que l'on possède dans un fonds commun, on y réunit les produits des travaux; mais certains revenus appartiennent en propre aux divers membres de la communauté et forment un pécule dont chacun peut disposer à son gré. Si la famille a besoin du travail d'un étranger, elle prend un domestique, mais au lieu de lui donner un salaire fixe, elle lui donne une part dans les récoltes. Tous obéissent au plus capable d'entre eux appelé le chef de la maison (cheik el beit), ou le grand, l'aîné (El-Kebir) qui a la direction des intérêts de tous; l'individualisme ne saurait pourtant disparaître complétement, et la part d'initiative réservée à chacun reste considérable dans un milieu où l'état de guerre est permanent. Il en résulte que le remplacement du chef de famille qui vient à manquer est très-facile à faire ; il en résulte encore une instabilité assez grande : chacun ne restant dans la communauté que par un effet de sa volonté, les cas de séparation sont fréquents. L'absence de propriété foncière contribue à rendre moins forts les liens qui unissent entre eux les parents.

La communauté continue d'exister, malgré le départ d'un membre : car ce dernier est obligé de se contenter de la part de fonds commun que les autres veulent bien lui attribuer ; recourir au kadi pour obtenir un partage équitable serait peine perdue.

Si nous pénétrons plus loin dans l'Orient, nous trouvons encore le régime des communautés rurales pratiqué dans la Chine ; mais ici il a sa cause dans la puissance paternelle si forte, si respectée des Chinois. Tant que le père ou la mère de famille vit, tous les fils restent sous sa direction et dans sa maison avec leurs femmes et leurs enfants. Les biens paternels sont cultivés en commun et les récoltes sont appliquées à l'entretien de la famille. Ce qui empêche du reste ces communautés d'être importantes et de longue durée, c'est qu'étant uniquement fondées sur la puissance paternelle, elles se dissolvent dès que les parents sont morts ; chaque frère forme la tête d'une nouvelle souche, et les discordes entre belles sœurs ne permettent pas aux diverses branches d'une même famille de demeurer ensemble (1).

____

(1) Voir sur l'état actuel du régime de communauté en France et à l'étranger, les intéressantes monographies faites par M. Leplay ou sous sa direction dans les Ouvriers Européens et dans les Ouvriers des Deux-Mondes.

Que devons-nous penser en voyant les communautés agricoles disparaître peu à peu des sols où elles avaient implanté les racines les plus vigoureuses et réduites à végéter dans les contrées les plus étrangères à l'influence du progrès moderne? Faut-il regretter cette institution si sympathique par la moralité dans laquelle elle maintenait ses membres, par la stabilité qu'elle donnait aux familles? Faut-il se réjouir de la disparition d'un régime qui paraît contraire au développement des facultés individuelles et aux tendances progressives de notre temps? Pour répondre à ces questions il faut examiner les avantages, les inconvénients qu'elles présentaient.

L'historique que j'en ai fait plus haut a démontré suffisamment leur raison d'être dans le passé, elles furent inévitables tant que subsistèrent les usages de l'exploitation collective, elles fournirent aux populations rurales le moyen le plus énergique de lutter contre les misères de leur condition matérielle et de leur condition morale; elles permirent aux paysans, lorsque la mainmorte était encore d'un usage universel, d'échapper à ses plus dures conséquences; ils purent ainsi se charger d'exploitations considérables qu'aucun d'eux n'aurait entreprises isolément et conquérir une certaine aisance ainsi que le constate Dunod : « L'expérience nous apprend que dans le comté de Bourgogne, les paysans des lieux mainmortables sont bien plus commodes que ceux qui habitent la frontière et que plus leurs familles sont nombreuses, plus ils s'enrichissent.»

Cette dernière assertion, qui tendrait à faire croire que les pays de mainmorte, où les communautés existaient, fussent les plus prospères, paraît un peu hardie; il suffit, pour la combattre, de remarquer que ces pays répondent aux départements de la France centrale aujourd'hui les moins industrieux et les plus pauvres.

Plus le temps avait marché, plus les conditions de l'économie agricole avaient changé ; les biens communs devenaient une exception, l'exploitation individuelle par suite des progrès de l'agriculture pouvait être fructueuse là où elle eût été impossible auparavant ; les villes plus nombreuses et plus populeuses créaient autour d'elles un rayon de culture maraîchère accessible aux individus isolés ; l'argent, plus répandu dans les campagnes, permettait de substituer le fermage à l'association, et, en effet, de nos jours une ombre de communauté n'existe que dans les pays où le métayage permet aux divers membres d'une famille de louer une propriété, uniquement parce qu'il ne se présente pas de fermiers et qu'aucun d'eux n'est assez riche pour le devenir.

La mainmorte étant successivement abolie, les paysans cessèrent de trouver dans la communauté l'avantage qui les séduisait le plus, le droit de succession réciproque ; aussi ne sera-t-on pas surpris en voyant que les communautés, si florissantes au commencement du xvi⁰ siècle, lors de la rédaction des coutumes, avaient disparu presque entièrement au bout de deux siècles et demi ; mais ce qui paraîtra plus étonnant, c'est de voir aux louanges que Guy Coquille et ses contemporains leur prodiguaient succéder une série accablante de reproches : elles faisaient naître une foule de difficultés. La situation des enfants, la nature des obligations que les maîtres contractaient, les relations des tenanciers avec les seigneurs étaient une source de procès ; la mauvaise condition économique qu'elles créaient au travail individuel n'était pas un des moindres défauts qui leur fus-

sent reprochés : l'assemblée provinciale du Berry, en
1783, nous fournit, à cet égard, un document du plus
vif intérêt; c'est un rapport qui lui fut adressé et dans
lequel on signale la disposition où étaient les associés à
se tromper les uns les autres. « On voit un des associés
acheter pour son compte et placer du bétail pendant
que le maître de la communauté n'a pas d'argent pour
remplacer un bœuf mort ou estropié; les parsonniers
conservent de l'argent à l'insu les uns des autres; aucun
des communs ne met en évidence les profits particuliers
qu'il fait, aucun n'achète d'immeubles, et où ils ont des
ruches, des bêtes à laine, il suffit qu'ils voient les affaires
communes dans ce délabrement pour qu'ils cachent
leurs effets mobiliers. Le propriétaire cependant n'exerce
de contrainte personnelle que contre le maître, et quand
il y aurait dans la bourse des communs deux fois plus
d'argent qu'il n'en faudrait pour le payer, aucun n'en
aiderait le maître, et lui-même ne s'aiderait pas de sa
bourse particulière, quand elle serait suffisante pour
l'acquitter, parce qu'il serait bien sûr de n'être pas indemnisé par les communs. L'action du propriétaire ne
s'éteint cependant qu'au bout d'un long temps contre le
maître et ses communs; ainsi ce sont plusieurs personnes qui, pendant tout ce temps, cachent ce qu'elles
peuvent avoir, n'achètent aucun fonds et prennent l'habitude de ne rien posséder.

« Chacun voulant profiter des avantages offerts par
l'association sans prendre sa part des charges, avec
beaucoup de bras on fait très-peu d'ouvrage, le maître
administre et ne travaille pas, il ne produit donc rien et
n'en consomme pas moins. » Enfin, le rapporteur s'at-
taquait à l'état insalubre des habitations : à côté de quel-

ques riches communautés qui avaient une habitation convenable avec des chambres séparées, beaucoup de communs habitaient ensemble une grande pièce; « un four où s'apprête à manger pour tous, auprès duquel tous dînent et soupent, auprès duquel les femmes accouchent de leurs enfants. » Ce rapport produisit tant d'effet que l'assemblée du Berry demanda à Louis XVI, la suppression de toutes les communautés taisibles et de sévères limitations pour les communautés conventionnelles.

Bien que ce rapport ait pu être exagéré, il n'en renferme pas moins de précieux renseignements sur le caractère et la valeur absolue des associations agricoles, de plus il nous fait comprendre pourquoi elles ont disparu et, tout en faisant la part de l'animosité qui semble avoir guidé le rapporteur, on est forcé de reconnaître que l'esprit de famille, de solidarité, d'assistance ou le culte des traditions avait dans la pratique beaucoup moins de force qu'on ne le suppose généralement.

Les changements apportés dans la législation française par la Révolution de 1789 ont porté les derniers coups à ces communautés; ce régime est en effet lié d'une manière intime à l'indivision de l'héritage immobilier. On comprend qu'il ne peut persister longtemps dans un pays où la loi accorde à chacun le droit de réclamer sa part en nature dans le domaine paternel; tout au plus comporte-t-il, dans une certaine mesure, la division de l'héritage mobilier, quand ce dernier, au lieu de constituer toute la fortune n'a qu'une importance peu considérable par rapport à la terre? Faut-il regretter ces changements et rechercher comme un progrès pour notre société l'établissement du régime des communautés, même en dehors de la famille? Quelques esprits pensent ainsi et ont proposé leur retour comme un moyen de parer aux inconvénients du morcellement des terres, d'autres y ont vu la possibilité, pour les paysans pauvres, de lutter contre la misère et un puissant secours pour relever la moralité et l'esprit de famille. C'est une erreur, d'abord au point de vue pratique, car les familles réunies dans le régime de la communauté ne peuvent s'y maintenir que par une forte discipline morale imposée aux individus par l'autorité des vieillards et des pouvoirs publics. Or, une semblable organisation ne pourra plus se rencontrer sous le régime actuel qui tend à donner aux individus la liberté et l'initiative. En second lieu, au point de vue théorique : car on est forcé de reconnaître que l'homme fait pour vivre en société n'est pas fait pour vivre en communauté : les liens trop étroits d'une vie commune sont tellement contraires aux aptitudes de notre nature et à la destinée ordinaire de l'homme qu'il faut des circonstances exceptionnelles pour en assurer le maintien; les supériorités naturelles se trouvent comprimées et ne peuvent prendre leur essor; les plus laborieux travaillent et s'épuisent sans obtenir un meilleur résultat que les communiers paresseux ou incapables. Il y a quelque chose de contraire à ce principe inné de justice qui veut que chacun recueille les fruits de son travail et de sa prévoyance, proportionnellement à ses efforts personnels; le régime des communautés a dû disparaître, comme avait disparu, longtemps avant lui, le régime patriarcal devant le progrès de cette idée de justice et l'extension de la propriété individuelle.

M. Leplay, à la fois ennemi du système patriarcal de l'Orient et de l'individualisme de l'Occident, a, à la suite de ses nombreuses recherches sur la condition des ouvriers de l'Europe, indiqué un type intermédiaire, qu'il a appelé famille souche et qu'il considère comme étant plus pratique. Dans la famille souche, chacun travaille pour soi, sa femme, ses enfants, chacun a les avantages de ses propres récoltes sans souffrir des vices des collatéraux. On combine ainsi l'action salutaire de l'autorité paternelle et les rapports intimes de famille avec les libres efforts de l'activité individuelle (*Réforme sociale*).

Rossi a cru, de son côté, que l'avenir était dans la formation de sociétés agricoles analogues aux sociétés industrielles. Les détenteurs de diverses parcelles de terre se réuniraient et pourraient ainsi employer les procédés qui sont à la disposition de la grande culture, sans perdre les avantages que le soin, le zèle du travailleur propriétaire procurent à la petite culture; les produits seraient partagés proportionnellement à la valeur des apports de terre faits par chacun et à la somme de travail fourni à la société. Dans ces réunions formées par la libre volonté des parties, d'où chacun aurait le droit de se retirer à des époques fixées ou sous des conditions déterminées, on aurait le privilége de combiner les effets d'un nombre suffisant d'individus, sans priver néanmoins personne de la liberté et de l'indépendance qui sont indispensables dans nos mœurs modernes. Les clauses de l'association, au lieu d'être prises dans un type général, varieraient selon les mœurs et les usages du pays, le genre de culture, la nature des produits.

Ces diverses solutions sont toutes dignes d'examen, aucune d'elles ne donnera seule le résultat attendu; les

circonstances sont trop variables, le caractère des populations trop différent. Que quelques essais aient lieu
dans chaque contrée, l'expérience décidera et montrera
promptement s'il existe une forme susceptible de remplir les conditions du problème; si une combinaison
réussit, les imitateurs ne manqueront pas, car l'homme
de la campagne est attentif, et autant il est méfiant vis-
à-vis des conseils qu'on lui donne, autant il se rend vite
à l'évidence des faits. L'essentiel, c'est que tout soit fait
librement, qu'une loi, sous prétexte de les favoriser, ne
vienne pas prématurément circonscrire les tentatives
dans des limites restreintes. Lorsque l'expérience aura
prononcé, il sera temps que le législateur consacre les
faits acquis. C'est ainsi que les choses se sont passées
pour les sociétés coopératives, c'est ainsi que, logique-
ment, elles doivent toujours être. La loi ne crée pas un
contrat, elle se contente de le reconnaître et de le préciser (1).

(1) « La puissance législative ne crée pas les faits, elle ne saurait les
devancer sans péril; appelée uniquement à protéger un mouvement naturel, elle régularise leur action; une fois que, grâce au silence de la loi,
ils se sont manifestés sur une large échelle, alors vient le moment de
s'élever à une généralisation puissante des faits particuliers aux principes dominants de la matière » (Wolowski, *Revue de Législation*).

CHAPITRE II.

PRINCIPES DU CONTRAT DE SOCIÉTÉ D'APRÈS LE CODE CIVIL.

Le contrat de société fait l'objet du titre neuvième, liv. III, du Code Napoléon; dans les quelques articles qu'il lui a consacrés, le Code, suivant en cela l'exemple de son guide, Pothier, s'est en général borné à reproduire d'une manière plus nette et plus précise les règles éparses dans les fragments du Digeste. Cette absence d'innovation n'a rien qui doive nous étonner; les Romains, en rangeant le contrat de société parmi les contrats de bonne foi et du droit des gens, avaient simplement formulé à son sujet des principes de raison et d'équité qui sont de tous les temps; les économistes modernes peuvent trouver ce cadre un peu étroit et gênant pour les nouvelles combinaisons que l'activité contemporaine fait surgir; mais, si l'on se reporte à l'époque de la confection du Code, il faut reconnaître que ses rédacteurs, vivant à un moment où la science économique à peine à son aurore jouait un rôle bien effacé, et où il était difficile de prévoir l'immense développement industriel et commercial qui allait se produire, ne pouvaient faire mieux que de résumer les règles qu'une longue expérience avait consacrées. Quoique ce titre ne paraisse viser que la société civile en particulier, il renferme néanmoins les principes les plus importants applicables aux sociétés de commerce; le Code de commerce a précisé certaines conditions de forme, de publicité, a formulé certaines garanties dans l'intérêt des

tiers ; mais tant en matière commerciale qu'en matière
civile, il faut chercher dans le Code Napoléon la définition de la société, son objet, les conditions essentielles
de son existence, les clauses permises ou les clauses
prohibées. L'analogie qui existe entre le droit français
et le droit romain nous permettra d'être très-bref sur
ce sujet ; nous signalerons seulement les points les plus
importants, et nous n'entrerons dans quelques détails
que sur les innovations que le législateur moderne a
introduites dans la théorie romaine.

§ Ier. — *Notions et conditions essentielles.*

Art. 1832. La société est un contrat par lequel deux
ou plusieurs personnes conviennent de mettre quelque
chose en commun dans la vue de partager le bénéfice
qui pourra en résulter.

Cette définition, attaquée par divers auteurs comme
étant incomplète, nous paraît cependant renfermer toutes les conditions essentielles, spéciales à la société. Il
était inutile d'y faire entrer explicitement la mention
d'un objet licite dont parle l'article suivant, puisque
cette condition est une conséquence de la théorie générale des obligations ; on a dit : la clause qui exempte
un associé de toute perte, licite en droit romain, est
prohibée par le Code, et la définition aurait dû rappeler
ce point. Doneau a répondu par avance à ce reproche
en disant : « On ne s'associe pas pour partager des pertes, mais pour faire des bénéfices en commun. Voilà la
fin du contrat de société, voilà la fin qui le domine...
Qu'est-ce d'ailleurs qu'un bénéfice ? n'est-ce pas ce qui
reste, toute perte déduite ; le partage des bénéfices

suppose donc implicitement, mais nécessairement, le partage des pertes. »

En combinant notre définition avec les principes généraux des contrats, nous trouvons comme conditions essentielles du contrat de société, les suivantes :

1° Le consentement des parties qui doit porter sur tous les éléments constitutifs du contrat, et qui, pour être valable, doit être exempt d'erreur, de dol ou de violence, et émaner de personnes capables. La société est donc un contrat consensuel qui existe dès qu'il y a eu concours de volonté, à moins que les parties n'aient entendu en fixer le commencement à une autre époque.

L'écrit dont nous parle l'article 1834 n'est exigé, ainsi que nous le verrons plus loin, que pour la preuve.

2° Un apport, ou mise à fournir par chacun des contractants; si l'un d'eux recevait, sans avoir rien apporté, une part dans le résultat des opérations sociales, il serait donataire et non associé. Néanmoins, si le contrat portait comme reçu un apport qui n'aurait pas été fourni, il contiendrait une donation déguisée sous la forme d'une convention à titre onéreux, et serait validé par la jurisprudence, qui suit, sur ce point, un système opposé à celui de la doctrine.

Peu importe d'ailleurs la nature de l'apport qui peut varier à l'infini et consister en tout objet susceptible de procurer un bénéfice à la société, chose corporelle ou incorporelle, pleine propriété ou simple jouissance, facultés intellectuelles, brevet d'invention, industrie, etc. Une personne peut valablement apporter son crédit, nous n'entendons pas parler ici d'un crédit qui consisterait dans la protection d'un homme puissant ou l'esprit d'intrigue d'un aventurier, mais de la confiance in-

spirée par la probité, l'intelligence, la fortune d'une personne honorablement connue : « Le crédit commercial
est en effet parfaitement appréciable en argent, c'est un
genre d'apport très-moral, très-favorable » (1).

Chaque associé peut effectuer une mise d'une nature
différente, c'est même une des combinaisons les plus
fréquentes. L'union du capital et de l'industrie, déjà
connue des Romains, a pris une importance des plus
grandes, et, sous la forme de la commandite, donne
naissance à la classe, peut-être la plus nombreuse,
des sociétés commerciales.

3° Le fonds commun, produit des mises, doit avoir été
créé avec l'intention de le faire valoir et de partager les
bénéfices qui résulteront des opérations faites à l'aide de
ce fonds. Ce bénéfice doit être, non un simple avantage
moral, mais un accroissement de fortune.

Ce dernier caractère est important pour séparer la
société proprement dite de nombreuses conventions qui,
au premier abord, présentent avec elle la plus grande
analogie, nous excluons donc de notre cadre les communautés religieuses qui ont pour but la dévotion et le
bien spirituel de leurs membres, les assurances mutuelles, les tontines qui ne procurent aucun bénéfice.
Mais il nous semble qu'il faut admettre parmi les sociétés la convention entre deux voisins qui élèvent à frais
communs un mur mitoyen sur lequel ils appuieront
leurs constructions, les syndicats des propriétaires ru-
raux qui se réunissent dans le but de faire des travaux
d'irrigation ou des digues de défense contre les eaux.

Les associés peuvent prendre des parts inégales dans

____

(1) MM. Bravard et Demangeat, *Dr. Commerc.*, I, 157.

ce bénéfice, mais la convention qui ôterait à l'un d'eux toute participation à ce gain, serait nulle, et annulerait le contrat, qui aurait dégénéré en société léonine.

4° L'objet de la société doit être licite; cette condition, qui n'est pas spéciale à notre contrat, a été pourtant mentionnée dans la loi, parce que souvent elle fait défaut, sans que les parties aient eu la moindre intention de commettre un acte illicite. Quoi de plus fréquent que les associations faites pour l'exploitation d'un office public. Ce qui trompe les parties sur l'illégalité de leurs conventions, c'est que le gain qu'elles ont en vue n'est pas déshonnête en lui-même; seulement la loi, dans un but d'ordre et d'intérêt public, en a défendu la communication.

Chose étonnante! malgré les condamnations prononcées par les tribunaux, malgré la rigueur avec laquelle ils annulaient de semblables arrangements, l'habitude et les mœurs ont été plus fortes que le Code, le législateur a dû céder en partie, et une loi récente du 2 juillet 1862 a autorisé les agents de change à s'associer des tiers pour l'exploitation de leur charge.

La société présente souvent des analogies si grandes avec des contrats voisins, que, si les parties ne se sont pas expliquées clairement sur leur intention, les juges sont dans le plus grand embarras pour définir la nature de la convention : le cas le plus remarquable est celui où un négociant donne à son commis un intérêt dans ses affaires; a-t-il voulu l'associer? a-t-il voulu simplement stimuler son zèle? Dans le doute, nous penchons vers cette dernière opinion, et nous ne voyons dans l'arrangement intervenu entre ce patron et son commis qu'un louage d'industrie; il en résultera : 1° que le commis ne participera pas aux pertes; 2° que le patron pourra le renvoyer quand il voudra, sauf une juste indemnité.

De la preuve. — Le contrat de société peut être conclu verbalement. L'article 1834 qui ordonne de le rédiger par écrit, lorsque son objet dépasse la valeur de 150 fr., n'est que le rappel de l'art. 1341 ; il n'entend pas soumettre à la rédaction d'un acte instrumental la validité du contrat de société, mais lui appliquer les règles du droit commun en fait de preuve. Ainsi, la preuve testimoniale sera admise, lorsque les parties n'auront pu se procurer une preuve écrite, lorsque l'objet sera inférieur à 150, ou même au-dessus de cette somme, s'il existe un commencement de preuve par écrit; le juge devra également admettre l'aveu, le serment et l'interrogatoire sur faits et articles. On peut se demander pourquoi le législateur a cru devoir rappeler d'une manière expresse les règles ordinaires en matière de preuve ; la réponse se trouve dans les paroles que M. Bouteville adressait au tribunat: « Les associations connues de nos ancêtres sous le nom de sociétés taisibles, et qui se formaient par le seul fait de la cohabitation, ne convenaient plus depuis longtemps à nos mœurs, le projet a eu soin de rappeler le principe général qui veut que toute convention portant sur un objet de plus de 150 fr. soit rédigée par écrit. »

Mais, ce point vidé, s'élève une question qui a donné lieu à la plus vive controverse; que faut-il entendre par objet de la société? Il nous paraît clair que la loi a prévu le moment de la formation de la société et l'ensemble des mises qui est à sa disposition ; l'objet sera donc le montant des mises, quel que soit le nombre des associés, quels que soient les bénéfices qu'ils aient réalisés par la suite.

De la personnalité des sociétés. — Nous avons, je crois, suffisamment prouvé, dans notre première partie qu'à l'exception des sociétés *vectigalium* dont l'existence réclamait l'approbation de l'autorité exécutive, les sociétés romaines ne présentaient aucun des caractères de la personne civile. Cette opinion continua de régner dans notre ancien droit: «Il faut premièrement noter, dit Masuer en 1581, qu'en tout ce qui concerne cette matière, il faut garder le droict escript. » «On ne peut s'assembler pour faire des corps de communauté sans congé ni lettres du roy, disait de Ferrière. » Domat, d'Argentré, Loysel, Dumoulin, enseignent la même doctrine. Pothier nous dit que les biens apportés par les associés leur appartiennent indivisément (§ 3), que chaque associé peut vendre ou engager sa part dans les choses sociales (§ 89), que les immeubles échus en vertu du partage à l'un des associés sont réputés lui appartenir du moment où l'association est formée, ou du jour de l'acquisition des immeubles si ce sont des acquêts (§ 179), toutes solutions qui sont incompatibles avec la personnalité des sociétés. On avait admis une seule dérogation en faveur des sociétés commerciales, que les interprètes tendaient à considérer comme la continuation des sociétés d'impôt, de salines, etc. Stracchia (Rote de Gênes) disait qu'elles formaient un corps mystique, et le statut de Gênes donnait formellement aux créanciers sociaux le droit d'être préférés sur l'actif social aux créanciers personnels des associés. Notre code a-t-il innové en matière civile, ou a-t-il maintenu l'ancienne doctrine? Si l'on suit le premier avis, la société devenue une personne aura son actif propre et ses créanciers particuliers, il en résultera :

1° Que sur cet actif, les créanciers sociaux seront préférés aux créanciers personnels des associés.

2° Que, lors même que la société posséderait des immeubles, le droit de chaque associé sera mobilier (art. 529) et, par suite, tombera dans la communauté; d'autre part la femme n'aura pas d'hypothèque légale sur les immeubles de la société.

3° Un associé ne peut opposer en compensation à ses créanciers ce que ceux-ci doivent à la société et réciproquement.

4° Les tiers peuvent se contenter d'assigner la société en la personne de ses gérants sans qu'il soit nécessaire de mettre en cause tous les associés.

Dans l'opinion que nous partageons, toutes ces propositions devraient être renversées; voici sur quoi nous nous appuyons :

L'impersonnalité des sociétés dans l'ancien droit étant démontrée, il nous semble que rien dans les travaux préparatoires du Code ne fait présumer une idée d'innovation.

Est-il sérieux de dire que le Code, dans les art. 1845, 1846, 1851, 1859, 1867, a parlé de la société et lui a attribué les qualités de propriétaire et de créancière? Ce serait abuser d'une simple forme de langage; voulant parler de l'opposition qui peut exister entre les intérêts particuliers de chaque associé et les intérêts communs à tous, le Code a employé pour désigner ces derniers le mot plus court et générique de société; on pourrait même faire remarquer que dès que le Code, abandonnant les rapports respectifs des associés entre eux, s'occupe de leurs relations avec les tiers, il emploie le mot associé. La cour de Bruxelles, argumentant de l'art. 529, dit que la société civile a été désignée sous le nom de société d'industrie; or l'article est contraire à une semblable interprétation, il parle des compagnies de finance, de commerce ou d'industrie. Les compagnies de finances étant évidemment des sociétés commerciales, pourquoi les sociétés d'industrie ne rentreraient-elles pas dans la même catégorie?

Nous combattrons sur l'article 1860, l'argument qu'on a voulu tirer de cet article, nous contentant de réfuter ici celui qu'a fourni l'art. 1848. Lorsqu'un tiers débiteur et de la société et de l'un des associés paie à celui-ci un à-compte, l'imputation doit se faire sur la créance de la société et sur celle de l'associé dans la proportion des deux créances. Ainsi, Paul doit 100,000 fr. à la société et 100,000 fr. à Pierre, l'un des associés; Pierre, recevant 20,000 fr., doit verser 10,000 fr. dans la caisse commune et ne peut garder que 10,000 fr. : si la créance sociale, nous dit-on, appartenait à chaque associé, Pierre, en le supposant associé pour moitié, aurait dû garder 15,000 fr., puisqu'en fait il est créancier de Paul de 150,000 fr.; il ne peut retenir que 10,000 fr., donc la société est une personne juridique.

Cette objection disparaît aisément devant l'observation suivante : ce serait blesser l'intérêt commun et entraver le cours des affaires que de retirer, dès à présent, une partie des sommes dont la société ne saurait être appauvrie sans un très-grave préjudice.

Notre opinion peut invoquer, et avec beaucoup plus

de force, l'art. 1849, qui suppose les créances de la société divisées entre les divers associés et cela durant la société; les art. 1862 et 1863 qui donnent aux créanciers sociaux une action directe et principale contre chaque associé personnellement, mais en la limitant à la part que cet associé a dans la dette.

Disons donc avec M. Demante : « On sait combien est exorbitante et dangereuse cette théorie nouvelle qui attribue à la simple volonté des associés la puissance de faire ainsi naître et mourir une personne dont rien ne révélerait l'existence et qu'ils se donneraient temporairement pour successeur à certains biens, à l'effet de lui succéder ensuite.

§ 2. *Des diverses espèces de sociétés.*

Les sociétés sont universelles ou particulières. Autant les sociétés universelles paraissent avoir joué un rôle important à Rome et pendant le moyen âge, autant elles sont antipathiques à nos mœurs actuelles ; la tradition les a seules maintenues dans le Code : d'abord omises dans le projet, elles ne furent réglementées qu'à contre-cœur et d'une manière très-courte. Nous serons d'autant plus bref sur ce sujet, qu'à considérer le silence de la jurisprudence, elles paraissent complétement abandonnées ; on distingue.

a.) La société universelle de tous biens présents, ainsi nommée parce qu'à la différence de l'ancien droit, elle ne peut comprendre les biens à venir que pour la jouissance, et non en pleine propriété.

A défaut de conventions spéciales, l'actif de cette société comprend les biens meubles ou immeubles dont les associés étaient propriétaires au moment où la société a été conclue ; 2° ceux qu'ils acquièrent pendant la société, en vertu d'une cause préexistante à sa formation ; 3° ceux qui sont acquis en échange d'un bien commun ; mais il est permis aux parties d'y faire entrer, en vertu d'un pacte spécial : 1° toutes les acquisitions qu'ils pourront faire autrement que par donation, succession ou legs ; 2° la jouissance des biens à venir à titre gratuit.

Vu le silence de la loi sur ce sujet, nous réglerons le passif de cette société d'après les règles du droit commun. Il comprendra : 1° toutes les dettes présentes des associés, puisque la société recueille tous les biens présents ; 2° toutes dettes futures contractées dans son intérêt : seront présumées telles celles qui auront été faites d'un consentement unanime, ou par un seul associé dans la limite de ses pouvoirs ; 3° toutes autres dettes dont elle aurait profité, mais seulement dans la limite de ce profit ; 4° les frais de réparation et entretien des biens communs.

Quant aux dépenses relatives à la nourriture et à l'entretien de chaque associé et de sa famille, nous pensons avec MM. Troplong et Duvergier qu'elles restent propres à chaque associé ; car la société ne comprenant pas les biens à venir, on ne peut se référer par induction à ce qui se passait dans l'ancien droit.

b.) La société de tous gains, qui, vue d'un meilleur œil que la précédente par le législateur, est présumée dans tous les cas où les parties n'ont pas exprimé assez clairement leur intention. Elle comprend activement : 1° La propriété des meubles qui appartenaient aux associés ; 2° la propriété des choses qu'ils acquerront par leur industrie ; 3° la jouissance des immeubles présents ; 4° la jouissance des biens qu'ils acquerront par don de fortune ou à titre lucratif.

Remarquons que les associés sont libres de modifier, en plus ou en moins, ces présomptions de la loi, ainsi ils pourraient valablement exclure les meubles présents ou bien stipuler la communauté de tous gains indistinctement.

Elle comprend passivement : 1° une portion des dettes présentes correspondant à la valeur des biens qui deviennent communs, comparée à la valeur de ceux qui restent propres (Arg. d'anal., art 1414) ; 2° l'intérêt des dettes qui restent propres aux associés ; 3° les dettes contractées dans l'intérêt commun. A ce sujet, même remarque que pour la société de tous biens présents.

Disposition commune. (Art. 1840) : Nulle société universelle ne peut avoir lieu qu'entre personnes respectivement capables de se donner ou de recevoir l'une de l'autre et auxquelles il n'est point défendu de s'avantager au préjudice d'autres personnes. »

Qu'entre personnes respectivement capables de se donner ou de recevoir à titre gratuit : serait donc nulle la société universelle conclue entre un malade et son confesseur ou son médecin, entre un père et son enfant adultérin.

Et auxquelles il est défendu de s'avantager au préjudice d'autres personnes. Ces mots sont-ils une phrase surabondante, ou contiennent-ils une nouvelle prohibition ? M. Delvincourt en a inféré que le Code avait eu la pensée de prohiber les sociétés universelles entre toutes personnes qui ne jouiraient pas de la faculté illimitée de disposer à titre gratuit, c'est-à-dire entre toutes personnes ayant des héritiers à réserve, autant vaudrait interdire franchement la société universelle. Des discussions qui ont eu lieu au Conseil d'État, il ressort clairement que telle n'a pas été l'idée du rédacteur. Une personne, bien qu'ayant des héritiers réservataires, peut former une semblable société ; mais l'avantage qui pourrait résulter pour les associés du contrat intervenu sera réductible à la quotité disponible.

De la société particulière. — La société particulière est celle par laquelle plusieurs personnes mettent en commun la propriété ou la jouissance de certaines choses déterminées, ou se réunissent soit pour une entreprise désignée, soit pour l'exercice de quelque métier ou profession (art. 1841-1842).

Elles se subdivisent en deux grandes classes : les sociétés civiles et les sociétés commerciales. Bien que ces dernières soient les plus nombreuses et les plus importantes, la société civile n'en joue pas moins un rôle considérable, car elle embrasse les exploitations de mines ou de carrières, les associations pour l'achat et la revente des immeubles, pour la ferme d'un bac, pour des grands travaux agricoles, les irrigations ou les desséchements, pour la construction de ponts ou de canaux, etc.

§ 3. — *Des engagements des associés entre eux.*

1° Ces engagements prennent naissance dès que les parties sont tombées d'accord ; car la société, nous l'avons dit, est un contrat consensuel ; il est permis de différer l'exécution des obligations jusqu'à l'arrivée d'un terme, ou de soumettre leur existence à une condition déterminée ; mais lorsque ce terme est arrivé, ou cette condition réalisée, les associés sont liés en vertu du contrat primitif.

Ils peuvent également convenir que la société durera jusqu'à telle époque ou jusqu'à ce que tel événement incertain se réalise; à défaut de convention, elle est censée contractée jusqu'à la mort de l'un des associés, ou s'il s'agit d'une affaire déterminée, pour le temps que doit durer cette affaire (art. 1844).

2° Les obligations de chaque associé envers les autres sont réglées d'après les principes suivants :

a.) Chaque associé est débiteur envers la société de tout ce qu'il a promis d'y apporter, et il doit effectuer sa mise au temps convenu. L'associé qui n'accomplit pas son obligation au terme fixé est de plein droit en demeure, et tenu de rapporter les fruits de la chose ou les intérêts des sommes d'argent promises; il pourra, en outre, être condamné à de plus amples dommages-intérêts s'il y a lieu. L'associé doit aussi garantir son apport contre toute éviction; l'étendue de cette garantie est, suivant qu'il a promis la propriété ou la jouissance de la chose, régie par des principes analogues à ceux qui règlent la garantie du vendeur envers l'acheteur, ou du bailleur envers le preneur (art. 1845 et arg. de cet article).

b.) Chaque associé est tenu envers la société des dommages qu'il lui a causés par sa faute, sans pouvoir compenser avec ces dommages les profits que son industrie lui aurait procurés dans d'autres affaires (art. 1850).

c.) Chaque associé doit veiller et pourvoir aux besoins de la société comme aux siens propres; la loi fait deux applications de ce principe. Lorsqu'un tiers est en même temps débiteur d'un associé et débiteur de la société, l'imputation du payement fait par le débiteur doit se faire, si les deux créances sont exigibles, sur la créance de la société, et sur la créance de l'associé, dans la proportion de ces deux créances. Si l'associé a dans sa quittance fait porter l'imputation en entier sur la créance de la société, cet arrangement sera maintenu, car il est libre de renoncer à son intérêt privé en faveur de l'intérêt commun; mais il ne pourrait faire porter l'imputation sur sa créance propre, à moins que le débiteur n'eût eu un juste motif pour vouloir éteindre de préférence sa dette envers l'associé, conformément à l'art. 1256.

« Lorsqu'un des associés a reçu sa part entière de la créance commune et que le débiteur est devenu depuis insolvable, cet associé est tenu de rapporter à la masse commune ce qu'il a reçu, encore qu'il eût donné spécialement quittance pour sa part » (art. 1849).

d.) Chaque associé doit rapporter à la masse commune ce qu'il a détourné du fonds social, ainsi que le bénéfice résultant de l'industrie qu'il a promis d'apporter à la société.

3° *Créances de chaque associé contre les autres.* — a.) Chaque associé a action contre ses coassociés à raison des déboursés qu'il a faits dans l'exécution des affaires qui lui ont été confiées, des engagements qu'il a contractés dans l'intérêt commun, des pertes qu'il a subies par suite des risques inséparables de sa gestion (art. 1852).

b.) Chaque associé peut se servir des choses appartenant à la société, pourvu qu'il les emploie à la destination fixée par l'usage, et qu'il ne s'en serve pas contre l'intérêt de la société, ou de manière à empêcher ses associés d'en user selon leur droit (1859. 2°).

Les trois limitations que la loi apporte à la jouissance privée de la chose commune par les associés s'explique naturellement, quand on songe que cette chose entre dans la société, non pour le service personnel des associés, mais pour être un instrument de gain et de profit.

c.) Chaque associé peut, sans le consentement des autres, s'associer une tierce personne relativement à la part qu'il a dans la société, mais cet arrangement ne produit d'effet qu'entre le croupier et l'associé qui l'a choisi : le croupier reste étranger à la première société.

d.) Durant la société, les associés sont copropriétaires du fonds social ; mais ils ne peuvent sur ce fonds se comporter comme des communistes ordinaires. Le droit de copropriété, compétent à chacun d'eux, se trouve borné : 1° par le droit de copropriété de ses associés ; 2° par la destination des objets communs d'après le but de la société ; 3° par la règle qui défend à un associé de faire entrer un tiers dans la société sans le consentement des autres.

Il en résulte que chaque associé est libre de céder sa part indivise dans un objet quelconque dépendant du fonds commun, mais le cessionnaire ne pourra s'immiscer dans la société, ni demander le partage avant la dissolution de la société. Les créanciers personnels d'un associé ne pourraient non plus saisir et faire vendre la part indivise de leur débiteur sauf le cas où, s'appuyant sur son état de déconfiture, ils soutiendraient que la société est dissoute.

4° *Fixation des parts.* — Chaque associé a le droit de prendre dans les bénéfices durant la société et dans le fonds social, lors de la dissolution, une part déterminée par la loi, par un arbitre, ou par la convention des parties.

Lorsque le contrat est muet sur la fixation des parts, la part de chacun est en proportion de sa mise : c'est une dérogation au droit romain et même au droit ancien, qui dans ce cas admettait l'égalité entre tous les associés. Si l'un des associés a fait un apport en industrie, sa part est égale à celle de l'associé qui a le moins apporté. Si l'un des associés a apporté et son industrie et une mise en nature, il aura une double part, fixée d'après la règle précédente. Si l'apport d'industrie est successif et que la société soit dissoute avant le terme fixé, la part afférente à cet apport sera diminuée dans la proportion du temps qui restait à courir jusqu'au terme convenu.

Si les parties ont convenu de s'en rapporter à un arbitre, et que cet arbitre refuse ou ne puisse remplir sa mission, le contrat est nul; si les parties ont dit que leurs parts seront réglées par un arbitre qu'elles choisiront et que l'une d'elles s'y refuse, le juge pourra désigner l'arbitre; car il s'agit d'une obligation de faire dont l'exécution peut être procurée sans recourir à des violences sur la personne de l'associé récalcitrant. (Cont. Troplong, 626.)

Si l'arbitre choisi remplit le mandat qui lui est confié, son règlement ne peut être attaqué s'il n'est évidemment contraire à l'équité; nulle réclamation n'est d'ailleurs admise si le règlement a été porté depuis plus de trois mois à la connaissance de la partie lésée, ou a reçu de sa part un commencement d'exécution.

Lorsque les parties veulent elles-mêmes régler leurs parts, elles peuvent à ce sujet prendre tous les arrangements qu'elles jugent convenables, pourvu qu'elles ne dérogent pas aux deux prohibitions suivantes : 1° serait nulle toute convention qui empêcherait un associé de participer aux bénéfices; 2° serait nulle toute convention qui affranchirait son apport de la contribution aux dettes.

Dans tous les cas précédents, la part dans la perte est supposée égale à la part dans le gain; il est permis toutefois de modifier cette proportion, en accordant à un associé une part dans les bénéfices supérieure ou inférieure à celle qu'il supporte dans la perte; toutefois si, en attribuant à l'un d'eux une part illusoire dans le gain ou la perte, les associés avaient évidemment voulu enfreindre les deux prohibitions de l'art. 1855, non-seulement la convention, mais encore la société elle-même seraient annulées.

5° *De l'administration de la société.* — Nous distinguerons le cas où des administrateurs ont été nommés de celui où personne n'a été désigné spécialement pour gérer les affaires communes.

a.) Remarquons : 1° si les administrateurs ont été désignés dans l'acte de société, ils ont reçu un mandat irrévocable; 2° s'ils ont été nommés par un acte postérieur, ils n'ont qu'un mandat ordinaire, révocable au gré des parties.

L'étendue de leur pouvoir sera, en général, déterminée, et le contrat aura spécifié les actes que les associés peuvent faire; s'il n'en est pas ainsi, ils ne pourront faire que des actes d'administration, les actes de disposition leur seront interdits.

Lorsqu'il y a plusieurs administrateurs, il peut arri-

ver que les fonctions aient été divisées entre eux par
l'acte de nomination, chacun se renfermera dans les
limites de son mandat; ou qu'il n'y ait pas eu de divi-
sions, chacun pourra agir dans les limites des pouvoirs
communs; ou qu'il ait été stipulé que l'un ne pourra
agir sans le concours des autres. Dans ce cas, aucun
des administrateurs ne peut agir seul, en l'absence des
autres, lors même que ceux-ci seraient dans l'impossibilité actuelle de concourir à l'administration (art. 1858).

b.) Lorsqu'il n'a été rien convenu sur le mode d'administration, les associés sont censés s'être donné réciproquement le pouvoir d'administrer l'un pour l'autre
(1859 1°). Un associé ne peut, en vertu de ce pouvoir
présumé, aliéner ni engager les choses même mobilières qui dépendent de la société (1860), il ne peut non
plus faire d'innovation sur les immeubles sociaux, ni
modifier l'objet de la société, même quand il jugerait
ces changements avantageux, si les autres associés n'y
consentent (1859 4°).

Mais il peut s'opposer aux opérations qu'ils ont l'intention de faire, sauf le recours en indemnité auquel il
sera soumis si son opposition est mal fondée ou a été
nuisible à la société; sauf également la décision de la
majorité à laquelle il est tenu de se soumettre.

Il peut aussi contraindre ses associés à faire avec lui
les dépenses qui sont nécessaires pour la conservation
des choses de la société (1859 3°).

§ 4. *Des obligations des associés à l'égard des tiers.*

Les rapports des associés avec les tiers doivent être
réglés comme si la société n'existait pas. La société ci-

vile, n'étant soumise à aucune condition de publicité,
est censée inconnue à toute personne étrangère, et la
qualité d'associé ne peut être opposée au tiers ni invoquée par eux. Examinons les diverses hypothèses suivantes :

a.) *Un associé s'est obligé seul.* — Le tiers n'aura aucune
action directe contre les coassociés, lors même que
ceux-ci auraient retiré un avantage de l'obligation ; il
n'y aura jamais lieu à une action *de in rem verso* (V. Zach,
p. 409, n° 2).

b.) Un associé qui traite au nom de tous, ne les engage que s'il a reçu d'eux ou s'il est censé avoir reçu
d'eux un pouvoir à cet égard. Ceux-ci ne seront tenus
que pour une part virile.

Pourtant, si, même en dehors de son mandat, un associé a fait au nom de tous une affaire utile à la société,
il engage ses associés qui pourront être poursuivis par
l'action de gestion d'affaires. Cette action sera exercée
contre chacun d'eux pour la part qu'il a dans la société.
En effet, elle n'est donnée qu'à raison de l'avantage que
chacun d'eux a retiré de la convention : or chacun
ne s'est enrichi que dans la proportion de sa part
sociale.

c.) Tous les associés ont traité conjointement avec le
tiers, ils seront liés vis-à-vis de lui pour une portion
virile, lors même que leurs parts dans la société sont
inégales ; pourtant si l'obligation était indivisible, chacun pourrait être poursuivi pour la totalité de la dette.

d.) Les créanciers personnels d'un associé peuvent
concourir sur le fonds social avec les créanciers sociaux,
et ceci est la conséquence forcée de ce que nous avons

admis plus haut, savoir : que les sociétés civiles ne forment pas une personne juridique.

§ 5. *Des différentes manières dont finit la société.*

La société finit :

1° Par l'expiration du temps pour lequel elle a été contractée ; les parties peuvent la proroger, mais la preuve de la prorogation est soumise aux mêmes conditions que la preuve de la société elle-même, dans quelque forme, du reste, qu'ait été conclue la société primitive.

2° Par l'extinction de la chose, ce qui comprend non-seulement le cas où le fonds social a été complétement perdu, mais aussi le cas où un apport non réalisé a été détruit ; nous pouvons distinger :

a.) Le cas où un associé a promis la propriété ou l'usufruit d'un corps certain. Malgré la rédaction vicieuse de l'art. 1867, nous croyons que par le seul effet de la convention, la translation de la propriété ou de son démembrement a été effectuée, la société ne sera donc pas dissoute par la perte de l'objet arrivant avant que la tradition réelle en ait eu lieu ; l'art. 1867 ne s'appliquera que dans l'hypothèse où l'associé a promis la chose d'autrui ou a promis la sienne sous condition suspensive.

b.) Le cas où l'associé a promis la jouissance de la chose ; la société est dissoute par la perte ; car, du moment que la chose périt, l'associé se trouve dans l'impossibilité de remplir ses engagements.

Dans l'un et l'autre cas, si l'apport a péri pour partie seulement, la société n'est pas dissoute de plein droit ; mais si la valeur des choses péries est importante, les associés pourront, argumentant des art. 1601 et 1722, demander la dissolution.

3° Par la consommation de l'affaire pour laquelle la société a été contractée.

4° Par la mort de l'un des associés, à moins qu'il n'ait été stipulé que la société continuerait avec son héritier ou seulement entre les associés survivants ; au second cas, l'héritier du décédé n'a droit qu'à la part du défunt, eu égard à la situation de la société lors du décès, et ne participe aux droits ultérieurs qu'autant qu'ils sont une suite nécessaire de ce qui s'est fait avant la mort de l'associé auquel il succède. (Art. 1868.)

5° Par l'interdiction légale ou judiciaire, la déconfiture ou la faillite de l'un des associés. La nomination d'un conseil judiciaire n'entraînerait pas de plein droit la dissolution, mais pourrait autoriser les coassociés à intenter une demande à cette fin.

6° Par le consentement de tous les associés ; la société peut même finir par la volonté d'un seul d'entre eux, lorsqu'elle a une durée illimitée, pourvu que cette volonté soit notifiée à tous les autres et que la renonciation soit faite en temps opportun et de bonne foi. Il n'est pas permis de renoncer d'une manière absolue au droit accordé par l'art. 1869. Cependant les parties pourraient remplacer cette faculté par un moyen équivalent de sortir d'indivision, par exemple, en autorisant chaque associé à céder ses droits à un tiers qui prendrait sa place dans la société.

« La renonciation n'est pas de bonne foi lorsque l'associé renonce pour s'approprier à lui seul le profit que les associés s'étaient proposé de retirer en commun ; elle est faite à contre-temps lorsque les choses ne sont plus entières, et qu'il importe à la société que sa dissolution soit différée. » (Art. 1870.)

La renonciation qui n'est pas régulière a pour effet d'autoriser les associés du renonçant à considérer la société comme dissoute ou comme existante, à leur choix ; le renonçant aura libéré ses associés envers lui sans se libérer envers eux.

7° Les sociétés qui sont contractées pour un temps limité ne peuvent être dissoutes avant le terme, sur la demande d'un associé, à moins que ce dernier n'ait un motif légitime ; par exemple : si un autre associé manque à ses engagements ou si une infirmité habituelle le rend inhabile aux affaires de la société ; la légitimité et la gravité des motifs allégués sont laissées à l'arbitrage des juges. (Art. 1871.)

§ 6. *Du partage du fonds social après la dissolution.*

Lorsque la société a été dissoute, tout associé a le droit de demander le partage du fonds commun, formé par la réunion des apports et des bénéfices faits en commun.

Avant de procéder au partage, on établira la consistance du fonds social ; à cet effet, chaque associé rapportera dans la masse commune les sommes ou objets dont il se trouvera débiteur ; réciproquement, il prélèvera ce dont il se trouve créancier.

L'actif ainsi déterminé se partage entre les intéressés dans la proportion de leur part dans les bénéfices ; l'article 1872 renvoie, pour les détails du partage, à la matière du partage en fait de succession. Mais ce renvoi un peu général a donné lieu à quelques discussions.

L'art. 826, qui accorde à chaque cohéritier le droit de demander sa part en nature des objets composant la masse, s'applique-t-il aux associés? Je répondrai oui, car cet article est fondé sur une raison de droit applicable aussi bien à la matière de la société qu'à la matière des successions, sur le droit de copropriété qui compète à chaque copartageant, or ce serait le méconnaître que de le transformer en droit purement personnel, en forçant les coassociés à recevoir leur part en argent.

L'art. 841, relatif au retrait successoral, donne-t-il par analogie le même droit aux coassociés de celui qui a vendu sa part? Nous ne le croyons pas. Cette disposition s'explique dans la succession, où l'indivision résulte d'un quasi-contrat; mais dans la société, les parties, si elles craignent les procès et les discussions que l'intervention d'un tiers pourrait faire naître, sont parfaitement libres de pourvoir à leur sécurité et de stipuler dans le contrat que si l'une d'elles cède sa part après la dissolution, elles auront le droit de reprendre la cession pour leur compte en remboursant le tiers cessionnaire. Le législateur n'avait aucun besoin d'intervenir.

L'art. 772, aux termes duquel les héritiers qui auraient diverti ou recélé des effets d'une succession ne peuvent prétendre aucune part dans lesdits effets, doit être égalemont restreint à la matière des successions. En effet, l'art. 1872 renvoie aux règles établies pour les partages entre héritiers; or, d'une part, l'art. 792 n'est pas dans le chapitre du partage; d'autre part, la règle qu'il pose n'est pas une règle concernant le partage.

Quant à l'art. 883, plusieurs personnes refusent de l'appliquer aux sociétés, se fondant sur ce que l'art. 1872 ne renvoie pas aux effets du partage? Nous croyons que l'omission du mot effet est le résultat d'un oubli; on ne saurait invoquer un aussi faible argument pour combattre une théorie qui était adoptée dans notre ancien droit, que M. Treilhard rappelait dans son exposé des motifs et que le Code a adoptée dans tous les cas analogues; nous dirons donc que le partage est déclaratif de propriété, et que chaque associé est réputé avoir été propriétaire des objets mis dans son lot, à compter du jour où l'objet est devenu commun.

CHAPITRE III.

§ 1. — *Angleterre.*

L'Angleterre a précédé la France de plusieurs années dans le développement du mouvement coopératif; nous ne chercherons pas à examiner si notre pays a le droit de réclamer sinon la mise en pratique, du moins le germe des nouvelles combinaisons, car il paraît bien certain que les essais tentés en France à la suite de la révolution de 1830, n'ont eu aucune influence sur l'organisation des associations anglaises.

Depuis longtemps, les Anglais connaissaient les *Friendly Societies*, réunions analogues à nos sociétés de secours mutuels. Quelques-unes d'entre elles remontent au siècle dernier; une particularité digne de remarque est qu'elles furent fondées par des protestants français chassés de leur pays par les persécutions de Louis XIV et de Louvois. Peu de temps après la funeste révocation de l'édit de Nantes, Londres comptait deux sociétés de Français, la société des Parisiens et la société des Normands; nous nous ferions difficilement une idée de l'importance actuelle des sociétés amicales, en nous reportant à ce que nous voyons en France. Quelques chiffres seront plus éloquents que tout ce que l'on pourrait dire.

Elles étaient, en 1843, au nombre de 20,000, comptant 6 millions de membres et possédant 625 millions de francs; une seule d'entre elles, l'Union des *Odd fellows*, dont le siége est Manchester, se compose de 3,198 loges et de 287,573 sociétaires.

A côté des *Friendly Societies*, nous citerons les *Trade's Unions* formées en vue du maintien ou de l'élévation du taux des salaires, et qui permettent aux ouvriers anglais de soutenir contre leurs patrons ces grèves dont la longueur et la puissance nous étonnent. Quoique exigeant en général de leurs membres certaines garanties de moralité, ces sociétés sont bien moins dignes que les autres de nous occuper; l'expérience tend à éloigner les ouvriers anglais des grèves et leur a appris à les considérer comme des déceptions douloureuses. Mais si elles rapprochent les ouvriers isolés, les *Friendly Societies* et les *Trade's Unions* ne créent pas entre eux une solidarité intime, quotidienne, permanente de travailleurs, s'engageant de leurs personnes dans la même entreprise; en un mot, ce ne sont pas des sociétés coopératives.

La première réunion de cette nature fut formée à Coventry, en 1842, pour fournir du charbon aux ouvriers pauvres au prix de la vente en gros. Elle prospéra, et en 1854, forte de 850 membres, elle ajouta au charbon la fourniture des objets de première nécessité; puis elle fit construire une boulangerie qui fit jusqu'à 450,000 fr. d'affaires. Enivrés de ces succès, les sociétaires se lancèrent dans des dépenses improductives; ils achetèrent des terres pour les transformer en jardins d'agrément à leur usage. La crise financière de 1857 les ruina et les dispersa.

Au second rang en date, se place l'association la plus souvent nommée, celle qui a atteint le plus haut degré de prospérité, l'association des équitables pionniers de Rochdale. Elle fut fondée au mois de novembre 1843 par vingt-huit malheureux tisserands en flanelle, qui cherchèrent, ne pouvant accroître leurs recettes, à diminuer les dépenses quotidiennes de leurs ménages, en obtenant au prix de la vente en gros les denrées les plus indispensables. Il fallait pour commencer un petit fonds que personne n'avait; chacun, pour le former, apporta, sur son salaire hebdomadaire, la modeste somme de deux pences (0 fr. 20 c.). Cette cotisation, élevée bientôt à trois pences (0 fr. 31 c.), permit de réunir au bout d'une année un capital de 700 fr.; la société se constitua alors, et arrêta son programme. Il est bon de le citer; on y reconnaîtra l'influence du célèbre réformateur Robert Owen, mais dégagée de toutes les idées d'irresponsabilité et de communisme, qui, dans le système du maître, heurtaient les principes fondamentaux de la morale et de l'économie politique; voici quel était le programme :

« 1° Fondation d'un magasin au profit de tous les sociétaires, magasin où l'on ne vendra pas de liqueurs fortes, et où, dans l'intérêt des clients comme dans celui de l'entreprise, on ne fera crédit sous aucun prétexte;

« 2° Achat et construction de maisons convenables pour les sociétaires, réforme des logements;

« 3° Achat ou location de terrain, le peuple anglais ne pouvant être émancipé civilement et politiquement aussi longtemps qu'il ne sera pas propriétaire;

« 4° Association pour la production de tous les articles que les associés trouveront plus de bénéfice à fabriquer eux-mêmes qu'à acheter en gros;

« 5° Emploi de partie des bénéfices à la fondation d'écoles, de bibliothèques, de salons de lecture, etc.;

« 6° Fondation soit d'une colonie, soit d'une maison commune, avec un *Temperance-Hotel;*

« 7° Secours fraternels à porter à toutes les associations analogues;

« 8° Harmonie à établir entre la production et la répartition, entre l'instruction des citoyens et leur influence politique.

« 9° Enfin fondation, dans la mère patrie, d'une association basée sur l'accord des intérêts » (1).

Certes, quelques ouvriers sans éducation première, possesseurs d'un capital de 700 fr., et voulant régénérer le monde, prêtaient bien à la risée; elle ne leur fut pas épargnée au début, mais la ténacité anglo-saxonne eut le dessus. On loua, moyennant 250 fr., une mauvaise boutique; chaque samedi, un des associés venait à tour de rôle y prendre place et vendait aux autres le beurre, le sel, la farine et le gruau d'avoine dont on avait acheté en commun la provision, moyennant les 450 fr. qui restaient du premier capital. Les difficultés ne manquèrent pas aux débutants; leur inexpérience du commerce les exposa à des erreurs sur la qualité des denrées, et la faiblesse de leur capital ne leur permit pas d'acheter toujours dans des conditions avantageuses; de là vinrent des défections; quelques associés étaient éloignés du magasin; d'autres n'avaient pas l'habitude d'acheter au comptant et ils reprenaient le chemin des magasins de détail. On proposa d'exclure en les remboursant les associés qui n'étaient pas des pratiques régulières, et d'imposer à tous les membres l'obligation de se fournir exclusivement au magasin. Cette proposition fut rejetée, pour ne pas enchaîner la

(1) M. Émile Laurent, *Le Paupérisme et les associations de prévoyance,* t. II, p. 485.

liberté de chacun ; ce fut un bonheur pour l'association, car une semblable clause aurait empêché bien des adhésions.

Un autre bonheur fut l'idée de maintenir les prix au niveau des magasins concurrents, au lieu de livrer au prix coûtant ; cela permit d'admettre les acheteurs non associés qui vinrent, attirés par la certitude qu'ils n'éprouveraient aucune fraude sur la qualité et la quantité. Cela permit encore d'augmenter rapidement le fonds commun.

Un an s'était à peine écoulé que la société prit une patente pour la vente du thé et du tabac ; mais ces premiers succès firent prendre l'alarme aux détaillants voisins qui crurent leurs intérêts menacés ; ils traitèrent de déloyale la concurrence que leur faisaient les pionniers, et pour leur enlever leur clientèle et détruire l'association ils se mirent à vendre au-dessous du cours qu'avait fixé le magasin. La violence même des attaques prouve le bien qu'avait produit la nouvelle idée, et les succès suivirent les succès : en 1847, la société comprenait 140 membres, son capital montait à 9,925 fr. et les recettes hebdomadaires étaient de 4,500 fr.; elle avait loué une maison entière et la vente avait lieu quatre fois par semaine. On fonda un banquet à 1 fr. par tête pour célébrer l'anniversaire de l'ouverture du magasin. En 1850, il y avait 600 membres ; la société avait deux garçons de boutique ; elle établissait des succursales qui sont maintenant au nombre de seize ; peu à peu elle eut une bibliothèque, une salle de livres, une salle de journaux et un salon de conversation ; enfin elle donna naissance à des sociétés accessoires qui exploitent un moulin et une manufacture de coton.

En 1865, le nombre des associés était de 4,000 ; le capital, de 1,631,950 fr., sur lequel 650,000 fr. servent à commanditer les sociétés coopératives annexes, et le chiffre d'affaires est de six millions et demi.

Après avoir développé les phases que la société a traversées, voyons comment elle est organisée intérieurement.

1° Tout nouveau membre doit être présenté par un sociétaire et agréé par les représentants de la société.

2° Pour être associé il faut posséder une action, dont le montant est de 25 fr. ; celui qui ne possède pas cette somme la constitue par le versement hebdomadaire de trois pences dont nous avons parlé et par sa part dans les bénéfices que fait le magasin ; nul ne peut d'ailleurs être possesseur de plus de cinq actions ; on a voulu éviter ainsi l'influence des capitalistes.

3° Les bénéfices réalisés par le magasin sont consacrés au payement des frais généraux et au service de l'intérêt à 5 0/0 des actions et des dépôts. On prélève ensuite 2 et demi 0/0 pour l'amortissement des immeubles, et 1 et demi 0/0 au profit de la bibliothèque, des écoles et des cours. Le surplus est divisé en deux parts dont l'une est attribuée aux possesseurs d'actions de capital ; l'autre aux acheteurs, au prorata de leurs achats ; cette dernière portion n'est pas à dédaigner ; il est arrivé parfois que la personne qui avait acheté pour 100 fr. dans un trimestre avait 12 fr. 50 pour sa part de bénéfices.

4° Les sociétaires qui, possesseurs de cinq actions, veulent laisser leur argent dans la caisse commune, se font ouvrir un compte courant, productif d'intérêt à 5 0/0 ; ils peuvent reprendre leur argent à première réquisition, si la somme est inférieure à 50 shillings (62 fr. 50); pour les sommes supérieures, on a fixé des délais proportionnés à l'importance du dépôt.

La confiance inspirée par la caisse est telle, que, lors de la faillite du Saving Bank (Caisse d'épargne) de Rochdale, tous les ouvriers portèrent leur argent au magasin, et que maintenant nul placement n'est plus sûr à leurs yeux.

Les comptes courants se montent à un chiffre élevé; les actionnaires ont l'habitude, lorsqu'à chaque trimestre on apure les comptes des acheteurs, de laisser leurs bénéfices portés à leur compte; ils se trouvent ainsi, en ne dépensant pas un penny de plus que s'ils n'étaient pas associés, se constituer une épargne qui va toujours grossissant et atteint facilement le chiffre de douze à quinze cents francs; la société s'est même vue forcée de fixer un maximum qui, d'abord établi à 100 livres sterling, a été depuis 1862 porté à deux cents livres (5,000 fr.), somme que ne peut dépasser aucun compte courant.

5° Mais le point le plus intéressant à examiner est la répartition que la société avait su (1) établir dans ses annexes industrielles entre le capital et le travail. « Les salaires, nous dit M. Cas. Périer, dans son travail sur les sociétés coopératives, sont payés au prix courant aux ouvriers, qui reçoivent en outre l'intérêt à 5 0/0 du fonds personnel qu'ils possèdent dans l'association; le

____

(1) Nous disons avait su, car malheureusement la société n'a pas persévéré dans cette sage voie; des nouveaux venus, contre-maîtres et ouvriers d'élite, qui avaient amassé des épargnes et que le succès de l'entreprise a tentés, ont été assez forts pour s'assurer la majorité et ont voté une résolution qui supprime le dividende attribué au travail.

surplus du bénéfice (après prélèvement de l'amortissement, de la réserve, etc.) comprend le dividende qui se répartit par égale portion entre le capital et le travail. Celui dont le travail représente la même somme que le capital reçoit deux parts égales du dividende, celui dont le capital versé est supérieur au salaire reçoit deux parts inégales, celle qui s'applique au capital est plus forte que celle qui s'applique au salaire, et *vice versâ*. Pour rendre ce mode de répartition plus saisissable, supposons trois intéressés dans l'entreprise : A, qui a versé 100 fr. de capital, mais qui ne travaille pas ou qui travaille ailleurs; B, qui gagne 100 fr. par son salaire mais qui n'a rien versé; C, qui a versé 25 fr. et qui a gagné 75 fr. Supposons en outre que l'intérêt étant à 5 0/0, le dividende ait été fixé à 6 0/0, le tableau suivant montre le total de la somme que chacun a reçue dans l'année ou qui a été inscrite à son crédit (1) :

	Capital.	Salaire.	Int. du Capital.	Dde du Capital.	Dde des Salaires.	Total.
A.	100	0	5	6	0	111 »
B.	0	100	0	0	6	106 »
C.	25	75	1,25	1,50	4.50	107.25

Une juste attribution des bénéfices avait donc été faite à tous les éléments qui concourent à la production, et la société avait répondu d'avance aux reproches de socialisme qu'on aurait pu lui faire; il est déplorable à tous égards que de si sages règles aient été méconnues par des nouveaux venus qui ont renié les idées des premiers fondateurs de la société de Rochdale.

(1) M. M. Cas. Périer. *Les sociétés de coopération,* page 13.

6° L'administration est remise à un comité de direc-
teurs qui se réunissent une fois par semaine. Tous les
mois il y a une assemblée générale où tous les associés
votent à droit égal. Ces réunions fréquentes donnent à
toutes les réclamations l'occasion de se produire et
suppriment les mécontentements secrets qui, par une
fermentation sourde, pourraient troubler l'harmonie
générale.

Une grande difficulté qui, à l'origine, a empêché
beaucoup d'ouvriers d'entrer dans l'association, consistait dans les dettes que ceux-ci avaient contractées chez
les détaillants de Rochdale; il fallait payer comptant
les achats faits au magasin, acquitter les contributions
hebdomadaires, et solder les créances des détaillants qui
ne manquaient pas de se montrer exigeants dès que
leurs pratiques les abandonnaient. Par une mesure
aussi habile que fraternelle, l'association a su s'assurer
la clientèle et la coopération de ces ouvriers; dès que
l'un d'eux se présentait en déclarant qu'il voulait
faire partie de l'association, elle payait ses dettes,
pourvu que le remboursement lui fût garanti par un
ou plusieurs sociétaires ayant des comptes courants
égaux au montant de la somme avancée; elle reprenait
ensuite ces avances par des retenues sur les bénéfices
des achats faits au magasin et sur le dividende.

L'exemple de la société de Rochdale a été suivi en
Angleterre par beaucoup de villes manufacturières, la
statistique pour 1863, porte à 454 pour l'Angleterre et
le pays de Galles, le nombre des sociétés coopératives
fondées pour la plupart sur le modèle de celle de Rochdale, elles comptaient 150,000 membres, leur chiffre
d'affaires s'élevait à 65 millions et les bénéfices à

5,340,000 francs, soit en moyenne 50 francs par an que chaque ouvrier a gagnés, rien que pour avoir acheté à l'association plutôt qu'ailleurs, sans compter tous les avantages moraux et matériels qu'ils en ont retirés d'autre part.

Toutes les sociétés dont nous venons de parler sont des sociétés de consommation; ce sont celles en effet qui sont les plus aisées à établir et dont la marche présente le moins de difficultés; l'Angleterre compte cependant un certain nombre de sociétés de production.

La première et la plus importante est celle du moulin de Leeds, fondée en 1847, par action de 25 fr.; l'association comprenant, en 1854, 3,200 membres, possédait un capital de 100,000 fr., dépensait annuellement 725,000 fr. et faisait pour 1,500,000 fr. d'affaires; les bénéfices réalisés en sept ans, de 1847 à 1854, s'élèvent à 188,000, et elle procure aux acheteurs une économie considérable; son influence sur le marché de Leeds est assez grande pour avoir amené une grande baisse dans le prix des farines.

Nous avons dit que la Société de Rochdale avait aidé à fonder deux manufactures; l'une est un moulin comme à Leeds, qui a pris le plus grand développement et approvisionne une partie de la ville et tous les stores coopératifs de Rochdale et des environs; fidèle aux traditions de la société mère, il réserve une partie des bénéfices pour ses acheteurs; l'autre est une filature de coton qui coûte plus d'un million; l'usine, construite sans le concours d'aucun architecte, est une des mieux disposées qu'on puisse voir au point de vue de la salubrité et de la ventilation; son outillage est tout ce que l'industrie moderne a produit de plus parfait; il suffira

pour faire son éloge de dire que l'usine a pu traverser
sans être arrêtée la crise cotonnière provoquée par la
guerre d'Amérique. Parmi les autres associations de
production, nous citerons la fameuse fabrique de bou-
gies de Belmont, fondée sous le patronage direct de la
Société d'encouragement de Manchester, qui emploie
plus de 500 femmes ouvrières ; la société de Birstall près
Leeds, pour la confection des habillements, comprenant
657 membres et dont le chiffre d'affaires varie annuellement de 300,000 à 375,000 fr. ; huit associations de
tailleurs dont une à Liverpool, la Société des ouvriers
brasseurs de Londres, etc. Le nombre de ces sociétés
paraît difficile à déterminer ; beaucoup ne se font enre-
gistrer que lorsque leurs affaires marchent bien ;
d'autres qui sont portées sur la statistique n'existent
plus, car toutes sont loin de réussir ; la société des constructeurs de machines à Londres (société Musto) a été
enlevée par la crise de 1857, après avoir brillé d'un vif
mais passager éclat ; d'autres ont péri sous le coup de
de la crise cotonnière.

Quand aux sociétés de crédit, elles ne jouent encore
qu'un rôle bien effacé ; les banques d'Écosse, dignes à
tant d'égard d'une sérieuse étude par la variété de leurs
combinaisons et l'étendue des services qu'elles rendent,
ne rentrent pas dans le système des sociétés coopératives.
Les *Loan-Societies*, ou banques populaires, ne s'inspirent
pas non plus des principes de la coopération, elles ont
simplement pour but de faire des avances à des artisans
dans les limites de une livre à quinze livres sterling.

§ 2. *Allemagne.*

Si nous voulons voir l'association coopérative de crédit dans tout son développement et dans toute sa force, il faut traverser le détroit et nous rendre en Allemagne.

En 1848, au milieu de l'agitation qui régnait en Allemagne, au milieu des idées de socialisme universel qui dominaient partout, on disait aux ouvriers allemands : « Réclamez de l'État le crédit dont vous avez trop souvent besoin dans vos travaux sans le trouver ; c'est à l'État, c'est à la communauté de répondre à tous les besoins de ses membres. » Six cents pétitions envoyées à l'Assemblée nationale de Francfort tenaient toutes un langage analogue. Heureusement la commission nommée pour s'occuper de la question ouvrière, était présidée par un homme supérieur, M. Schultze Delitzsch ; depuis de longues années juge de paix de la petite ville de Delitzsch, il avait occupé ses loisirs à étudier les systèmes d'amélioration populaire. Imbu des plus saines idées économiques, il voulut réagir contre ce système qui consistait à faire intervenir l'État et encore l'État. La dissolution de la Chambre des députés le rendit bientôt à ses loisirs. De retour dans sa ville, il se mit de suite à l'œuvre, et débuta en créant à Delitzsch et à Eulembourg, petite ville voisine, des associations pour l'achat des matières premières, *Rohstoff associationnen ;* l'année suivante (1850), il fonda dans chacune de ces deux villes un comptoir d'avances ; les statuts qu'il donna à la banque de Delitzsch furent étudiés avec soin, et remaniés au fur et à mesure que l'expérience indi-

quait quelques nouveaux perfectionnements; aujour-
d'hui, ils servent de types à presque toutes les banques
populaires d'Allemagne. Au bout de trois ans d'étude
et de pratique, M. Schultze publiait sa première bro-
chure : *Les associations de crédit et d'avances*. Ce fut une
révélation; de toutes parts les ouvriers se réunirent
d'après les bases indiquées par le novateur, et ce succès
est d'autant plus remarquable que les ministres inin-
telligents et réactionnaires de la Prusse suscitaient
nombre de difficultés, et que M. Lassalle, l'apôtre de la
subvention et de l'organisation du travail par l'État,
parcourait les cités ouvrières et, par des déclamations,
cherchait à détourner les travailleurs de la nouvelle voie
qui leur était ouverte. Vains efforts! En 1861, on
comptait 340 banques, dont 181 en Prusse et 53 en
Saxe, comprenant 48,760 membres et réalisant un bénéfice net de 292,000 fr.; à la fin de 1865, leur nombre
est de 961, celui de leurs membres de 169,000; le capital, qui est de 66 millions de francs, a permis de faire
un chiffre d'affaires de 253 millions (1).

Quelles sont donc les bases de ce système qui a eu une
expansion si merveilleuse? L'idée tout entière est dans le
premier article des statuts de la banque de Delitzsch : (2)
«Les membres soussignés veulent, au moyen de la présente association, se procurer, par leur crédit collectif,
les capitaux dont ils ont besoin pour leurs affaires industrielles ou leur commerce. » Cette idée est simple, et
on n'accusera pas son auteur de l'avoir entourée d'un
appareil imposant ou de savantes complications. De là

(1) Ces chiffres sont empruntés au rapport de M. Schultze Delitzsch,
publié en 1866. — (2) (V. à l'app. ces statuts).

la cause de son succès, parce qu'elle a été accessible à
tous; M. Schultze a appliqué à la condition particulière
où se trouvaient les travailleurs le principe qui fait la
base des banques les plus importantes, la solidarité.
Plusieurs personnes, trop pauvres pour obtenir individuellement aucun crédit, peuvent en s'associant et en
s'engageant collectivement envers des tiers, inspirer assez de confiance pour contracter un emprunt; qu'un
travailleur soit seul, le capitaliste hésitera à lui prêter,
quelles que soient d'ailleurs la probité, l'habileté, la
force de l'ouvrier; celui-ci peut mourir, en effet, tomber malade ou rester sans ouvrage. Si, au lieu d'offrir
la garantie de son seul travail, il offre celle de vingt,
de trente, de cent autres artisans, le prêt sera immédiatement consenti, car le chômage, la maladie ne les
frapperont pas tous à la fois, les mauvaises chances ont
sinon disparu, du moins été atténuées suffisamment au
point de vue pratique, par l'obligation collective et solidaire : le capitaliste qui craignait est complétement
rassuré; et la preuve, c'est que les banques allemandes
trouvent à emprunter tout l'argent qui leur est nécessaire, plutôt au-dessous qu'au-dessus du cours (de 3 à
5 p. 100) et, en fait, c'est le placement que préfère la
petite bourgeoisie allemande.

L'idée posée, comment fonctionne la banque? Le
fonds social est formé : 1° par le droit d'entrée qui varie
de 1 fr. 25 à 1 fr. 85; 2° par la cotisation mensuelle qui
d'ordinaire est de 0 fr. 25 et que chaque associé est tenu
de payer jusqu'à ce que la somme portée à son compte
ait atteint un chiffre déterminé, d'habitude 60 fr.,
(150 fr. dans la banque de Delitzsch); 3° des sommes qui
sont empruntées sous la garantie solidaire de tous les as-

sociés; 4° des sommes provenant des versements sup-
plémentaires faits par les associés; ces sommes, outre
l'intérêt qui leur est payé, contribuent à augmenter la
part du déposant dans les dividendes; 5° des dépôts que
les banques reçoivent; ces dépôts sont admis en général à partir de la somme la plus petite, même au-dessous d'un thaler (3 fr. 75).

Chaque associé emprunte, sur sa simple signature,
jusqu'à concurrence de la somme déposée en son nom,
s'il veut davantage, il faut qu'il se fasse cautionner par
un ou plusieurs sociétaires, dont les signatures lui donnent le droit d'emprunter des sommes égales au montant des versements des garants. Lorsque les demandes
d'avances ne peuvent être satisfaites immédiatement,
elles sont inscrites et servies suivant leur date.

La durée des prêts est, sauf renouvellement, de trois
mois; si, à l'échéance, le remboursement n'a pas lieu,
on n'est plus admis à un nouvel emprunt, à moins d'obtenir encore la garantie des premières cautions qui
avaient été fournies.

Le taux des avances est de 5 p. 100, plus un quart de
commission par mois, soit en fait 8 p. 100 par an; ce
taux paraît élevé; on peut le justifier par diverses considérations : d'abord il est encore inférieur au taux des
monts-de-piété, qui pourtant exigent un nantissement;
il engage l'artisan à ne pas faire d'emprunt inconsidéré;
il permet à la banque de créer un capital suffisant qui
la dispense de faire de trop forts emprunts au dehors;
enfin, et c'est là la meilleure raison, les bénéfices étant
exclusivement réservés aux actionnaires, l'emprunteur
recevra plus tard, à titre de dividende, une partie de ce
qu'il a payé à titre d'intérêt.

La société possède un fonds de réserve, comprenant :
1° le droit d'entrée ; 2° la part de bénéfices afférente à
chaque associé pendant la première année de son affi-
liation ; 3° un prélèvement de 5 p. 100 sur les bénéfices
des années suivantes. Ce fonds constitue une propriété
indivise pour tous les membres de l'association, sur lequel aucun membre sortant ne peut prétendre avoir des
droits ; il n'est divisé entre les différents membres qu'en
cas de liquidation de la société.

Un membre a toujours le droit de quitter la société ;
pour cela il doit manifester sa volonté six mois avant
la clôture de l'exercice courant ; il est, dans ce cas, remboursé six mois après la clôture de l'exercice.

Le bien que produisent ces banques est considérable ;
l'épargne, sollicitée par un placement avantageux, se
trouve fortement encouragée ; le crédit est assuré à
l'artisan honnête et laborieux ; le sociétaire doit, pour
obtenir la confiance et la garantie de ses cosociétaires,
contracter des habitudes de loyauté et d'exactitude ;
sous l'influence de la responsabilité personnelle, le caractère se transforme en même temps que la position
s'améliore ; enfin l'ouvrier, devenu capitaliste à son
tour, initié au mécanisme des affaires et aux lois économiques, s'affranchit promptement des préjugés que
l'ignorance et l'envie lui inculquaient.

Le magnifique développement de ces institutions sur
toute l'étendue de l'Allemagne n'a pas étouffé toute
autre forme de coopération.

Les associations de consommation et de production
se répandent aussi dans les différents États, mais elles
ne présentent rien de bien original ; ce sont simplement
des imitations de ce qui s'est fait en France et en An-

gleterre ; nous nous bornerons à citer parmi les premières, qui sont, dit-on, au nombre de 200, l'association de Hambourg, qui ne compte pas moins de 4,000
membres. Parmi les associations de production, dont le
nombre n'est pas encore bien connu, mais ne paraît
pas dépasser le chiffre de 40 à 50, on remarque une
association de constructeurs de machines à Chemnitz,
une fabrique d'articles de coton et de fil à Halle, une
grande fabrique de peignes de Nuremberg, une autre
de pianos à Hambourg. Berlin renferme en outre quelques sociétés peu importantes d'artisans, tailleurs, tisseurs de châles, fabricants de cigares, etc.

Une pratique, qui pourrait se généraliser dans beaucoup de villes, est employée avec succès dans quelques
villes allemandes. Des ouvriers, ayant leurs ateliers chez
eux et fabriquant pour leur compte, ont une boutique
commune dans un beau quartier et arrivent à peu de
frais à trouver l'écoulement facile et fructueux de leurs
produits.

Une autre combinaison assez répandue est celle qui
consiste à acheter en gros les matières premières ; son
utilité s'explique par l'existence d'un grand nombre de
petits industriels, d'ouvriers travaillant à leur compte,
à qui leurs affaires ne permettent pas d'acheter en gros
les matières premières ; cette institution, qui se rap-
proche un peu des associations de consommation, procure des avantages notables à ses membres : ainsi des
cordonniers qui achètent leurs cuirs de cette manière,
les ont meilleurs et à meilleur compte. M. Schultze-
Delitszch compte, en 1866, 143 sociétés d'achat de matières premières et 30 magasins communs. (*V. à l'app.*
le tableau des sociétés allemandes.)

§ 3. — *Divers pays de l'Europe.*

La Hollande ne présente aucune institution rentrant dans la classe des sociétés coopératives. La banque de secours de La Haye (Hupbank) a bien pour mission de venir au secours des petits industriels ; mais le bien qu'elle pourrait faire est annihilé par les dispositions restrictives de ses statuts ; d'un côté le montant de ses avances ne peut dépasser 100 florins et le remboursement, fractionné à diverses époques, commence dès le quatorzième jour qui suit l'emprunt. D'autre part, et c'est là la plus grave erreur, la banque doit en prêtant demander l'objet auquel l'emprunteur doit employer l'argent, et s'arroge le droit de surveiller l'emploi. Toute contravention à la destination fixée d'avance rend l'emprunt immédiatement exigible ; une pareille condition détruit toute confiance et toute spontanéité.

La Belgique est plus avancée : trois de ses grandes villes, Bruxelles, Gand et Liége nous présentent des banques d'avance, dont la constitution est sinon identique, du moins très-analogue à celle des banques allemandes, et rend aux artisans les mêmes services ; les associations de consommation s'y rencontrent aussi : signalons celle de Liége, qui, au lieu d'avoir son magasin propre, se contente de délivrer à ses membres des jetons, leur donnant droit à une remise de 5 à 10 p. 100 sur les prix marqués des détaillants. Je n'approuve pas ce système : d'abord, il doit toujours laisser un bénéfice au détaillant ; ensuite, il ne donne aux associés aucune garantie sur la qualité et la quantité des marchandises vendues ; n'est-il pas à craindre que le marchand ne

15

réserve ses denrées de qualité inférieure, ou celles qui sont défraîchies pour l'acheteur qui se présente en exigeant un rabais. On a plusieurs fois, en France, tenté d'employer un pareil moyen ; je ne sache pas qu'il ait jamais réussi : le possesseur du jeton se méfiait toujours de ce qu'on lui livrait et finissait par croire que la réduction qui lui était consentie était plus apparente que réelle.

La Suisse a depuis longtemps des associations pastorales qui présentent l'idée coopérative appliquée à la production, c'est elle qui, la première, a possédé ces fromageries que nous retrouvons dans le Jura français, et dont nous parlerons plus loin. L'été, les animaux sont nourris dans des dépaissances situées sur les hautes montagnes ; les petits propriétaires qui n'ont qu'une ou deux vaches s'entendent, pour louer à frais communs, quelques grands pâturages des hauteurs ; puis ils y envoient leur bétail qu'ils confient pendant toute la saison à un berger commun. Ces sociétés sont d'autant plus intéressantes, qu'elles montrent la possibilité de l'association agricole.

L'Italie, l'Espagne même, ne sont pas restées étrangères au mouvement ; cette dernière puissance a, dans les provinces Basques, des réunions de pauvres pêcheurs qui entreprennent la pêche à frais communs et se partagent les produits. Nous avons parlé de l'artèle russe ; là, la coopération est appliquée aux transports qui, dans les provinces éloignées, dépourvues de bonnes voies terrestres de communication, se font principalement durant l'été sur les grands fleuves de la Russie. Dans les échelles du Levant, en Grèce, « un certain nombre de marins, dit M. Lenormand, se réunissent pour la construction d'un navire, apportant, les uns, leur argent, les autres, du bois, des voiles, des cordages, qui sont estimés d'un commun accord. Le navire est construit, les associés s'y embarquent comme matelots, s'adressent aux négociants pour avoir une cargaison, et partent pour Marseille, pour Trieste, pour Gênes, pour Livourne. Au retour, les produits de la compagnie sont divisés en deux parts : la première est pour le capital : c'est un dividende qui se répartit entre les associés proportionnellement à leur apport; la seconde est destinée à la rémunération du travail, chacun en reçoit une fraction en rapport avec la nature de son service à bord... » (1). — Aux États-Unis, on a vu se former entre plusieurs nègres émancipés une association pour acheter et cultiver des terres. Les membres de l'association James Iripp ont eu chacun pour leur part de bénéfice net de l'année au moins 250 fr., sans compter une bonne provision de vivres, maïs et légumes, qu'ils peuvent vendre dans les villes voisines (2).

§ 4. *De l'association en France.*

L'idée de l'association est vieille en France. Nous avons vu les tentatives que le moyen âge avait faites dans ce sens, nous avons signalé l'erreur dans laquelle il était tombé, en supprimant la liberté de l'individu au profit de la communauté : nous avons vu la corporation qui avait pris sa source dans une idée de protection, de défense mutuelle, devenir un instrument de monopole

(1) *Voyage au volcan de Santorin*, par M. Fr. Lenormand, *Correspondant* du 25 mai 1866.

(2) *Les associations ouvrières*, par Eugène Véron, p. 277.

et d'oppression ; elle ne disparut pas cependant sans laisser des regrets ; les ouvriers étaient assez peu éclairés sur leurs intérêts pour considérer les jurandes et les maîtrises comme leur étant favorables, et l'Assemblée Constituante fut forcée de limiter le droit de réunion et d'association, dans la crainte de les voir reparaître.

Lorsque la France, à la suite des revers de 1815, n'eut plus qu'à s'occuper de questions intérieures, de nombreux systèmes économiques ayant pour base l'association furent préconisés; chacun d'eux échoua parce qu'à une part de vérité se mêlèrent des erreurs graves.

Le communisme eut le tort de ne pas tenir compte de l'instinct de propriété profondément enraciné dans les âmes et d'avoir frappé l'association de stérilité par son principe : à chacun selon ses forces, à chacun selon ses besoins; il sacrifie la force morale à la force musculaire ; et, chose plus grave, qui est-ce qui sera juge des besoins si ce n'est celui qui les éprouve? Le système, appliqué à la rigueur, ne pouvait avoir d'autre résultat que d'encourager la paresse en surexcitant les appétits de toutes sortes, à moins de supposer chez les hommes la persistance du dévouement et un attachement inviolable au sentiment du devoir, ce qui devenait manifestement une utopie.

Le fouriérisme avait un autre défaut, c'était l'encasernement, la nécessité du travail commun ; il présentait de plus une contradiction puérile en prenant les passions comme seuls mobiles, et en voulant les mettre en mouvement et les diriger par une complication de moyens factices et ridicules; sa conception de l'association étouffait l'individu et supprimait ces instincts et ces passions dont il se plaisait à proclamer la légitimité.

Le saint-simonisme avait posé dès l'abord un principe bien plus fécond que les deux systèmes précédents, *à chacun suivant sa capacité, à chaque capacité suivant ses œuvres;* mais lui aussi supprimait l'individu, il le sacrifiait à l'État, devenu, suivant l'expression de Louis Blanc, le pape de l'industrie; il confisquait la liberté au profit de la communauté, il soumettait toutes les manifestations de la vie à la réglementation et à l'arbitraire du pouvoir, et méconnaissait les besoins les plus naturels et les plus impérieux de l'humanité.

Au milieu même de ce courant de rêves et de chimères un homme avait su joindre à des idées de rénovation la raison et la rectitude de jugement qui manquent aux tentatives précédentes; vers 1831, il conçut l'idée de sociétés ouvrières, administrées par un gérant unique, admettant comme auxiliaires des ouvriers étrangers aux associés, et possédant un fonds indivisible sur lequel les associés n'avaient aucun droit en se retirant. Son but, en instituant ce fonds indivisible et inaliénable, était de retenir les associés anciens qui devaient hésiter avant d'abandonner leur participation à la réserve, et d'attirer les associés nouveaux par l'attrait de l'avantage ainsi offert. Peut-être ce résultat était-il atteint en partie; toutefois il y a quelque chose qui choque la justice à priver ainsi des travailleurs de tout droit de disposition sur une part du fruit de leur travail.

Une autre erreur fut de repousser systématiquement le travail à la tâche, le seul cependant qui soit capable de stimuler efficacement l'activité du travailleur par la perspective d'un salaire proportionné à ses efforts et à son habileté. Les ouvriers qui s'imprégnèrent des idées essentiellement morales que prêchaient M. Buchez étaient des hommes de mœurs rigides, réfléchis et généralement d'une capacité exceptionnelle. Ils échouèrent pourtant, car dans une entreprise de cette nature les conditions morales ne peuvent suppléer à l'absence des conditions économiques. Excellents travailleurs, ces ouvriers étaient de détestables commerçants ; c'est ainsi que s'explique la chute d'une société formée pour exploiter le brevet d'imprimerie de M. Lacrampe. Inhabiles à se faire payer, les ouvriers succombèrent à la fin sous le poids des dettes qu'ils avaient été forcés de contracter, mais la société des ouvriers bijoutiers en doré, formée également sous l'inspiration de M. Buchez, existe encore aujourd'hui ; à ses débuts, en 1835, elle n'avait que 200 fr., elle fut l'œuvre de quelques ouvriers d'élite, tous d'un catholicisme sévère ; en 1851, elle faisait pour 130,000 fr. d'affaires et comprenait douze membres ; aujourd'hui elle n'en compte plus que huit, mais sa situation est toujours florissante, elle possède à Paris quatre succursales et un capital de plus de 100,000 fr.

A la même époque, en 1835, cent vingt ouvriers carriers de Villebois, dans l'Ain, tentèrent une exploitation collective. Ils formèrent une société en nom collectif, mais ne purent réussir par suite de l'inexpérience des gérants ; ils renouvelèrent leur tentative en 1848 et s'associèrent pour sept ans ; l'expérience acquise dans leur premier essai leur fut profitable ; lors de la dissolution de la société, l'actif était de 150,000 fr., ce qui faisait environ 3,000 fr. pour chacun. Malheureusement il n'était pas réalisé, et quelques dettes minimes étaient exigibles ; les ouvriers eurent peur, une vraie panique s'empara d'eux et ils passèrent une transaction avec leurs gérants. Ceux-ci prirent la liquidation à leurs risques et périls, et restituèrent aux associés leurs versements qui représentaient un dixième de leurs salaires quotidiens.

Depuis la fondation de ces sociétés jusqu'en 1848, on voit une autre forme d'association s'établir ; c'est l'association entre patrons et ouvriers : sans céder aucun de ses droits sur la direction de l'affaire, le patron stimule le zèle de ses ouvriers et récompense leur travail en leur accordant, outre leur salaire, une part proportionnelle sur les bénéfices (1).

Enfin en 1848, arrive un débordement de théories sur le travail et sur la production ; de toutes parts s'élevaient des protestations contre le capital et ses exigences contre l'exploitation de l'ouvrier ; les agitateurs prêchaient la haine de la concurrence qui n'est pourtant autre chose que la liberté de l'industrie, l'intervention de l'État, l'égalité des salaires, le capital social inaliénable, l'égale participation de tous aux bénéfices ; c'était la réunion de tout ce qu'il fallait pour assurer la ruine de toute association fondée sur de pareils principes. Aussi que reste-t-il des trois cents associations qui prirent naissance à cette époque pour prendre part à la subvention de trois millions votée par l'Assemblée nationale ; quinze seulement survivaient en 1865 ; beaucoup n'avaient pas été fondées sérieusement, elles n'avaient été que simulées pour avoir droit de participer à

____

(1) Cette combinaison sort trop de mon sujet pour que je puisse la développer ; je le regrette, car je la crois à la fois pratique, d'une applicacation facile et avantageuse aux deux intérêts en présence.

la subvention ; d'autres furent supprimées après le coup d'État de 1851, la plupart durent leur ruine à la libéralité même de l'État, parce que trop riches à leur origine, elles ne surent pas apporter dans leurs opérations la prudence et l'économie nécessaires. Cependant l'Assemblée avait nommé une commission de répartition, qui se montra sévère dans son choix. Vingt-huit sociétés seulement reçurent, sur le montant de la subvention, la somme de 856,000 fr. ; le reste fut éliminé ; eh bien ! de ces vingt-huit sociétés, quatre seulement ont pu prospérer ou du moins se soutenir jusqu'à maintenant. Les sociétés qui n'eurent pas recours à l'État ont montré plus de force, on en cite douze qui ont traversé toutes les épreuves que le défaut de capital, les événements politiques, les défections leur ont suscitées. Nous dirons quelques mots des plus intéressantes.

La société des facteurs de pianos doit venir la première, car c'est elle qui a eu les commencements les plus pénibles ; quatorze membres, sans aucune avance, sans subside, sans secours, se réunirent ; quelques-uns d'entre eux, qui avaient travaillé à leur compte, apportèrent leurs outils et quelques matériaux qui valaient environ 2,000 fr. ; pour fonds de roulement, chacun versa 10 fr., et, après avoir emprunté quelques petites sommes à d'autres ouvriers, ils réunirent enfin 229 fr. 50 ; le moment était critique ; le piano, objet de luxe, ne se vendait pas ; tous furent, pendant deux mois, obligés de vivre en mettant au mont-de-piété le mobilier qu'ils possédaient ; à force de privations, en se contentant d'un prélèvement de 5 francs par semaine (notez que presque tous étaient mariés et pères de famille), ils par-

vinrent à l'époque où le prix de leur premier piano fut
payé ; le second fut vendu à un boulanger qui consen-
tit à avancer, durant la fabrication, une partie du prix,
en livrant le pain nécessaire à la consommation des différents ménages ; la supériorité de la fabrication attira
quelques commandes ; le salaire hebdomadaire fut peu
à peu augmenté ; en 1850, ils étaient trente-deux,
louaient un atelier de 2,000 fr. et avaient pour 4,000 fr.
de marchandises. Une division, qui survint en 1852,
amena la création de deux sociétés distinctes ; l'une n'a
pas réussi, l'autre a prospéré ; elle a maintenant une
usine qui marche à la vapeur et qui a l'outillage le plus
perfectionné ; son capital, en 1863, était de 163,000 fr.
et le chiffre d'affaires de 205,000 fr. La crise financière
de 1858 fut un moment difficile ; la bonne entente qui
régnait parmi les ouvriers, le courage qu'ils déployè-
rent firent triompher l'entreprise ; si l'histoire de cette
association pouvait être connue de tous les ouvriers,
elle leur prouverait qu'en s'associant il ne faut pas
compter travailler avec laisser-aller. « Il n'y pas d'association possible, si l'on n'est bien décidé à lutter avec
énergie et persévérance contre les difficultés du commencement, et contre les crises qui peuvent survenir » (1).

Les ferblantiers-lampistes, après avoir vainement cherché à fonder une vaste société qui comprît les patrons
et les ouvriers, se réunirent au nombre de quarante et
installèrent une petite boutique dans le faubourg Saint-
Denis : leurs frais de premier établissement payés, il
resta 10 francs, comme fonds de roulement ; aussi le

(2) E. Véron, *Associations ouvrières*, 211.

travail tardant à venir, presque tous se retirèrent, et, au milieu de 1849, il ne restait plus que trois membres : les affaires reprirent, les commandes arrivèrent et avec elles de nouveaux associés; tout allait bien, lorsque le modeste capital de 708 fr. qu'ils possédaient fut volé; cette épreuve inattendue n'arrêta pas la marche de l'association, car les autres sociétés ouvrières, émues d'un malheur si peu mérité, se cotisèrent, et donnèrent 400 fr. à titre de prêt; au bout de quelques mois tout fut rendu, et le capital, toujours grossissant, atteignait la somme de 74,891 fr., lorsqu'il fut partagé entre les ouvriers par suite de la liquidation de la société qui eut lieu à la fin de 1855. Une nouvelle association fut immédiatement fondée, avec des statuts complétement modifiés; ces statuts offrent la particularité suivante : le travail est payé aux pièces, par suite les salaires sont inégaux, mais tous prennent part égale aux bénéfices. Les ferblantiers-lampistes disent qu'il serait trop cruel de punir la faiblesse. Il est à craindre toutefois que cette clause n'éloigne les ouvriers les plus vaillants et les plus capables.

Les ouvriers tourneurs en chaises ont passé par les mêmes épreuves; il faut pourtant remarquer qu'ils ont refusé de demander un secours à l'État. «Nous avons voulu, disent-ils, ne rien devoir qu'à nous-mêmes et rester libres.» Sans entrer dans le détail des rudes efforts qu'ils eurent à faire au début, nous remarquerons qu'ils avaient adopté le travail à la pièce pour les plus habiles ouvriers, et pour les autres un salaire proportionné à la capacité, sans que l'inégalité pût dépasser 0 fr. 50 par jour. Le 20 novembre 1851, en révisant leurs statuts, ils eurent la sagesse de supprimer cette limitation, et convinrent de payer un salaire calculé exactement sur la valeur des produits; ils avaient compris que la chimère de l'égalité des salaires était inacceptable et que son application supprimerait tout stimulant.

La société était en nom collectif à l'égard de sept ouvriers signataires de l'acte de constitution et en commandite à l'égard de tous les autres; les sept associés étaient surveillés par deux conseils, l'un de surveillance, l'autre de famille. Outre ces statuts, la société a un règlement intérieur qui est remarquable par les amendes qu'il prononce contre les violences, les voies de fait, les rapports injurieux, l'ivresse. Nous citerons en entier l'article suivant : « Tout associé qui aura tracé sur les murs des ateliers des images obscènes sera puni pour la première fois d'une amende de 0 fr. 50 et, en cas de récidive, sera rappelé à son devoir en présence de tous les associés; il en sera de même pour tout associé qui, durant le travail, aura tenu des propos licencieux; tout acte contraire aux bonnes mœurs, commis dans l'intérieur de l'établissement, donnera lieu aux mêmes pénalités. Les amendes sont versées dans la caisse de secours. »

Les statuts ont été modifiés le 24 février 1855; au lieu du comité des sept, ils ont maintenant deux gérants dont le pouvoir est illimité; les associés sont de simples commanditaires, complétement étrangers à la gérance. Rien ne prouve jusqu'ici que la confiance mise dans les gérants ait été trompée, car la société prospère : cependant on ne saurait recommander une pareille clause d'une manière générale.

La plus considérable des sociétés coopératives est la société des ouvriers maçons et tailleurs de pierres; il est inutile de dire son histoire, ce serait se répéter; en

1852, elle a fait 45,000 fr. d'affaires, et n'a eu que
1,000 fr. de bénéfices à distribuer entre ses membres; en
1858, elle faisait 1,200,000 fr., et gagnait 130,000 fr., ce
qui a permis de donner à chaque associé une somme
variant de 500 à 1,500 fr., outre les salaires quotidiens
qui avaient été payés régulièrement au taux courant.
En 1865, son gérant, M. Cohadon déclarait devant la
commission d'enquête que le chiffre d'affaires pour 1865
atteindrait 4,000,000 (1).

La province n'est pas restée étrangère à ce mouvement : Lyon, en 1848, fonda la société des ouvriers veloutiers qui reçut pour sa part 200,000 fr. de subvention
de l'État, elle a vécu jusqu'en 1864, mais à ce moment
elle dut s'arrêter avec un passif de 361,000 fr. et un actif de 166,000 seulement. La ville de Vienne a vu naître,
en 1851, une société de production qui fut d'abord une
fabrique de draps, et qui ensuite a ajouté à sa fabrication principale un moulin, une boulangerie, une épicerie, une maison de santé et une exploitation agricole.
A côté des sociétés de production, on peut citer un
certain nombre de sociétés de consommation, dont quelques-unes, comme celle de Guebwiller, remontent à
1842; celle de Dieuze date de 1847, celle de Grenoble,
fut fondée en 1848 par M. Taulier, maire de la ville et
doyen de la Faculté de droit, mais cette dernière n'est
pas, à proprement parler, une association coopérative,

____

(1) Depuis qu'elle prospère, cette société emploie un grand nombre
d'auxiliaires à salaire fixe, vis-à-vis desquels elle joue le rôle d'un patron
ordinaire. Son gérant, à qui l'on reprochait cette tendance malheureuse
devant la commission, a répondu : «Les auxiliaires ne prenant pas part
aux pertes, n'ont pas droit aux bénéfices »; c'est absolument ce que disent
les patrons.

elle rentre plutôt dans la classe des institutions philan-
thropiques.

Comme institution ancienne de crédit mutuel, nous
n'avons à citer que la société mère de crédit mutuel;
neuf ouvriers et petits marchands en furent les fondateurs; ils n'avaient aucune connaissance de ce qui s'é-
tait fait en Allemagne sous l'impulsion de M. Schultze-
Delitzsch, aussi la constitution de la société présente des
différences notables avec les banques allemandes : la
plus saillante est l'absence de solidarité entre les membres; elle recueille des cotisations hebdomadaires variant de 1 à 2 fr. par les mains des associés qui, à tour de
rôle et gratuitement, remplissent les fonctions de collecteurs; tout associé a le droit d'emprunter une somme
double de son versement, jusqu'à un maximum fixé par
l'assemblée générale, et qui est actuellement de 800 fr.

Cette société a réussi et a rendu de grands services :
les associés appartiennent à un grand nombre d'industries différentes, il en résulte que le besoin d'argent ne
se fait pas sentir au même moment chez tout le monde;
la durée des prêts étant généralement assez courte, le
capital prêté rentre vite en caisse, et va de suite secourir quelque autre associé; c'est ce qui a permis à la
banque de prêter, avec un capital qui, en 1865, ne dé-
passait pas 14,000 fr., la somme énorme de 350,000 fr.
depuis 1857 jusqu'en 1864. Il en eût été autrement si
tous les associés avaient appartenu à la même industrie.
Tous demandant à emprunter au même moment, la
banque n'eût renouvelé son capital qu'une fois par an
et n'aurait pu répondre qu'en partie aux demandes de
ses associés.

Depuis 1860, le mouvement coopératif s'est accéléré

d'une manière sensible ; les voyages que les ouvriers ont faits en Angleterre, lors de l'Exposition universelle de 1862, ont augmenté cet élan ; la vue de ce qui se passait à Rochdale et dans d'autres villes, l'examen des résultats obtenus en Allemagne, a frappé leur esprit et exalté leur imagination ; depuis ce moment, de nombreuses tentatives ont été faites dans toutes les parties de la France pour constituer les trois types de sociétés que nous venons d'étudier ; cependant, comme toujours, la société de production prédomine, les économistes se sont mis à étudier les détails de la question et les meilleures conditions pour arriver à la réussite ; de leur côté, les coopérateurs ont discuté les différents points qui intéressaient leur œuvre : ils ont fondé des publications périodiques (*l'Association*, *la Mutualité*, *la Foule*, *la Coopération*, etc.); ils ont leurs journaux qui les tiennent au courant de ce que font les autres sociétés, qui publient les meilleurs statuts, qui font connaître les échecs et les succès (1) des sociétés étrangères; en un mot, le mouvement est centralisé et dirigé. Nous ne chercherons pas à énumérer les fondations des sociétés qui ont eu lieu depuis quatre ans, ni à donner une statistique quelconque ; tous les jours, quelque nouvelle industrie voit dans son sein se former une réunion coopérative ; tous les jours aussi, il faut le dire, quelque société, fondée sans réflexion, à laquelle manquait quelque élément vital, disparaît de la scène ; malheureusement les publications qui traitent de la coopération ont grand soin de signaler les créations nouvelles et les beaux résultats obtenus par quelques associations déjà

______

(1) Les succès toujours, les échecs plus rarement.

anciennes, mais ils négligent de rendre compte des difficultés et des embarras éprouvés par d'autres et d'annoncer les liquidations qui surviennent. Le mauvais côté de cet optimisme, qui s'attache à cacher les malheurs de la coopération, pour ne mettre en relief que ses victoires, est de fausser l'esprit des travailleurs, en leur représentant l'association comme un moyen sûr et peu pénible d'arriver à la fortune, il en résulte que, sans rechercher les éléments nécessaires, sans discuter les statuts, on s'associe; qu'associé, chacun croit que l'affaire doit aller toute seule, et n'y apporte pas l'énergie et le dévouement suffisant; qu'étonné de trouver au début des difficultés que l'on n'a pas prévues, et des bénéfices moindres que ceux qui ont miroité devant les yeux en lisant l'histoire des pionniers de Rochdale, ou des lampistes de Paris, le découragement survient, on accuse les compagnons, on accuse le gérant, la discorde naît, le mécontentement arrive; la société doit être dissoute et chacun perd les versements qu'il a faits, le fruit des privations qu'il s'est imposées. Le mouvement coopératif serait plus lent, mais bien plus sûr, si on mettait en comparaison le bien et le mal, si on ne donnait pas naissance à des rêves irréalisables qui plus tard amènent un triste réveil.

Les sociétés de consommation ont peu réussi jusqu'ici à Paris, plusieurs ont dû liquider après quelques mois de marche; généralement elles ont voulu prendre trop de développement et la clientèle n'a pas été assez nombreuse; en outre, à Paris, où on se connaît peu, les relations des associés n'étaient pas assez suivies, et les assemblées générales n'étaient que des scènes de tumulte et de confusion. Dans les centres manufacturiers,

Mulhouse, Saint-Etienne, Lyon, elles ont prospéré davantage.

Les sociétés de production se forment principalement dans les grandes villes ; Paris et Lyon en renferment le plus grand nombre : menuisiers, bijoutiers, lunettiers, tourneurs, peintres en bâtiments, cloutiers, tailleurs, tels sont les corps d'état qui, les premiers, leur ont donné naissance ; on remarque qu'en général, ce sont des industries où la main-d'œuvre est d'une importance relative considérable, et s'applique à des objets peu volumineux et susceptibles d'un débit facile. Dans ces conditions-là, une première mise de fonds, quoique peu importante, suffit pour acheter la matière première, l'ouvrier la façonne, et immédiatement la vend et en retire le prix.

Les sociétés de crédit mutuel méritent de nous arrêter plus longtemps ; quoique venues les dernières en France, elles sont déjà nombreuses ; Paris seul en possède 42, c'est peut-être beaucoup : moins nombreuses, elles arriveraient à recueillir un capital plus considérable, et par suite à avoir des moyens d'action plus efficaces : parmi elles, citons la Société du Crédit au travail, Beluze et Comp., qui fonctionne bien, et voit son capital augmenter rapidement ; il n'était que de 20,000 fr. lorsque la société fut fondée par 172 associés en 1863 ; en novembre 1864, il s'élevait à 97,500 fr., au 31 août 1865, il était de 153,650 fr.

Le but de cette société est de venir en aide aux sociétés coopératives en escomptant leurs billets ou en leur consentant des prêts à longs termes ; elle escompte, en outre, le papier de ses membres. D'après l'état de situation dressé par son gérant, M. Beluze, au 1er mars 1867,

elle compte 1575 commanditaires, avec un capital souscrit de 265,640 fr. Ses dépôts en compte courant montaient à 189,632 fr. 55 c; les dépôts contre bons de
caisse, remboursables de 6 mois à 5 ans, montaient à
234,850 fr.; durant le mois de février, elle avait es-
compté, soit aux sociétés coopératives, soit à ses associés 835 effets représentant une somme de 278,457 fr. 13.
Sa forme est la commandite, elle a un gérant responsable, et un nombre illimité de commanditaires (1).

Quiconque prend une part de 100 fr. est associé; le
gérant est amovible et dépend de l'assemblée générale
qui se réunit tous les six mois. Cette assemblée se compose de tous ceux qui ont versé 100 fr.; nul n'a plus
d'une voix, quelle que soit la somme qu'il ait donnée.
Les sociétaires sont tenus au courant de la situation
par des bilans que la gérance est obligée de dresser et
de publier mensuellement; ils restent maîtres absolus
pour l'admission de nouveaux sociétaires; les adhésions
et souscriptions que la gérance reçoit provisoirement
ne deviennent valables et définitives qu'après avoir été
acceptées par l'assemblée générale.

Plus récemment s'est fondée la Caisse d'escompte des
associations populaires. On s'expliquera son succès en
apprenant qu'elle est administrée par MM. Say et Horn.
Elle a émis des obligations populaires qui, par leur
chiffre modeste (20 fr.), sont à la portée de tout le
monde. Comme la société précédente, elle escompte le
papier des sociétés coopératives et leur fait des prêts à
long terme. Entre autres, la société des chapeliers lui a

____

(1) Chaque mois la gérance publie un état de situation; on les trouvera dans le journal *la Coopération*.

emprunté 40,000 fr. en mars 1865, lors de sa fondation ;
au mois de mars 1865, elle avait déjà remboursé la
moitié de son prêt ; aujourd'hui, elle a tout restitué et
a acquis un capital qui lui permet de faire 300,000 fr.
d'affaires. Remarquons que la Caisse d'escompte est
moins une caisse coopérative qu'une banque créée pour
faire le service des associations coopératives ; son argent
a été fourni par des personnes riches et elle se place au-
dessus ou à côté du mouvement coopératif pour le pa-
troner et le seconder. Mais elle a peut-être le tort de
trop immobiliser son argent en consentant des prêts à
long terme ; ses services se trouvent limités et, ce qui
est plus grave, on peut même contester l'utilité de ses
services lorsqu'elle prête à une société nouvelle.

« Cela commence à devenir tellement évident, que la
Caisse impériale des associations coopératives, créée par
décret du 5 août 1866, n'a point inscrit dans ses statuts
les avances pour *création* de sociétés ouvrières ; elle les
écarte formellement dans la note qu'elle vient de distribuer touchant son mode d'opérer. La Caisse impériale
fera l'escompte et l'avance aux sociétés en fonction ; vis-
à-vis des sociétés naissantes ou projetées, elle se bor-
nera à recueillir et à faire fructifier les épargnes par
lesquelles les adhérents entendent constituer leur futur
capital social. C'est pourtant la banque la plus puissante,
financièrement parlant, qui, jusqu'à présent, ait été fondée chez nous en vue de la coopération. Son capital social a, dès le début, été fixé à 1 million de francs, dont
500,000 fr. souscrits par l'Empereur ; le capital peut
être porté au quadruple par décision de l'assemblée générale. La Caisse impériale s'est constituée en société
anonyme, assurément la forme la moins coopérative et la

moins démocratique, parmi celles qu'admet le Code » (1).

Nous ne savons quelles sont les opérations auxquelles
cette société s'est livrée; le temps de se constituer, de
réunir le capital social ne lui ont probablement pas permis de venir au secours d'un grand nombre d'associations coopératives, en tout cas, il est encore trop tôt
pour connaître l'influence que ses secours ont exercée
sur la prospérité des emprunteurs. Faut-il se féliciter de
l'empressement que les classes supérieures mettent
ainsi à venir au secours des classes ouvrières? Il est
certainement consolant de voir que les différentes cou-
ches de la société ne restent pas étrangères entre elles,
et que ceux qui ont pour eux l'instruction, la fortune,
l'expérience, s'intéressent aux tentatives que les pro-
létaires font pour améliorer et élever leur condition.
D'ailleurs, en présence des besoins considérables de la
petite industrie et du travail, on peut espérer que le but
sera plus tôt atteint si chacun, de son côté, vient aider
le mouvement. Mais n'est-il pas à craindre que ce mouvement ne soit dénaturé? Les partisans les plus ar-
dents, les plus intelligents du crédit populaire se plai-
gnent que la France n'ait vu en lui qu'un levier et non
une opération, qu'on n'ait considéré que son effet sans se
préoccuper de la provenance. En Allemagne, où douze
cents banques ouvrières ont été formées, on n'a jamais
songé « à faire une banque populaire pour le peuple.
Tout le monde comprenait qu'en coopération, ce qui doit
être fait pour le peuple demande à être fait par le
peuple » (2). « Pour notre part, ajoute M. Horn, nous ai-
mons à voir dans la coopération autre chose que le

(1) M. Horn, *Journal des Économistes*, oct. 66.
(2) M. Horn, *Journal des Économistes*, oct. 66.

moyen d'améliorer la situation matérielle de l'ouvrier
par la production et la consommation en commun; nous
y voyons surtout le sevrage, l'émancipation ; le crédit
obtenu par voie coopérative, n'importe où et comment
il est appliqué, est, à notre sentiment, l'un des plus efficaces moyens d'affranchissement pour les classes tra-
vailleuses; il faudrait cultiver le crédit ouvrier dans
toutes ces directions et non-seulement comme levier de
l'association. » (Même article.)

Nous ne mentionnerons pas la société du Prince Impérial parce qu'elle participe beaucoup plus des institutions de charité que des entreprises de crédit ; de même
que la société précédente, elle est faite pour et non par
le peuple : ce n'est pas une association coopérative.

La province n'a que quelques sociétés de crédit :
Lyon, Lille, Strasbourg, Colmar, Mulhouse, Saint-
Étienne, possèdent de vraies banques populaires ayant
un capital souscrit par les artisans de ces différentes
villes et qui rendent des services importants à la petite
industrie (1). Les statistiques publiées par les journaux
coopératifs jusqu'au mois de février dernier, n'indiquent
pas que d'autres villes aient suivi la voie qui leur était
ouverte. Dans quelques-unes, les sociétés de secours
mutuels ont introduit l'usage du prêt d'honneur; mais
cette idée, d'ailleurs très-louable, ne saurait fournir au
petit travail les capitaux qui lui sont nécessaires pour
prospérer.

Dans le rapide examen auquel nous venons de nous
livrer sur la situation des sociétés coopératives dans les

______

(1) L'Universelle de Valence n'avait pas encore fonctionné comme
institution de crédit, à la fin de 1866.

divers États de l'Europe, nous avons reconnu que l'Angleterre avait commencé par avoir des sociétés de consommation; à côté se sont élevées des sociétés de production et de crédit, mais les premières sont de beaucoup plus nombreuses; l'Allemagne, au contraire, semble être un sol propre aux institutions de crédit populaire, les sociétés de consommation sont peu répandues; celles de production presque inconnues. Celles-ci sont les plus sympathiques en France; les premières, elles ont attiré les regards des ouvriers, suscité quelques tentatives, et, de nos jours, si le travailleur entre dans quelque société de crédit et de consommation, il n'a, en agissant ainsi, que la pensée de se créer quelques ressources et de se faire un petit capital qui lui permettra de travailler à son compte. Un fait aussi général doit avoir sa raison d'être, il n'est pas le pur effet du hasard, et il serait inutile de le signaler si nous n'en recherchions pas la cause.

« En Angleterre, le capital est puissant; il est concentré dans des mains habiles qui savent le manœuvrer. Voilà pourquoi, jusqu'à maintenant au moins, jamais les salariés n'ont essayé de lutter, en combinant leurs efforts, contre de pareils colosses. Aussi, se sentant impuissants de ce coté-là, ils paraissent avoir borné leur ambition à l'organisation des sociétés de consommation, les plus faciles à constituer. »

«En Allemagne, ce sont les sociétés de crédit qui ont pris une large extension, parce que le mouvement a été dirigé par un homme qui a compris qu'il fallait raisonnablement commencer par constituer des capitaux avant de se livrer à aucun autre effort. M. Schultze Delitzsche, a donné au mouvement une impulsion initiale inspirée par les vrais principes; et puis, cependant, si les sociétés de production ont essayé de se former après les sociétés de crédit, c'est que l'industrie commanditée par des capitaux individuels est moins puissante en Allemagne qu'en Angleterre. »

« Si les ouvriers français, au contraire, ont généralement voulu commencer par l'organisation des sociétés de production qui rapprochent bien plus les travailleurs que les autres sociétés de consommation ou de crédit, il faut évidemment attribuer en grande partie ce résultat à l'effet produit par les doctrines socialistes qui prêchaient la communauté de vie. L'exagération de ces idées a été abandonnée, mais ce qui semble s'en rapprocher le plus a, avant tout, attiré l'attention des travailleurs. Ne pourrait-on pas voir aussi dans le fait que je signale une conséquence naturelle de notre *furia francese* qui nous fait entreprendre un peu trop vite ce qui devrait souvent n'être le prix que de longs efforts? La société de production est la plus difficile à constituer. Les rapports entre associés sont incessants dans les ateliers, il y a entre eux une certaine pénétration permanente et profonde qui ne peut aboutir à de bons résultats que quand l'apprentissage de l'association a été déjà fait à d'autres points de vue ; la société de production est donc celle qui doit se former en dernier lieu. Voilà pourquoi, probablement, c'est celle que l'on a tenu à constituer chez nous tout d'abord. Disons cependant que l'expérience a éclairé maintenant bien des ouvriers et qu'un grand nombre d'entre eux se sont ralliés aux essais plus prudents de la formation préalable des sociétés de crédit » (1).

(1) M. Rozy, *Etude sur les sociétés coopératives*, p. 67.

Nous ne voulons pas abandonner ce sujet sans dire quelques mots sur les sociétés qui ont pour objet la construction et la vente de maisons destinées aux ouvriers. Tout le monde connaît les essais qui ont été faits à diverses reprises pour procurer des logements sains et économiques aux ouvriers en construisant d'immenses maisons appelées cités ouvrières ; ces essais n'ont jamais réussi, par suite de l'antipathie qu'ils inspiraient ; les cités gênaient et inquiétaient l'individu et semblaient, en outre, établir entre les familles une sorte de communauté. Les vastes maisons de Paris ou de Marseille étaient parfaites au point de vue de l'air et de la lumière ; les logements n'y étaient pas coûteux, mais on n'y était pas chez soi. D'aussi populeuses habitations nécessitaient des règlements qui rappelaient la caserne et déplaisaient aux habitants ; on s'y rencontrait trop souvent, le voisinage ne tardait pas à être désagréable, souvent même il a eu des conséquences immorales. L'ouvrier préférait loger dans une maison infecte, sale, aux escaliers humides et étroits ; qu'en résultait-il ? Il s'éloignait de chez lui, sa chambre étroite et obscure ne pouvait devenir le lieu favori où il aimerait à passer ses loisirs, il allait au cabaret : l'ivrognerie, les mauvaises distractions, le vice étaient la suite de cet abandon du foyer domestique. Ce mal existe, il est trop commun (1).

« Pour les uns, il semble inévitable, les salaires ne donnant pas de quoi vivre à la famille ouvrière ; pour les autres, plus à leur aise, le logement est la dépense

____

(1) « J'ai étudié avec une religieuse sollicitude la vie privée d'une foule d'ouvriers, et j'ose affirmer que l'insalubrité de leurs habitations est le point de départ de toutes les misères, de tous les vices, de toutes les calamités de leur état social. » (M. Blanqui.)

sacrifiée; on aime mieux donner plus à d'autres besoins.
Il se passe chez les ouvriers juste le contraire de ce qui
a lieu dans la classe supérieure, où le goût, les besoins
de la vie de famille, se joignant aux exigences du déco-
rum, portent cette dépense du logement jusqu'à l'exagération, eu égard à l'ensemble des ressources.» (1).

Pour trouver le remède, il fallait donner à l'ouvrier
un intérieur agréable, sain, qui lui fût une chose propre, qui rappelle ce que les Anglais appellent le *at home*,
construire une maison avec un petit bout de jardin, y
installer l'ouvrier, lui donner l'espoir, avec de l'économie, d'en devenir un jour propriétaire, là est le moyen
d'encourager le travail et l'épargne; de plus, en con-
centrant toutes les espérances de l'ouvrier dans la possession d'un intérieur, on lui inspire le goût des vertus
domestiques. Ce plan si beau, si louable, a été réalisé
en partie. Des industriels de Mulhouse, jaloux de moraliser les gens qu'ils emploient, ont depuis 1853 commencé la construction de maisons modestes; il y en a
aujourd'hui 580, dont le prix varie de 2,400 à 3,000 fr.
L'ouvrier qui veut devenir propriétaire fournit d'abord
une mise de 3 à 40 fr.; de plus, il paye un loyer mensuel
de 18 à 25 fr., qui comprend, outre le loyer normal, la
somme consacrée à l'amortissement; au bout de dix,
douze, ou quatorze ans, la maison est payée et l'ouvrier
est propriétaire à jamais, lui et les siens, d'un logis
propre, commode et riant, d'un petit jardin où jouent
ses enfants; nul rapprochement gênant, nulle contrainte,
nulle surveillance réelle ou supposée. «C'est une véritable révolution, morale et économique en même temps,

____

(1) M. H. Baudrillart, *La liberté du travail, l'Association et la Démocratie.*

c'est la famille reconstruite par la propriété et la moralité reconstituée par la famille. » (1).

Disons en terminant que la société de Mulhouse est
une société civile constituée au capital de 300,000 fr.,
divisée en 600 actions de 500 qui appartiennent à dix-
neuf manufacturiers. Par une clause expresse de ses
statuts, elle s'interdit tout bénéfice au delà de l'intérêt
fixe de 4 p. 0/0, que reçoivent les porteurs d'action.

A Saint-Quentin, à Amiens, on imite le magnifique
exemple donné par Mulhouse; à Paris, il vient de se
fonder une société coopérative immobilière, dont le but
est de construire des maisons où les sociétaires seront
logés; le nombre des membres est illimité, ainsi que le
capital. En entrant, chaque membre est libre de choisir
entre le versement immédiat d'une somme déterminée,
ou des cotisations périodiques qui peuvent durer 30 ans.
A l'aide des fonds ainsi obtenus, la société acquiert des
terrains et construit des immeubles, puis elle emprunte
sur première hypothèque et à long terme; les versements
périodiques servent à faire face aux amortissements de
l'emprunt. Chaque sociétaire est à la fois propriétaire
et locataire; propriétaire de sa part dans la société, il
touche l'intérêt des sommes qu'il a versées, et a droit à
la copropriété des immeubles; locataire d'un apparte-
ment qu'il choisit à son gré dans les immeubles sociaux,
il paye le loyer correspondant; les deux rôles sont donc
parfaitement distincts. Il est à souhaiter que de semblables entreprises se reproduisent dans toutes les
grandes cités, où l'agglomération des ouvriers a souvent créé un centre de misère et de démoralisation.

(1) M. H. Baudrillart, *La liberté du travail, l'Association et la Démocratie.*

« Chose digne de réflexion ! l'expérience qui s'est faite à Mulhouse n'est pas moins que la reproduction sur un petit théâtre du mouvement même de la société moderne depuis plusieurs siècles. C'est ainsi qu'elles se sont formées successivement, ces familles que, aujourd'hui encore, on appelle bourgeoises ! L'amour de la propriété bien dirigé a engendré le travail, l'économie, le capital. Les procédés sont encore les mêmes, parce que le cœur humain n'a pas changé, non plus que l'éternelle nature des choses, parce qu'aujourd'hui, comme aux époques où peu à peu la richesse mobilière appela un nombre croissant d'individus aux lumières et au bien-être, il y a dans la propriété une admirable puissance pour arracher l'homme aux vices de l'imprévoyance. Liberté, propriété, dignité, causes et effets tout ensemble ! Où donc est-elle, la prédication aussi efficace contre le vice que cette perspective prochaine, assurée, de la propriété ? Où est l'aumône qui ait contre la misère la même puissance préventive et la même action durable ? » (1).

(1) M. H. Baudrillart, *La liberté du travail, l'Association et la Démocratie*, page 242.

CHAPITRE IV.

Les questions relatives à l'amélioration du sort des ouvriers, l'étude des causes naturelles ou accidentelles qui retardent leurs progrès moraux et matériels ont, depuis quelques années, pris une grande importance et ont occupé l'attention aussi bien des économistes que des intéressés eux-mêmes. Parmi les solutions qui ont été proposées pour résoudre ces graves problèmes de rénovation sociale, il y en a une qui est parvenue à passionner l'opinion. C'est l'association mise à la portée de tous, dégagée des utopies, des illusions qui, en 1848, firent échouer les tentatives analogues, et vers laquelle les classes ouvrières paraissent avoir une propension marquée (1).

Quelques personnes ne voulant y voir qu'une transformation du mouvement socialiste, craignent d'aborder cette étude. Mais le refus d'examen n'a jamais supprimé une difficulté; s'il y a, dans l'esprit des ouvriers, quelque reste d'utopie, quelques rêves mal définis et irréalisables, c'est par le raisonnement, non par un silence dédaigneux, que l'on réfutera l'erreur.

En racontant les diverses phases parcourues par les

---

(1) « L'association est l'idée dominante de la classe ouvrière; elle constitue une question qu'on pourra réussir à ajourner quelque temps, mais qu'on n'éludera pas. » (M. Michel Chevalier).

sociétés de coopération, j'ai cherché à faire connaître les circonstances heureuses ou malheureuses au milieu desquelles elles se sont trouvées, à mettre en relief les causes de leurs succès ou de leurs échecs; mais il n'est pas inutile de résumer, en s'appuyant à la fois sur les résultats de la pratique et sur la science économique, l'ensemble des difficultés et des éléments de succès inhérents à chaque type d'association coopérative, de rechercher leurs avantages ou leurs inconvénients, ainsi que leurs chances d'avenir; il n'est pas inutile surtout d'étudier les questions accessoires, soulevées par le mouvement coopératif, suppression du salariat, suppression des intermédiaires commerciaux. Les exagérations qui se sont manifestées sur ce point sont doublement à regretter; elles font naître des espérances irréalisables; elles trompent sur la nature du mouvement coopératif.

Combien y a-t-il de types d'association coopérative? Le journal *l'Association* les énumérant, mentionne onze classes différentes, et encore la liste se termine-t-elle par le mot, etc. Généralement, on reconnaît trois types de société, qui correspondent à la consommation, au crédit, à la production. Je suivrai cette classification qui me paraît suffisante pour embrasser tous les faits qui se sont présentés jusqu'ici.

§ 1er. — Sociétés de consommation.

La société de consommation est une des combinaisons les plus simples. Le consommateur peu fortuné, qui achète les objets par petites quantités, souvent à crédit, les paye toujours à un prix élevé et obtient rarement des objets de bonne qualité; l'achat en gros lui est interdit parce qu'il n'a pas les moyens de faire les avances nécessaires; eh bien ! qu'il se réunisse à d'autres individus qui ont les mêmes besoins que lui, qu'ils économisent pendant quelque temps pour avoir une petite somme, ils feront aux marchands de gros des achats qu'ils se partageront entre eux. Ils pourront, en échange de la denrée qu'ils ont reçue, payer à leur association, soit le prix de revient de cet objet et alors ils ont obtenu, pour un prix inférieur à celui qu'ils auraient payé en détail, la même quantité de marchandises; soit le prix courant du détail, et alors ils augmentent leur petit capital qui servira à de nouveaux achats. Le premier système est bien inférieur au second, car en abaissant le prix de vente au niveau rigoureux du prix de revient, il surexcite la consommation, et des besoins factices sont créés par la trop grande facilité qu'on a à les satisfaire, il a le défaut de laisser le capital stationnaire; dans le second système, le capital s'accroît insensiblement, sans que le consommateur en souffre, puisqu'il ne paye pas plus cher qu'il ne payait auparavant. Lorsque le capital est assez élevé, on répartit à des époques déterminées, tous les mois, tous les trois mois, une partie des bénéfices. Le principal avantage de ce système est de permettre de vendre aux étrangers qui ne font pas partie de l'association.

Ces sociétés vendront-elles seulement à leurs associés? vendront-elles au public? c'est là la question la plus importante qui se présente au point de vue pratique, celle qui intéresse au plus haut degré l'avenir de la société; avec une clientèle bornée aux seuls associés, il sera difficile de proportionner les achats aux besoins restreints de chacun, de diminuer les frais généraux que nulle entreprise ne peut éviter, d'accroître le chiffre des affaires, par suite d'améliorer les conditions dans lesquelles on achète ; aujourd'hui, l'avis unanime est que les magasins coopératifs doivent être ouverts à tous, le doute n'existe plus que sur un point : faut-il admettre les acheteurs non associés au partage des bénéfices? Faut-il les exclure? Les faire participer aux avantages que présente la société, sera un sûr moyen d'achalander le magasin, d'accroître la clientèle, ce sera une réclame excellente. Les exclure, en se contentant de leur fournir bonne qualité et bon poids au prix courant du marché, sera le moyen d'augmenter le capital de roulement, de faire des bénéfices ; et, si les statuts admettent facilement de nouveaux membres, si comme on le recommande à toutes les sociétés coopératives l'entrée est ouverte à tous, ce sera la meilleure méthode pour augmenter le nombre des associés ; car, qui ne voudra le devenir, s'il suffit pour avoir part à la répartition périodique des dividendes de se présenter et d'obtenir un livret d'associé moyennant un prix d'entrée minime? Suivant les circonstances, les fondateurs seront libres d'adopter l'un ou l'autre système, chacun a ses avantages et mène à un but différent, le premier tend à augmenter le nombre des acheteurs, le second à accroître celui des associés ; celui-ci, à ce titre, est plus conforme à l'esprit de la coopération.

L'association de consommation ne procure pas seulement à ses membres un avantage matériel, elle est surtout pour eux une source d'amélioration morale. On a dit que les équitables pionniers de Rochdale avaient moralisé l'épicerie : sous cette forme légère, on a caché une grande vérité; l'association excite le sentiment de l'épargne, éloigne du cabaret; d'abord, il faut payer comptant; l'ouvrier ne s'endette plus et sa paie hebdomadaire arrive au magasin coopératif sans avoir été dissipée en route, puis, au bout de trois mois ou six mois, lorsqu'on distribue les dividendes, l'ouvrier a, par des économies insensibles, amassé un petit capital. «Autre chose est un bénéfice de 10 centimes perçu tous les jours; autre chose un bénéfice de 9 francs perçu au bout de trois mois; il ne faudra qu'un acte de volonté pour économiser les 9 francs, il en faudra quatre-vingt-dix pour économiser les 10 centimes pendant trois mois. L'intelligence est complice de la volonté pour négliger les petites épargnes. On se dit : que ferais-je de 10 centimes? Il est impossible de plus mal raisonner et très-difficile de ne pas faire ce raisonnement pitoyable» (1). Les faits viennent démontrer l'heureuse influence des sociétés sur la condition morale des populations. En Angleterre, dans les villes où ces sociétés se sont répandues, la tempérance et la prévoyance ont fait de grands progrès parmi les travailleurs. Beaucoup d'individus qui, loin d'avoir jamais rien économisé, étaient écrasés de dettes, sont parvenus à mettre de côté des sommes importantes, et cet exemple agit sur les autres plus que ne l'ont jamais pu faire tous les conseils et toutes les exhortations.

Loin de s'effrayer à l'idée de voir se répandre les sociétés de consommation, on doit plutôt désirer leur développement; aussi, à ne considérer que ce qui précède, on s'étonnerait à bon droit de ne pas les voir plus mul-

(1) M. Jules Simon, Revue des Deux-Mondes.

tipliées, de ne pas les rencontrer dans toutes les classes de la société, puisque le riche industriel tient autant que ses ouvriers à diminuer sa dépense journalière ; en réfléchissant avec soin, on reconnaît que, de longtemps au moins, elles ne prospéreront que dans des circonstances particulières.

La société de consommation doit agir avec prudence, elle achète en gros, il est vrai, mais ne fait jamais de grands approvisionnements, elle ne peut, comme le commerçant, tenter une spéculation en achetant un stock considérable au moment où une marchandise est en baisse. Elle ne peut se livrer qu'avec la plus grande réserve à la vente de certaines denrées d'une conservation difficile ; ainsi l'épicerie, le bois, le charbon, le vin même seront tenus avec facilité, car ils peuvent se garder avec avantage, car ce sont des objets qui procurent au détaillant un gros bénéfice ; la boulangerie pourrait aussi être exploitée ; nulle consommation n'est plus régulière dans les ménages que celle du pain, et il serait aisé de fabriquer le nombre de pains strictement nécessaire ; il y a là un remède destiné à contrebalancer les effets fâcheux que la liberté de la boulangerie, proclamée brusquement et sans que la concurrence ait eu le temps de se produire, a amenés en ce moment. Les travailleurs auraient, dans des moments de disette comme aujourd'hui, le pain à un prix plus en rapport avec celui du blé. Mais il y a des commerces qui ne prospéreront pas aussi aisément ; la boucherie, par exemple, où non-seulement la viande doit être écoulée promptement, mais qui réclame une clientèle variée, de fortune diverse, apte à consommer aussi bien les parties recherchées que les parties communes de l'animal abattu (1). Le poisson, les légumes, toutes denrées analogues resteront le partage du détaillant ordinaire. Enfin, tout ce qui se rattache à la mode, à la fantaisie, au caprice qui est destiné à satisfaire le luxe des classes fortunées, sera également le domaine du commerçant qui, travaillant pour lui seul, apportera plus de zèle, de goût, de souplesse, d'imagination, d'initiative que le simple gérant à appointements fixes ou même que le gérant intéressé.

Même dans les industries les plus favorables, il faut que la population présente certaines conditions spéciales, elle doit être agglomérée, elle doit être homogène. La propagande en faveur de la société doit être faite par les fondateurs, par les associés ; pour cela, il faut se connaître ; aussi voyons-nous les associations de consommation prospérer dans des grands centres industriels, dans des villes où la population est compacte, là où quelques industries réunissent un grand nombre de travailleurs, les. mettent en présence et les préparent à l'association ; elles réussissent nécessairement lorsqu'une grande usine s'établit dans une localité où l'ensemble de la population ne comporte pas la présence de plusieurs commerçants, où les quelques magasins qui existent sont mal approvisionnés, parce qu'ils ne sauraient compter sur un débit abondant et vendent cher parce qu'ils ne craignent point de concurrence.

Parmi les nombreuses tentatives qui ont eu lieu, les unes ont réussi, beaucoup ont dû cesser leurs opérations ; il en sera de même à l'avenir, mais je doute que

______

(1) Voir dans l'*Enquête sur la coopération*, l'histoire de la boucherie nouvelle, racontée par M. Cernuschi. C'est un récit des plus curieux.,

les petites villes ou les campagnes abandonnent jamais le magasin de détail pour le magasin coopératif.

§ 2. *Sociétés de crédit.*

Si nous prenons un artisan, expérimenté dans son art, possédant l'outillage qui lui est nécessaire, il lui faudra, pour mettre à profit son talent et ses outils, acheter une matière première, la travailler, trouver un acheteur et recevoir le prix de l'objet produit. Généralement l'artisan a l'habileté, ce qui lui constitue un capital personnel; les outils, ce qui lui constitue un capital fixe; mais il lui manque le capital circulant, le moyen d'acheter la matière première et de la renouveler, avant que l'acheteur ait payé; ce capital circulant est d'autant plus considérable que la matière première a plus de valeur, ou que le travail de l'ouvrier s'exerce plus longtemps dessus. Comment l'artisan le trouvera-t-il? Ira-t-il chercher un capitaliste et lui demander la somme qui lui est nécessaire? Quelles que soient sa probité, sa réputation, il échouera probablement, car il n'offre pas les garanties nécessaires qui assureront au capitaliste le remboursement de son argent : un accident peut lui survenir, le mettre hors d'état de travailler, il peut mourir; l'argent prêté sera perdu. Pour avoir la faculté d'emprunter, il faut posséder quelque chose qui garantisse la dette et réponde du remboursement; d'où vient le proverbe : On ne prête qu'aux riches. Mais si l'ouvrier n'a de crédit qu'autant qu'il est riche et qu'il ne puisse devenir riche qu'à la condition d'avoir du crédit, il se trouve en présence d'un cercle vicieux d'où il ne peut sortir!

Et la nécessité du crédit est encore mieux démontrée si l'on entre dans le détail des souffrances de certaines industries. A Lyon, le chef d'atelier qui possède cinq ou six métiers prélève environ la moitié du salaire de l'ouvrier ; si celui-ci avait pu emprunter pour acheter un métier, en deux ans au plus, sans s'imposer de nouveaux sacrifices, il pourrait le payer ; il en est de même pour l'ouvrière qui, ne pouvant acheter une machine à coudre, doit aller travailler à l'atelier. Les circonstances actuelles sont-elles favorables au crédit ? Loin de là, les entreprises industrielles, les obligations de chemins de fer, les emprunts d'État, absorbent les économies qui, autrefois sans emploi, venaient volontiers en aide à l'artisan, à l'ouvrier qui débutait.

Que reste-t-il à l'artisan ? le mont-de-piété, qui lui enlèverait ses vêtements, son mobilier, et lui prêterait de l'argent au taux ruineux de 10 à 12 0/0 ; c'est impossible, une nouvelle combinaison est nécessaire.

L'Allemagne a donné une solution du problème, excellente au moins pour le pays qui l'a produite. Nous avons dit plus haut que l'honnête artisan ne pouvait emprunter parce que la garantie qu'offrent ses qualités personnelles pouvait être détruite par un événement imprévu. Eh bien ! appliquons le principe de l'assurance, de la mutualité à cette garantie, et nous faisons disparaître l'incertitude qui la rend sans valeur. « Lorsque des centaines d'industriels, individuellement pauvres et sans crédit, mettent en commun leurs responsabilités personnelles et le produit d'une cotisation annuelle qu'ils s'imposent, ils acquièrent un crédit collectif avec lequel ils peuvent facilement se procurer des capitaux qu'ils emprunteront comme société, pour les prêter à ceux d'entre eux qui en auront besoin » (1). La société recueille un petit capital formé par les cotisations périodiques des membres, par les petites économies qu'ils placent à titre de dépôt; puis elle emprunte sous la garantie solidaire de tous ses membres; dans les petites villes allemandes, où le système corporatif est encore en vigueur, où chacun se connaît, la valeur personnelle des associés leur assure un crédit que n'ont pas souvent les meilleures banques; chacun peut puiser dans la caisse sociale les sommes dont il a besoin; le taux est élevé, au moins 8 0/0; loin de blâmer cette élévation du prix de l'argent, il faut l'approuver, car elle engage chaque associé à ne pas faire des emprunts irréfléchis, et à ne pas épuiser la caisse sociale; le bénéfice qui en résulte est d'ailleurs destiné à revenir aux associés, qui seuls partagent les bénéfices.

On a reproché aux sociétés allemandes d'emprunter aux tiers, en les taxant d'imprudence : c'est être bien sévère, car avec les seules ressources des associés on aurait marché bien lentement. Ces emprunts sont du reste faits dans des limites raisonnables; ils sont toujours en proportion avec le capital propre de la société, et jamais ils n'ont été un danger sérieux.

En France, on ne pourrait avec succès imiter complétement le système allemand; la base même de ce système, la solidarité illimitée qui relie tous les membres, effrayerait nos travailleurs. Les sociétés qui se sont fondées chez nous ont appliqué le système de la mutualité contributive; il me paraît parfaitement suffisant pour établir le crédit des nouvelles sociétés; un ouvrier souscrit une obligation de cent francs : il devient in-

(1) M. Cherbuliez, *Journal des Economistes* ; novembre 1860.

solvable ; chaque associé, au lieu d'être tenu au payement intégral du billet, comme en Allemagne, ne pourra être poursuivi que jusqu'à concurrence de sa part dans la société, un dixième, un vingtième, etc.

Quelques associations ont refusé, par honneur pour le principe de la mutualité, de recourir aux capitaux étrangers ; elles recueillent l'argent des associés, et le prêtent à chacun suivant son besoin. Dans ces conditions, la société ne saurait rendre service à ses membres, s'ils étaient tous de la même profession. Il faut que, par la réunion de divers industriels, dont la morte saison arrive à différentes époques, les besoins d'argent soient échelonnés. Cette combinaison a le grave défaut d'éloigner des individus qui se connaissent et de réclamer le concours et l'accord de gens que leurs occupations ont toujours séparés. La confiance réciproque, si nécessaire dans une association de cette nature, fera généralement défaut, et très-peu de groupes se formeront. Mieux vaut réunir les ouvriers du même état, sauf à recourir aux emprunts.

Comme les sociétés de consommation, les sociétés de crédit appellent les capitaux les plus minimes, poussent à l'épargne, offrent un placement plus avantageux que celui des caisses d'épargne, plus sûr que ces valeurs étrangères qui depuis quelques années ont englouti les petites économies par l'appât d'un revenu élevé, et ruiné bien des pauvres gens ; elles rendent l'ouvrier capitaliste, c'est-à-dire intéressé au maintien de l'ordre public ; si elles sont bien connues du peuple, si les premières fondations sont administrées avec sagesse, elles viendront, je crois, tenir une place respectable dans l'ensemble de nos institutions de crédit.

§ 3. *Sociétés de production.*

Nous sommes arrivé au type d'association coopérative le plus sympathique aux ouvriers français, à celui
qui paraît l'idéal de l'association future, à celui pourtant qui donne prise aux objections les plus graves et
les plus sérieuses. Certes, s'il pouvait vaincre les difficultés dont la route est hérissée, il amènerait des résultats désirables ; l'ouvrier ne s'instruit guère que par les
faits ; les lettres qu'ils ont publiées à diverses reprises,
lors par exemple de la souscription en faveur des ouvriers lyonnais, les rapports de leurs délégués à l'exposition de Londres (1), montrent combien leurs préjugés
sont tenaces, combien leurs erreurs sont persistantes
sur les grandes questions qui se rapportent au travail.
Ils haïssent le capital qu'ils considèrent comme la cause
de leur misère ; ils détestent la concurrence dont ils ne
voient que les inconvénients, et ne peuvent admettre
que le premier est le levier qui fait progresser l'indus·
trie ; le second, l'aiguillon qui active sa marche ; ils
reviendraient vite de ces idées s'ils avaient acquis de
l'expérience, s'ils s'étaient trouvés aux prises avec les
difficultés du commerce. Mais que d'obstacles il faudrait
vaincre pour en arriver là !

Tandis que la société de crédit ou de consommation
peut commencer avec peu de chose, la production de-

---

(1) Quelque remarquable que soit du reste ce rapport, on voit avec
peine qu'il contienne les demandes suivantes : Limitation impérative du
nombre des apprentis dans les ateliers. Interdiction d'employer des
enfants ou des femmes dans aucune industrie, à moins d'un usage très-
ancien.

mande un premier capital élevé. Parmi les sociétés qui ont voulu débuter avec des avances insuffisantes, l'insuccès du plus grand nombre, les épreuves presque légendaires de celles qui ont réussi, viennent confirmer cette vérité; la production ne réussirait donc qu'après que l'épargne, produite et augmentée par les deux premiers types, serait devenue suffisante.

La clientèle, dans les associations de consommation et de crédit, est toute formée : ce sont les associés euxmêmes; ici, il faut la chercher; or, créer une clientèle, trouver des débouchés sont choses difficiles qui exigent un administrateur habile; bien plus, un administrateur expérimenté, où le trouvera-t-on?

L'aptitude se rencontrera chez un, chez plusieurs mêmes des associés; mais l'expérience? il faudra l'acquérir, souvent au prix de bien des pertes. Cet administrateur, une fois au courant, aura-t-il la liberté d'action, l'influence nécessaire pour opérer avec ce mélange de hardiesse et de prudence qui peut seul faire prospérer une entreprise? Un des plus funestes préjugés de la classe ouvrière est celui de la prédominance du travail physique; elle méprise le travailleur intellectuel; pour elle, c'est un oisif qui s'engraisse de ses sueurs; cette phrase banale est malheureusement l'expression d'une croyance. Le gérant luttera-t-il d'activité, de zèle, d'intelligence avec le patron, le chef de maison qui travaille pour son propre compte? Oui, s'il a une part suffisante dans les bénéfices; mais cette part, il l'aura rarement; dès qu'elle deviendra trop forte, les associés travaillant manuellement la regarderont avec envie, la réduiront et décourageront l'esprit d'initiative et d'amélioration.

La société de production est-elle impossible? Non, je

n'irai pas jusque-là, mais je lui crois un cercle d'action très-limité ; elle réunira les ouvriers les plus intelligents, elle écrèmera la classe travailleuse, et formera ainsi un petit nombre d'agglomérations ; d'autres groupes plus nombreux, mais moins importants, se formeront dans certaines catégories d'ouvriers qui travaillent isolés, façonnant la matière première qu'ils ont achetée eux-mêmes, et vendant leurs produits aux fabricants ou aux consommateurs ; tels sont les ébénistes, les relieurs ; ces ouvriers qui se connaissent, qui ont les mêmes aptitudes, les mêmes intérêts, se réuniront en petits groupes de sept, huit, dix, pour diminuer leurs frais généraux et obtenir de meilleures conditions dans leurs achats et leurs ventes. Mais ceci ne sera qu'une exception. Avec le temps, à mesure que l'instruction, que les idées saines se propageront, le nombre d'ouvriers capables de s'associer ira, il faut l'espérer, en augmentant et viendra grossir le contingent des sociétés coopératives ; mais le mouvement sera lent, d'autant plus lent qu'une dernière difficulté restera toujours ; les sociétés de production sont avant tout des sociétés de personnes ; il ne suffit pas de rapprocher une première fois des personnes ; il faut les maintenir ensemble pendant tout le temps que le travail s'accomplit, et les conserver patientes et fidèles à travers les alternatives de la bonne et de la mauvaise fortune. Or, celui qui connaît les sociétés commerciales, qui sait que la plupart se dissolvent avant le terme fixé, par suite des discussions qui s'élèvent entre les deux ou trois membres qui les forment, tremble toujours pour l'existence d'une société composée d'un grand nombre de membres.

§ 4. — Questions générales, ouvriers auxiliaires, fonds indivisible, suppression des intermédiaires et du salariat. — Avenir des sociétés coopératives.

Les sociétés coopératives doivent-elles employer des ouvriers non associés? A première vue cette question étonne, et l'on comprend peu comment une institution qui veut associer le travail, qui veut élever l'ouvrier du rang de simple employé à gage fixe à celui de patron serait assez illogique pour retomber dans les errements qu'elle s'est donné mission de détruire; il y a un fait hors de doute; l'association ne doit pas avoir des auxiliaires employés d'une manière permanente, elle doit leur ouvrir ses portes et les admettre comme associés. Un des moyens les plus simples consiste à retenir la part de dividende afférente au travail, jusqu'à ce que les retenues atteignent l'apport réglementaire. Quelques sociétés ont oublié leur origine : celle des bijoutiers en doré, celle des lunetiers ont des ouvriers à qui elles donnent des salaires fixes, quoique les employant toute l'année. Ces ouvriers sont devenus des patrons ordinaires, ce ne sont plus des coopérateurs; mais, dans d'autres cas, lorsque la nature de l'industrie réclame à certains moments un surcroît de bras, il est tout naturel que l'association ne refuse pas le travail qui se présente et qu'elle s'adjoigne des auxiliaires qui ne deviendront pas associés, parce que leur concours est simplement momentané. Mais, sous peine de manquer à la justice, ces auxiliaires recevront, outre leur salaire fixe, une part proportionnelle dans les bénéfices, part naturellement moindre que celle attribuée au travail des associés, puisque ceux-ci supportent les pertes et que les auxiliaires y restent étrangers.

Les sociétés doivent-elles, à l'aide d'un prélèvement, établir un fonds de réserve inaliénable et indivisible? Je laisse de côté ce qu'une semblable clause peut avoir de contraire aux principes généraux du droit; puisqu'il est question de modifier la législation actuelle en faveur des sociétés coopératives, il serait facile de la faire plier sur ce point; je ne partage pas non plus les craintes de quelques personnes qui voient dans le fonds inaliénable l'équivalent de la main-morte. Celle-ci était immobilisée, improductive, nuisible à tous égards; le fonds indivisible peut consister dans la propriété de l'usine, des machines; il peut être productif. Mais je crois qu'il n'est pas juste que l'associé actuel se prive pour enrichir l'associé futur. Je crains que l'appât de devenir copropriétaire de ce fonds acquis par d'autres, ne vaille à la société de mauvaises recrues. Enfin je trouve, dans cette clause qui lie l'avenir et prétend éterniser la société, une idée contraire à la liberté d'action à laquelle les associés futurs ont droit. Elle aura, du reste, ce fâcheux effet que, dès que le fonds indivisible sera important, les associés modifieront les statuts, et fermeront l'entrée à de nouveaux membres. Une société, sous peine d'imprudence, doit constituer un fonds de réserve destiné à parer aux éventualités; mais l'associé qui se retire ne doit pas être frustré de la part qui lui revient. On devra également tenir compte du montant de ce fonds, quand un nouveau membre se présentera, et son apport sera augmenté d'autant; le fonds de réserve sera ainsi variable, comme le capital et le personnel de la société.

Nous avons cherché à nous rendre compte du but que chaque société coopérative se proposait, des moyens qu'elle avait pour l'atteindre, des obstacles qui rendent sa marche plus ou moins sûre. Nous sommes arrivé ainsi à déterminer approximativement pour chacune d'elles dans quelle mesure son action doit se faire sentir. Mais bien des personnes, surtout parmi les ouvriers, ont négligé d'étudier les différents côtés de la question ; le but, d'ailleurs si louable, les a seul frappés, l'enthousiasme a éclaté et la coopération a apparu comme la solution de ce problème de rénovation sociale que tous cherchent aujourd'hui. Parmi les illusions que ce mirage trompeur a fait naître, deux méritent une réfutation particulière : la première, parce qu'elle tendrait à propager, dans les classes inférieures, une erreur économique regrettable ; la seconde, parce qu'elle a séduit les hommes les plus éminents et les plus opposés aux utopies.

Plus d'intermédiaire, tel est le cri qui fut poussé en 1848 par les adeptes du communisme, tel est le cri que poussent encore quelques fondateurs de sociétés coopératives. En vain M. Jules Simon écrit : « Il y a quelques années, différentes sectes demandaient l'élimination radicale et absolue du marchand ; il n'est plus question de cela, on ne demande aujourd'hui qu'à se passer d'intermédiaires dans certains cas particuliers où l'on croit cette modification utile et possible » (1).

Si, il est encore question de cela ; et le devoir des hommes sensés est de ne jamais développer les avantages de la coopération, sans réfuter en même temps de

____

(1) *Revue des Deux-Mondes,* 1er janvier 1866.

semblables erreurs. De l'inutilité de quelques intermédiaires, les travailleurs concluent immédiatement à l'inutilité de tous et les proscrivent impitoyablement. En 1864, à Paris, une société générale d'approvisionnement et de consommation en train de se former publie un exposé des motifs qui ont dirigé ses fondateurs ; le paragraphe le plus important traite de l'impôt mercantile, qui est la cause du paupérisme : l'impôt mercantile, « impôt monstrueux que prélèvent les intermédiaires embusqués entre les producteurs et les consommateurs ; » « impôt qui n'est pas moindre de quatre milliards cinq cents millions, le tiers du revenu net du pays. » L'exposé signale ensuite, et ici malheureusement il n'a que trop raison, les fraudes nombreuses qui se commettent quotidiennement sur le pain, le lait, les denrées de toute nature ; mais le remède, quel est-il ? la suppression des intermédiaires. « Il ne s'agit pas de leur suppression violente et instantanée.... les intermédiaires, généralement plus intelligents que les producteurs et les consommateurs, ont été les initiateurs de la civilisation. Mais lorsque le produit est entré dans la consommation générale, l'intérêt du public est que producteur et consommateur soient mis en rapport immédiat... Théoriquement, nous ne voulons ni ne désirons la suppression de tous les intermédiaires, mais nous les voulons à leur place qui est suffisamment honorable ; ils sont l'avant-garde du commerce ; qu'ils se portent donc en Asie, en Afrique, en Amérique, en Océanie, partout où la production doit chercher des débouchés, producteurs et consommateurs applaudiront à leurs efforts intelligents. »

Ainsi, voilà qui est entendu, les intermédiaires sont

exilés d'Europe ; excellents dans les pays sauvages, ils ne sont chez un peuple civilisé que des parasites, que la cause sans cesse renouvelée du paupérisme. C'est une théorie économique parfaitement développée ; heureusement elle n'a pas encore convaincu tout le monde, et il est facile de démontrer sa fausseté. L'intermédiaire n'est pas aussi inutile qu'on veut bien le dire ; on a justement fait remarquer qu'il remplissait un rôle complexe ; il est à la fois un banquier, une messagerie, une réserve, un producteur. Un banquier, car il va chez le producteur dont la fabrique est encombrée, lui achetant ses produits longtemps avant le moment où le consommateur en a besoin, il le dispense de recourir aux emprunts ; une messagerie, car c'est lui qui transporte l'objet manufacturé de la fabrique au lieu où il est demandé ; une réserve, car il accumule dans ses magasins et à l'avance des objets de nature diverse, de toute provenance, évite ainsi au consommateur de longues et souvent d'inutiles recherches, et lui permet de n'acheter qu'au moment même où il aura besoin ; un producteur, car sans cesse en rapport avec le consommateur, il voit mieux que personne les besoins, les goûts qu'il faut satisfaire et les signale au fabricant, le guide dans sa production et le pousse à faire des objets nouveaux auxquels il n'aurait pas songé.

L'existence des intermédiaires repose sur un principe élémentaire de la science économique : la division du travail ; et vouloir les supprimer, c'est presque demander la ruine du commerce. Ce que l'on doit désirer, c'est simplement de voir leur nombre diminuer, lorsqu'accidentellement ils sont trop multipliés. La science du mécanicien ne consiste pas à supprimer tous les rouages, elle tend à les simplifier et à éliminer ceux qui absorberaient sans profit la force utile.

La seconde illusion consiste à ne voir dans le salaire qu'un état humiliant qu'il faut s'attacher à faire cesser.

La question du salaire a divisé les hommes les plus compétents de la science économique. Rossi, était porté à considérer les salaires comme « un fait transitoire ou, du moins, un fait non absolument dominant, une pure variété des arrangements économiques. » Bastiat remarquant que le salarié avait sur l'associé l'avantage de ne courir aucun risque et que les salaires allaient toujours en augmentant, arrivait à cette conclusion remarquable : « le passage du salariat à l'entreprise devient toujours moins désirable et plus facile. »

Le salariat a donné lieu à des plaintes sérieuses ; le salarié, malgré la sécurité apparente de sa position, est exposé à des chômages prolongés ; le taux du salaire peut baisser et devenir insuffisant pour le faire vivre : l'âge, les infirmités, les maladies rendent le travailleur incapable de gagner sa vie au moment où il lui faudrait le plus de ressources. A ceci, on peut répondre en propageant les institutions nouvelles : caisses de secours mutuels, caisses de retraite pour la vieillesse, en multipliant les sociétés de crédit qui, plus rémunératrices que les caisses d'épargne, poussent davantage à faire des économies ; avec de la prévoyance et de l'activité, le salarié peut s'amasser un petit capital et obtenir un certain degré d'aisance et d'indépendance.

Le salariat, dit-on encore, paraît créer l'antagonisme du capital et du travail. Rien, au fond, n'est plus faux que cet antagonisme ; car, s'il est un fait que l'évidence ait pleinement démontré, c'est que les industries rétri-

buent d'autant mieux le travail qu'elles possèdent plus
de capitaux; il faut reconnaître que le travail regrette
toujours et voit avec envie la part qui est faite au capital lors de la répartition des bénéfices. Mais nous pensons que, lorsque l'épargne aura rendu le travailleur
capitaliste, cette division d'intérêt disparaîtra et que
l'ouvrier comprendra mieux l'équité de la part que l'argent reçoit.

Les partisans du salariat invoquent en leur faveur de
puissants arguments : le salariat suppose un forfait
entre l'ouvrier et l'entrepreneur, il constitue un contrat, un mode d'association entre le capital et le travail. Il a trois avantages incontestables : il ne réclame
pas une somme d'intelligence et d'activité égale à celle
qu'il faut pour diriger une entreprise, il ne fait courir
aucun des risques de l'opération, il fait recevoir le payement du travail effectué avant la fin de l'opération.

N'est-ce rien que tout cela? ne faut-il pas une place
pour les natures tranquilles, ennemies des troubles et
des soucis? Viendra-t-on dire que le salariat est une
condition humiliante? La prétention serait étrange, surtout en France où la chasse aux fonctions est une manie
tellement générale que chaque poste vacant est sollicité
par cinquante candidats. Il y a peu de familles, dans la
classe moyenne, qui n'aspirent à faire de leurs enfants
des fonctionnaires, de toutes les conditions de salarié
certainement la moins libre et la plus précaire.

Est-il donné à l'association de remplacer le salariat?
Il faudrait pour cela lui supposer un avenir que nous
sommes loin de lui croire. La coopération va bientôt être
débarrassée des entraves qui l'arrêtent aujourd'hui et
nous verrons, dans quelques années, si le résultat sera

à la hauteur des espérances. L'exemple d'un pays voisin, plus avancé que nous sur toutes ces questions, permet de prévoir un peu ce qui adviendra. En Angleterre, les mœurs, les lois, l'opinion publique, tout favorise la coopération, les débuts ont été magnifiques, de 1848 à 1858, le nombre d'associations nouvelles formées chaque année était de dix à quinze environ ; en 1859, il atteignit le chiffre de 37 ; en 1860, celui de 98 ; en 1861, celui de 152 : ceci est le point culminant ; en 1862, il n'y a plus que 68 nouvelles sociétés, en 1863 deux seulement. Le nombre des associés était d'environ 150,000, il y a deux ans. D'où provient ce brusque arrêt dans la progression du mouvement : c'est que la coopération avait écrémé la population ouvrière et recruté tout ce qu'elle pouvait prendre. Notons qu'en Angleterre il s'agit de sociétés de consommation qui non-seulement sont les plus aisées à fonder, mais encore admettent un nombre d'associés bien supérieur à celui des sociétés de production.

Nous pensons que le nombre de sociétés de consommation augmentera d'ici quelques années d'une manière notable ; de celles qui se fonderont, les unes placées dans des conditions favorables réussiront, les autres moins bien situées végéteront, puis se liquideront ; peu à peu l'équilibre s'établira, et l'institution restera cantonnée dans certaines villes, dans certains quartiers. Les sociétés de crédit offrent des facilités nouvelles que les petits capitaux n'avaient pas jusqu'ici ; elles flattent l'amour-propre du déposant, lui sont sympathiques parce qu'il a l'espoir d'en profiter à son tour, et leur direction est beaucoup plus simple que celle des autres sociétés ; ce sont autant de motifs qui permettent de leur assigner la plus large part dans le mouvement coopératif. Les sociétés de production qui, par malheur, sont le point de mire des ouvriers français, sont les plus incertaines; plus que les autres elles dépendent des événements extérieurs, elles réclament les qualités les plus rares chez l'individu. « Que faut-il au travailleur pour passer de l'état de salarié à celui d'associé, écrit le gérant des fondeurs en fer, au journal *l'Association* (1)? Cinq choses SEULEMENT : 1° la bonne et ferme volonté; 2' la confiance en soi-même et en ses coassociés; 3° l'esprit d'initiative et d'énergie; 4° la moralité sans laquelle rien n'est possible; 5° la stricte économie et l'initiative dans le travail. » Avouons-le, l'homme qui réunit ces qualités-là est bien rare, et si la société de production les exige toutes, elle ne se répandra pas rapidement. D'ailleurs, quelle que soit la position de l'individu aussi heureusement doué, qu'il soit salarié ou entrepreneur, il arrivera sûrement à l'aisance, et il peut compter sur une vieillesse tranquille; tout ce que l'on peut dire, c'est qu'avec l'aide de la coopération il rendra peut-être sa position meilleure, c'est pourquoi il est bon de laisser introduire parmi nous une nouvelle combinaison, ouverte à l'intelligence et à l'activité humaine; si l'on s'abstient d'y pousser d'une manière irréfléchie et enthousiaste les travailleurs, elle saura attirer ceux qui sont capables de la comprendre et de la pratiquer; mais gardons-nous de la préconiser comme une panacée universelle, comme le seul remède du prolétariat et du paupérisme. Les désillusions, le découragement, les sourds ressentiments seraient le fruit d'une conduite aussi imprudente.

(1) N° 6, page 178.

CHAPITRE V.

DE LA CONSTITUTION LÉGALE DES SOCIÉTÉS COOPÉRATIVES SOUS LE RÉGIME ACTUEL.

§ 1er. — *Préliminaires.*

Après avoir examiné le but que se proposaient d'atteindre les sociétés de coopération et les conditions qui paraissent les plus favorables pour arriver à ce résultat, après avoir recherché comment dans la pratique le programme que l'on s'était posé avait été rempli, nous sommes arrivé à cette conclusion que le mouvement coopératif, d'abord vu avec défaveur, puis préconisé avec enthousiasme, réussirait en partie dans des conditions spéciales, mais se heurterait souvent contre des des difficultés inhérentes au caractère humain et aux dispositions actuelles des classes ouvrières. La sympathie qu'il inspire généralement, les heureux résultats qu'il pourrait produire, demandent que sa route soit débarrassée de toutes les entraves artificielles qui peuvent s'y rencontrer. Trouve-t-il dans l'état de notre législation actuelle des obstacles à son développement? de quelle manière ces obstacles doivent-ils être levés? telles sont les questions que nous nous posons maintenant; elles ont soulevé diverses controverses, et des solutions complétement divergentes ont été produites par les hommes les plus compétents. Cependant on convient généralement que les lois qui régissent aujourd'hui les sociétés sont peu favorables à l'essor de la coopération; la première idée qui se présenta fut d'écarter législativement ces obstacles, en accordant aux sociétés de coopération des facilités spéciales; mais, au premier mot qui fut prononcé d'un projet de loi sur les sociétés, une protestation, signée des représentants d'un grand nombre d'ouvriers parisiens, s'éleva contre toute tentative de soumettre leurs associations à un régime privilégié. « Ce serait aggraver notre situation et non l'améliorer, disait-elle, que d'enfermer le mouvement coopératif dans le cadre d'une loi d'exception. Ces sortes de lois pouvant être abrogées facilement, les associations se trouveraient par ce fait placées sous la menace permanente d'une dissolution générale. Nous ne pensons donc pas que l'on doive faire une loi destinée spécialement aux ouvriers, les lois actuelles sont trop restrictives assurément; mais, si l'on devait modifier notre législation en établissant deux classes, deux catégories entre les citoyens, nous aimerions mieux encore nous en tenir au présent. (1)» Certes, il y a là un sentiment de fierté qui mérite d'être noté, mais n'est-il pas exagéré? et crée-t-on deux catégories de citoyens parce que, pour des entreprises d'une nature déterminée, on établit des règlements spéciaux.

Quelques jurisconsultes ont soutenu que le droit commun était suffisant; d'autres, toujours pénétrés de la crainte de paraître invoquer l'intervention du législateur, se sont également bornés à demander soit la modification d'un seul article, soit l'introduction d'un article nouveau. Mais, comme le fait remarquer judi-

____

(1) Lettre de 48 gérants d'associations, du 19 février 1865, journal *l'Association* du 1er mars 1865.

cieusement M. Rozy, le nombre des articles importe peu, c'est la tendance qu'il faut rechercher. Il lui suffit que l'on demande le changement d'un mot dans la loi, pour qu'il puisse conclure à la consécration de cette idée que le législateur a besoin d'intervenir.

Pour bien connaître les obstacles que notre législation présente au développement des sociétés coopératives et savoir si des modifications législatives sont nécessaires, il faut résumer et préciser leurs besoins :

1° Le travail doit avoir une participation dans les bénéfices, il doit être associé ; le mode de répartition peut varier à l'infini ; on peut considérer le travailleur comme commanditaire, et dire : à l'inventaire on fera figurer le montant de la main-d'œuvre, et le travail prendra une part aux bénéfices selon la proportion qui existera entre le chiffre représentant cette main-d'œuvre et le chiffre de la commandite en argent ; on peut établir toute autre proportion, suivant que le travail prendra part aux dettes, ou y restera étranger ; l'essentiel est qu'il soit associé.

2° Le capital doit être variable ; nous savons combien les débuts sont généralement difficiles et modestes, ce n'est qu'à l'aide de cotisations périodiques, d'efforts personnels que l'argent nécessaire est peu à peu recueilli ; il est donc impossible de fixer d'avance le montant d'un capital qui part de zéro et tend toujours à croître. Le gouvernement l'a compris, et, dans l'exposé des motifs du projet de loi qu'il a présenté en 1865, le rapporteur dit :

« Ceux qui s'engagent dans une société régie par le droit commun peuvent et doivent calculer le capital qui sera nécessaire au succès de l'affaire qu'ils entreprennent. Ils doivent aussi avoir entre les mains les fonds qu'ils s'obligent à verser. »

« Il en est autrement dans les sociétés coopératives. Ce n'est ni l'objet de la société, ni la possession actuelle des fonds qui peuvent servir à déterminer la somme à laquelle s'élèvera le capital social ; car on se réserve précisément de donner plus d'extension aux affaires, à mesure qu'on pourra avoir plus de capitaux à sa disposition. Ce n'est pas en raison de l'argent qu'on possède ou qu'on est sûr de recevoir à une époque déterminée que l'on s'engage ; on compte sur les prélèvements que l'on fera sur le produit de son travail ; on se promet à soi-même, et l'on promet à ses cointéressés d'être économe et de verser dans la caisse sociale le montant de ses économies. »

Le capital social doit donc être mobile, comme le sont les éléments dont il doit être formé.

3° Les sociétés coopératives veulent qu'on leur soit librement attaché ; par suite, tout membre qui veut en sortir doit être libre de se retirer ; on ne peut pas ici, comme dans les sociétés ordinaires, imposer l'obligation de rester dans la société et d'y laisser sa mise pendant toute sa durée. « Des personnes d'une grande expérience, qui depuis longtemps dirigent des ateliers considérables et qui se sont occupées, avec autant d'intelligence que de dévouement, de rechercher le mode d'association qui pourrait le mieux convenir aux ouvriers, sont persuadées que donner la liberté de se retirer de la société, est une des meilleurs dispositions qu'on puisse insérer dans la loi » (1).

----

(1) Même exposé de motifs, page 74.

En retour, l'entrée doit toujours rester ouverte ; ce sera l'affaire des statuts de régler les conditions de l'admission d'un nouveau membre ; on ne peut ni interdire l'entrée, ce serait mettre un obstacle insurmontable à l'avenir de la société et faire disparaître l'esprit libéral des nouvelles associations, ni accepter quiconque se présentera, car le choix des nouveaux associés est une chose utile dans les sociétés de consommation, une chose indispensable dans les sociétés de crédit et de production. Le personnel sera donc toujours modifié, toujours renouvelé, et c'est là un troisième caractère essentiel.

Pour nous résumer, la législation actuelle devrait, dans l'opinion de ceux qui se contentent du droit commun, permettre d'atteindre ce triple résultat, personnel mobile, capital variable, association du travail : j'examinerai successivement si les sociétés civiles, si les sociétés commerciales fournissent la solution recherchée.

§ 2. — *Les sociétés coopératives peuvent-elles exister et prospérer en adoptant la forme de société civile ?*

A la question que pose ce paragraphe, il semble qu'il faudrait répondre négativement *a priori*, si l'on s'en rapportait à la manière dont les premiers fondateurs de sociétés coopératives ont rédigé leurs statuts : tous ont adopté la forme commerciale ; en agissant ainsi, ils n'ont pas cédé aveuglément à quelque préjugé, à quelque opinion vulgaire ; car, à côté des noms d'ouvriers intelligents, mais peu versés dans les principes du droit, qui remplissent les listes de gérants, nous trouvons

comme conseils des jurisconsultes émérites et qui ont
dû longtemps réfléchir avant de proscrire une forme,
au premier abord aussi large que celle de la société civile. Il y a donc là un indice sûr, que les règles du Code
Napoléon rendent, sinon impossible, du moins très-
difficile, la création de sociétés coopératives. Les partisans de la forme civile pourraient cependant citer
l'exemple déjà ancien des fromageries du Jura, et invoquer l'opinion d'un savant professeur, M. Boissonnade, professeur à la Faculté de droit de Grenoble.

Les fromageries ou fruitières du Jura, dont nous avons
déjà dit quelques mots, sont considérées depuis longtemps
comme des sociétés civiles. Cette opinion, qui demande
à être examinée avec soin, a rencontré des contradic-
teurs. Quelques personnes ont soutenu que, loin de constituer une société, elles ne présentaient qu'une location indivise et collective du chalet et des services du
fruitier, et un emprunt alternatif de choses fongibles :
en effet, le propriétaire qui le premier jour a à son
compte le plus de lait, emprunte celui de tous les autres, pour confectionner un fromage qui lui appartient
ainsi pour le tout; le lendemain, c'est le tour d'un second intéressé à qui le premier restitue le lait qu'il en
avait obtenu, et qui fait pour le surplus emprunt à tous
les autres. Voilà donc une série d'emprunts et de resti-
tutions; les fromages fabriqués n'appartenant dans aucune hypothèse à la masse, et chacun ayant droit successivement au sien pendant toute la saison, on a non
une société, mais une combinaison imaginée pour obtenir chaque jour, par des emprunts, le lait nécessaire;
ni les produits, ni les bestiaux, ni les prairies, ni l'usage
des pâturages, ne sont mis en commun.

Il est facile de réfuter cette argumentation, car si le lait n'est pas mis en commun, on n'a pas moins un fonds commun, un fonds social, comprenant la propriété ou la jouissance du chalet, l'industrie du fromager, ses ustensiles. Quant au bénéfice commun que le code exige, nous le rencontrons dans l'avantage que chaque cultivateur trouve à faire faire au chalet un fromage qu'il ne pourrait faire chez lui, à se servir des ustensiles communs, de l'industrie du fromager, en un mot, à employer le fonds social à son usage. On pourrait encore reconnaître le caractère de société imprimé à la combinaison dans ce fait que le fromager vend chaque jour un certain nombre de litres de lait au profit de la réunion des pasteurs; dans ce cas, il y a évidemment une mise en nature (le lait) effectuée par chacun, dont la vente procurera un bénéfice auquel tous prendront part.

Lorsqu'un associé meurt, la fruitière n'est pas dissoute, l'association persiste entre les survivants et les héritiers du défunt; d'ailleurs, chacun a le droit de se retirer lorsque la saison est finie, le personnel et, par suite, le capital varient toujours. En outre, le fromager a rarement une rétribution fixe, d'habitude il reçoit un intérêt proportionnel; il en résulte que celui qui n'apporte que son industrie, que son travail, n'en est pas moins associé au même titre que les autres. Or, si l'on se rappelle que nous avons indiqué plus haut comme caractères des sociétés coopératives, le personnel mobile, le capital variable, l'association du travail, on n'hésitera pas à reconnaître que les fruitières sont des sociétés et des sociétés coopératives. Reste à savoir si ce sont des sociétés civiles.

Évidemment les associés ne font pas d'opérations commerciales. Un arrêt de la cour de Lyon, en date du 22 novembre 1850, dit avec raison :

« Attendu qu'en livrant ainsi le produit ou partie du produit de son bétail pour en tirer souvent le seul avantage qu'il puisse en espérer, et en vendant ensuite les fromages qui sont le résultat de la fabrication à laquelle il a contribué, chaque associé ne fait qu'user de sa propriété et ne peut être considéré, dès lors, que comme un propriétaire vendant les denrées provenant de son crû ; que pour être faite par plusieurs, la fabrication n'a pas un autre caractère que si elle était faite par un seul ; qu'il en est de même des ventes de fromages fabriqués faites par la commission que les associés ont instituée ; que cette commission, qui agit comme leur mandataire, ne vend en leur nom, comme ils le feraient eux-mêmes, que le revenu ou les denrées provenant du crû de tous, etc. » (1). M. Troplong admet également que les spéculations du propriétaire sur les produits de son fonds, et les opérations qui sont l'auxiliaire et le complément de l'agriculture sont profondément empreintes d'un caractère civil. Le dernier point qui nous restait à établir est donc démontré ; les fruitières sont des sociétés civiles.

Cette décision ne manque pas d'être embarrassante ; en effet, il nous faut appliquer toutes les dispositions du Code Napoléon et repousser l'art. 1873 qui ne consacre qu'en matière commerciale l'autorité des anciens usages. La jurisprudence des cours de Besançon et de Lyon a varié souvent et dénote, par ses hésitations, les dif-

____

(1) Dans le même sens, Voy. Troplong, *Sociétés*, n° 322.

ficultés que le régime légal du Code crée aux sociétés du Jura. D'après l'art. 1861, on ne peut admettre un nouveau membre qu'autant que tous les associés consentent. Sera-il permis au mauvais vouloir des membres d'une fruitière de fermer le chalet à un cultivateur du pays qui, seul, ne peut produire de fromage? La question, portée devant les tribunaux, avait été résolue affirmativement en première instance, d'après les dispositions du droit commun. En appel, la Cour rendit l'arrêt suivant :

« Attendu qu'il est certain que les associations formées pour établir des fromageries dans les montagnes remontent aux époques les plus reculées et doivent s'y perpétuer d'une manière indéfinie, puisque la conversion du lait en fromage y est le seul mode possible d'exploitation des terres, surtout des pâturages qui s'y rencontrent en grand nombre; que ces sociétés sont donc fondées sur la nécessité et sur un usage immémorial; qu'elles dérivent de la force des choses, ont leurs règles particulières, etc.; que ces caractères qui leur sont propres doivent les soustraire à l'application des dispositions du droit commun; que l'existence des associations fromagères constitue, pour les habitants des montagnes, une faculté permanente de faire recevoir le lait de leurs vaches dans l'endroit destiné à la fabrication des fromages, etc.; attendu que c'est donc à tort et sans droit que le lait des vaches de l'appelant n'a pas été admis à la fromagerie; par ces motifs, réforme, etc. »

Il résulterait de cet arrêt que les fromageries, fondées sur la nécessité et sur un usage immémorial, sont en en dehors du droit commun et doivent être régies par les vieux usages ; mais, trois ans après, le 23 avril 1845, la Cour rendait sur le même point, un arrêt tout à fait opposé : « Attendu que les fromageries constituent des sociétés civiles, régies par les dispositions du droit commun ; que, par suite, l'existence et les conditions de ces sociétés, doivent être constatées par écrit (art. 1834, C. Nap.) et qu'un individu ne peut, pas plus qu'en matière de société ordinaire, prétendre au droit d'en faire partie sans avoir le consentement de tous les autres associés. » Un peu plus tard, de nouvelles discussions s'élevèrent ; le 8 janvier 1851, la Cour décidait que les associations, remontant à une époque éloignée, devaient, dans leur organisation intérieure, être régies par les anciens usages ; quelques mois plus tard, le 22 mai, le débat s'élevant sur une question de preuve, la Cour déclare que, conformément à l'art. 1834, les sociétés fruitières, lorsque leur objet est d'une valeur de plus de 150 fr., doivent avoir leur acte de constitution rédigé par écrit. Depuis, la jurisprudence semble pencher à nouveau vers l'autorité des usages ; le tribunal de Pontarlier autorise un membre à vendre, à défaut d'administrateur délégué, les fromages qui sont au chalet ; on ne peut arguer ici de l'art. 1859, qui donne à chaque associé le mandat de vendre les choses sociales, car chaque fromage est fait au nom d'un individu et devient sa propriété ; l'associé qui le vend, vend donc la chose d'autrui ; en reconnaissant l'existence d'un mandat, le tribunal de Pontarlier a tacitement cédé à l'influence des coutumes en usage dans les fromageries. Plus récemment (le 11 janvier 1862) encore, la Cour de Besançon, appelée à trancher une question de demande en partage s'appuyait sur les anciens usages pour consacrer la perpétuité de la société et « repoussait, tant

que subsisté dans le même chalet la fabrication des fromages, les demandes en partage du matériel et des ustensiles formées par des associés qui se retirent de la
société. »

Que concluons-nous à la suite de cet examen du premier argument invoqué par les partisans des sociétés
civiles? qu'il est tout à fait contraire à la cause qu'il
paraît soutenir. En voyant la jurisprudence hésiter, varier, se contredire, en reconnaissant que ses arrêts favorables sont fondés sur une simple tolérance, et même,
disons-le franchement, sur des infractions manifestes
aux principes du Code, on ne saurait conseiller aux
nouvelles associations d'entrer dans une voie pleine
d'incertitude et de périls.

M. Boissonnade est-il plus heureux dans la thèse qu'il
soutient (1)?

1° Il admet qu'il est possible, sous l'empire du Code
Napoléon, d'organiser des sociétés civiles à capital variable et à personnel flottant, ce que ne permettent ni
les quatre formes de sociétés commerciales, dont traite
le Code de commerce, ni les lois de 1856 et de 1863.

2° Il demande que, pour le présent et pour l'avenir,
on crée une place à des sociétés dont les fondateurs et
les gérants ne voudront pas se soumettre aux rigueurs
des lois commerciales, ou ne pourront prétendre aux
avantages du commerce pour cause d'incompatibilité
légale de leur profession avec celle de commerçant
(avocat, etc.)

Puis, passant en revue les trois types de sociétés de
coopération, il avance les propositions suivantes :

____

(1) M. Boissonnade, *Revue pratique* ; février 1866.

1° Les sociétés de consommation et de production sont civiles, tant qu'elles ne vendent qu'à leurs seuls associés.

D'abord pour ne prendre que les premières, la société qui achète un objet pour le revendre fait-elle toujours une spéculation commerciale? je dis spéculation commerciale, parce que le mot spéculation n'entraîne pas forcément une idée mercantile; toute société civile a pour but, et c'est là une condition essentielle à son existence, l'acquisition d'un bénéfice qui doit devenir commun entre tous les membres : elle a donc pour but une spéculation, et par suite on peut dire que l'idée de spéculation engendrée par certains actes sociaux, n'entraîne pas comme conséquence le caractère commercial de la société.

Comment opère la société de consommation? Son but principal est d'obtenir des denrées alimentaires de bonne qualité aux conditions les plus douces, et pour l'atteindre, elle emploie deux moyens; soit, ayant acheté en gros à des prix avantageux, de vendre au détail au prix de revient; soit de vendre au taux ordinaire des détaillants et d'employer la différence entre ce prix et le prix d'achat, partie à couvrir les frais généraux de diverses natures qui grèvent ses opérations, partie à être divisé à titre de bénéfice entre les consommateurs.

On ne peut arguer de ce que nous avons employé le mot vendu pour dire que la société a fait les actes définis par l'art. 632 (Code com.), car dans ce qui précède le mot vendre est synonyme de répartir, distribuer. Dira-t-on que trois ou quatre ménages qui s'entendent pour acheter en gros quelques denrées et les partager entre eux, font un acte de commerce? Évidemment non; eh bien!

le nombre des participants à l'achat en gros ne change
rien à la nature de l'opération, au lieu de dire que le
magasin a acheté et revendu, nous dirons le magasin a
acheté et distribué entre ses associés les marchandises
achetées au prorata de leurs besoins, il est donc facile
d'admettre que la société qui vend à ses seuls associés
est civile. Objectera-t-on qu'elle ne constitue pas une
véritable société dans le sens du Code, attendu qu'elle ne
réalise pas de bénéfices comme l'entend la loi? Les associés, dira-t-on, ne reçoivent d'autre argent que celui
qu'ils ont donné eux-mêmes; ils ont payé moins cher,
il est vrai, mais en ceci ils n'ont fait qu'éviter une perte
et non réaliser un gain? Une telle objection est bien
subtile, car au fond les associés retirent un avantage et
un avantage appréciable en argent de la combinaison
qu'ils ont adoptée, c'est là tout ce que la loi demande.
La jurisprudence a d'ailleurs été appelée à s'occuper de
cette question, et c'est dans ce sens qu'a été rendu, par
le Conseil d'État, un arrêté en date du 6 août 1863. Les
circonstances de la cause étaient les suivantes : une société de consommation, qui s'était formée à Rochefort,
fût soumise à l'impôt des patentes comme constituant
une société commerciale; le Conseil de préfecture, saisi
d'une demande en décharge, refusa d'accorder la remise; la société fit appel devant le Conseil d'État. Celui-ci
réforma la décision du Conseil de préfecture et reconnut le
caractère civil de la société par les considérants suivants,
que nous croyons utile de rapporter :

« Attendu qu'aux termes de ses statuts, ladite société
a pour but de procurer à ceux qui en font partie, au
meilleur marché possible, les divers objets de consommation et d'alimentation nécessaires aux besoins de la

famille, et qu'elle ne fait aucune opération de commerce ou d'industrie ; — Attendu que la Société alimentaire de Rochefort n'a pour but que de faire profiter les sociétaires des avantages que procurent les achats des denrées en gros ; — que les fonctions de ses administrateurs sont gratuites ; — *que les sociétaires seuls ont le droit de s'approvisionner dans les magasins de la société ; —* que les denrées sont cédées au prix coûtant, *augmenté seulement dans la proportion reconnuë nécessaire pour couvrir les frais généraux, sans bénéfice pour la société;* — que, dans ces circonstances, ladite société ne saurait être considérée comme exerçant un commerce ou une industrie, et que c'est à tort que le Conseil de préfecture l'a maintenue à la contribution des patentes, etc... »

Nous pensons que la gratuité des fonctions n'est pas un élément essentiel de la décision qui fut rendue. Le Conseil d'État l'a fait ressortir et avec raison, car elle vient corroborer le caractère anti-commercial de l'opération ; mais il est probable que son arrêt eût été rendu dans le même sens, lors même que l'association aurait rétribué quelque employé préposé à la distribution des marchandises. En lisant les motifs, on comprend qu'à ses yeux le point important, la cause déterminante de son opinion, c'est le fait que les seuls associés étaient admis à acheter au magasin de Rochefort.

C'est aussi, il faut l'avouer, le côté mauvais de la combinaison ; il est clair que la société de consommation ne peut prospérer qu'autant que la vente est ouverte à tous ceux qui se présentent, associés ou non. Autrement, elle ne fera que végéter ; à peine, dans quelques conditions spéciales, dans un pays uniquement composé d'ouvriers attachés à la même usine et séparés d'autres villa-

ges, pourra-t-elle avantageusement résister à l'élément
de faiblesse qu'elle renferme; en thèse générale, cette
condition est mauvaise et doit être écartée avec soin.

Mais alors les sociétés deviennent commerciales; elles
sont soumises à toutes les rigueurs, à toutes les entraves, à toutes les incompatibilités du droit commercial;
c'est une impasse dont il est difficile de sortir. M. Boissonnade croit avoir trouvé le moyen de tourner la difficulté, « par un honnête détour, par une simple précaution, » il rend les associés aussi nombreux que les
acheteurs étrangers à qui on voulait vendre : pour cela,
au lieu de se restreindre à vendre aux seuls associés, on
fait de tous les acheteurs des associés; il suffit de donner
à toute personne qui se propose d'acheter habituelle-
ment à la société tout ou partie de ses denrées, un livret de consommateur associé. M. Boissonnade a prévu
que de nombreuses objections s'élèveraient contre son
système, et il cherche à y répondre. Il se demande d'a-
bord si l'on n'agit pas tout aussi sommairement avec les
associés des grandes compagnies financières : vous
achetez une action d'une de ces compagnies, et par ce
seul fait, vous voilà associé, tenu d'adhérer aux statuts
dont vous n'avez la plupart du temps qu'un simple extrait au dos du titre. Que fait-il autre chose de son côté?
Il prend, il est vrai, des associés parmi les étrangers;
mais il faut bien les prendre quelque part, et que de
formalités il prescrit auquelles l'acheteur d'action n'est
pas soumis; d'abord la promesse de devenir consommateur habituel, puis un léger droit d'entrée que l'on
touche, en faisant payer le livret qui constate les achats.
De plus, il conseille d'exiger la présentation par deux
membres associés.

Passant aux sociétés de production, il trouve que certaines d'entre elles, rentrent, *de plano,* dans la catégorie des sociétés civiles ; ce sont celles dans lesquelles les associés, faisant un travail en commun, se partagent le salaire qui en est le résultat ; ainsi, une société d'arrimeurs, à Bordeaux, qui s'occupait en commun du chargement et du déchargement des navires, et partageait entre ses membres les sommes payées par les armateurs, a été déclarée par la Cour de Bordeaux (28 juin 1836), une société civile ; il en est de même d'une société de bûcherons, qui, moyennant un prix convenu, se charge d'abattre une forêt ; mais toute société de production ne se borne pas simplement à obtenir la rémunération du travail des associés ; elle a souvent pour objet l'achat d'une matière première et la revente d'un produit manufacturé, restera-t-elle civile, nonobstant cette série d'actes qualifiés commerciaux par l'art. 632 du Code de commerce ? Oui, répond M. Boissonnade, mais à la condition de ne vendre le produit manufacturé qu'aux seuls associés. Ce raisonnement est le même que pour la société de consommation ; mais ici encore se présente, et avec plus de force, l'objection économique : peut-on ne vendre qu'aux seuls associés ? Pour arriver à ce résultat, M. Boissonnade suppose une société mère, une société de crédit, par exemple, reliant, groupant plusieurs sociétés de consommation autour d'une société de production ; les premières arriveront à être assez nombreuses dans la même contrée pour absorber tous les produits de la seconde. La société de crédit commanditera des sociétés de production différente ; par exemple, un moulin, une fabrique de confection, une brasserie, une fabrique de chaussures, etc. Chacune fournira aux besoins des membres des autres sociétés, et comme par le lien de la société de crédit elle se trouvera participer à leurs bénéfices, on n'aura qu'une vaste association dont tous les membres auront des intérêts communs; chaque société de production se trouvera avoir une clientèle considérable, ce qui lui permettra de réussir, clientèle uniquement composée d'associés, ce qui lui conservera son caractère civil.

2° La société de crédit peut être également civile. Elle se présente sous deux formes : tantôt c'est la forme de la mutualité, où, comme nous l'avons vu, des artisans réunissent par des cotisations périodiques un petit fonds sur lequel des avances sont faites successivement aux divers associés. « Une telle société qui ne prête qu'à ses membres ou qui escompte leurs billets, est une véritable banque fraternelle qui ne tombera pas plus sous la loi commerciale que le prêt qu'un ami fait à son ami. »

Tantôt la société a pour but, comme la société de crédit au travail, de commanditer des sociétés coopératives déjà existantes. On avait longtemps cru que la forme de la commandite entraînait nécessairement la commercialité de l'entreprise, c'est une erreur; si, en effet, on se reporte à l'origine de la commandite, on voit qu'elle fut créée pour une spéculation purement civile, l'élève des bestiaux; la division du capital en actions n'est pas davantage une opération essentiellement commerciale. M. Troplong a démontré que la première idée de diviser le fonds social en parts cessibles a été conçu lors de l'établissement du moulin du Bazacle, à Toulouse. L'étymologie vient encore confirmer ce système; commandite vient de *commendare*, confier. « Quod enim «aliud est commendare, quam deponere» (1). Donc, la commandite est une opération commerciale quand elle vient en aide à une entreprise mercantile; elle reste civile si elle vient soutenir un non-commerçant ou une société civile; la société de crédit quelle que soit sa forme pourra donc être civile, pourvu qu'elle se borne à prêter à ses associés ou à des associations revêtues d'un caractère civil.

Nous avons développé avec détail le système créé et défendu par M. Boissonnade, parce qu'il nous a paru le plus complet et le meilleur de tous ceux qui ont été jusqu'ici présentés en faveur de la forme civile. Est-il réalisable? Je ne le pense pas. Satisfait-il complétement aux exigences de la loi? J'en doute également et je vais essayer de démontrer successivement ces deux points.

L'idée d'associer chaque consommateur qui se présentera, séduisante au premier abord, ne résisterait pas à l'épreuve de l'expérience; les formalités qui entourent la cession d'un livret sont toutes utiles, mais il y en a trop : jamais les acheteurs n'abonderont avec ce système. L'acheteur est essentiellement méfiant : on lui demande un engagement peu important, il est vrai, mais c'est un engagement et, surtout dans la classe ouvrière, il aura peur de conséquences imaginaires, d'une responsabilité inconnue; il ne se présentera pas. «Tant mieux, dit M. Boissonnade, si celui qui, assez dépourvu de sens commun pour se croire exposé à des recours, ne veut pas devenir notre associé, nous n'avons qu'à nous en féliciter.» Oui, il aurait été mauvais associé, mais cela ne l'empêchait pas d'être un bon acheteur et

____

(1) Papinien, L. 24, Dig. XVI, 3.

vous perdez de ce côté. D'ailleurs, est-il si inintelligent celui qui craint des recours? car, enfin, l'associé, d'après l'art 1855, doit prendre sa part dans les pertes comme dans les gains; vous ne pouvez affranchir de toute responsabilité votre acheteur, vous ne pouvez pas lui promettre une part dans le gain sans lui imposer une part dans les pertes. Il perdra son apport, répond M. Boissonnade, et l'apport c'est l'excédant du prix de revente par la société sur le prix de revient; chaque associé payant le prix courant, paye trop cher; à chaque achat il apporte 10, 15, 20 p. 100 du montant de ce qu'il achète. Fort bien, mais ceci suppose toujours qu'il y a bénéfice, puisque l'apport n'est que le bénéfice réalisé par le magasin sur chaque associé; or si le magasin, par suite de l'élévation des frais généraux, se trouve vendre à perte, qui supportera le déficit? Il y aura lieu de recourir contre chaque associé; il n'est donc pas si facile d'augmenter indéfiniment le nombre des acheteurs. La conclusion qui me paraît résulter de cet examen est que, si la société de consommation peut, en fait, rester dans les limites de la société civile, il lui est difficile de prospérer dans un cercle aussi étroit, elle sera bien vite amenée à accueillir tous les étrangers qui viendront au magasin, et, dès lors, elle revêtira le caractère commercial.

On ne peut pas citer, à l'encontre de ce que je viens de dire, l'exemple de la société alimentaire de Grenoble, que M. Taulier a fondée dans cette ville; elle vend aux consommateurs des aliments tout préparés que ceux-ci consomment sur place ou qu'ils peuvent emporter à domicile; le prix de vente qui dépasse peu le prix de revient se trouve employé, dans le cas où le capital est insuffisant à augmenter le fonds de roulement, sinon il est appliqué à des œuvres de bienfaisance. Ce n'est pas une société dans le sens légal du mot, c'est une association ayant un but philanthropique.

La vaste conception par laquelle M. Boissonnade relie les divers types d'association prête encore plus le flanc aux critiques. Ne tombons pas dans l'utopie : le nombre des sociétés sera-t-il assez élevé pour rendre exécutable un pareil projet? Je l'admets un instant. Ce projet offre-t-il les conditions requises pour que l'intelligence, l'activité, le travail des sociétés de production soient stimulés? La concurrence, cet aiguillon de l'industrie, ne fait-elle pas défaut? Ne faudra-t-il pas une grande prévoyance pour équilibrer la production et les besoins? Et il faut admettre, en définitive, que chaque société de consommation est restée civile, chose difficile, ainsi que nous venons de le voir. Le résultat sera que la société de crédit, se trouvant en présence des sociétés commerciales, revêtira elle-même ce caractère; la forme civile, au point de vue pratique, répond donc mal aux exigences de la question.

Toutes les difficultés légales ne me paraissent d'ailleurs pas résolues par ce système. La société civile ne forme pas une personne morale. Comment sera-t-elle poursuivie, comment agira-t-elle devant les tribunaux? Alors même que, conformément à l'opinion de la jurisprudence et de quelques auteurs, on admettrait la personnalité, on ne peut conclure que les actions devraient être intentées par ou contre le gérant. L'art. 69 du Code de procédure ne parle que de sociétés commerciales, et l'on retombe sous l'application du droit commun qui n'admet pas la représentation en justice par un gérant ou un administrateur : au moindre procès, tous les associés doivent figurer en nom, et il faut payer un droit d'enregistrement particulier pour chacun d'eux (1).

La société est dissoute par la mort de l'un des associés (art. 1866). On peut, il est vrai, stipuler qu'elle continuera avec les héritiers (art. 1868); ceci, possible à la rigueur dans les sociétés de consommation, n'est pas praticable dans celles de production, où chaque associé doit présenter des garanties personnelles. Dans le cas où la société aurait une durée illimitée, elle serait à la merci de chaque membre qui, en se retirant, pourrait demander la dissolution : le personnel n'est donc pas mobile. Le capital n'est pas variable, car si, du consentement de tous les associés, il peut être augmenté, il ne peut être diminué durant la société. La seule société qui admet la variation du capital, la société universelle, ne saurait convenir aux associations coopératives. Nous ne signalons que pour mémoire les difficultés qui peuvent surgir à chaque instant si les statuts n'ont pas réglé avec soin dans quelle mesure le travail doit être associé, les pouvoirs des gérants, leur position, leur responsabilité à l'égard des tiers, car l'expérience indiquerait peu à peu les clauses qui devraient entrer dans l'acte constitutif.

La gêne que cause aux sociétés de coopération civiles la nécessité d'éviter tout acte habituel de commerce serait sans effet sur deux catégories spéciales d'association : 1° Celles qui, comme les arrimeurs de Bordeaux ou les bûcherons, ne comprennent que des apports d'industrie, que le travail même de leurs membres;

____

(1) Cass. 8 nov. 1866, Sirey, 36, 1, 811.—26 mai 1841, Sirey 41, 1, 484.

2° celles qui se livrent spécialement à des actes que la loi répute civils : telles sont les sociétés immobilières, les sociétés d'ouvriers mineurs, etc. Mais aucune n'échappe à l'instabilité créée par les art. 1865 et 1869, instabilité d'autant plus grande que le nombre des associés est plus considérable, ni aux autres difficultés légales que nous venons de signaler.

§ 3. *Les sociétés coopératives peuvent-elles exister et vivre en adoptant une des formes de société commerciale?*

Les associations existantes ont presque toutes revêtu une des formes commerciales actuellement en usage; le journal *l'Association* a même publié un modèle de statuts précédé d'un exposé de motifs dans lequel il dit : « les associations coopératives sont des sociétés commerciales. » Cette décision est bien absolue, mais elle indique la tendance des sociétés actuelles. Nous allons prendre successivement les divers types pour reconnaître si cette tendance est justifiée.

L'association en participation ne peut nous arrêter longtemps, la définition que la loi lui a donnée est tellement vague que les auteurs sont divisés sur la nature même de cette société; ce qu'il y a de certain, c'est qu'elle n'est formée d'ordinaire que pour une ou quelques opérations déterminées, et paraît ainsi étrangère à une entreprise de longue haleine; c'est qu'elle ne forme pas une personne juridique, c'est que chaque associé traite en son nom personnel et que les tiers n'ont de rapports qu'avec leurs contractants; elle n'a donc qu'un crédit limité, et qu'il s'agisse de sociétés de crédit mutuel ou de sociétés de production, les faibles ressources que chaque ouvrier a en propre ne lui permettent pas, s'il se met seul en avant, d'inspirer de la confiance ; il faut que ceux qui traitent avec la société coopérative puissent compter sur l'engagement de tous les membres ; en outre, aucune publicité ne les accompagne, de sorte qu'elles n'offrent aucune des conditions nécessaires au crédit.

La *société anonyme* paraît également dès l'abord impropre à remplir le but. La création de cette société exige trop de formalités ; les plus grandes entreprises hésitent avant d'entrer dans cette voie ; obtenir un décret approbatif après examen du Conseil d'État n'est pas une chose aisée ; le temps, les dépenses, les démarches nécessaires sont au-dessus des efforts de quelques artisans dénués de hautes relations et qui n'ont pour soutenir leur famille que leur salaire quotidien ; il y a lieu en outre de tenir compte de la répugnance manifeste qu'ont les ouvriers à repousser tout ce qui ressemblerait à une intervention de l'État ; le gouvernement lui-même l'a compris ; il a reconnu que le droit d'autorisation qu'il s'était réservé avait eu pour résultat de faire peser sur lui une responsabilité énorme ; tous les déboires, tous les échecs des sociétés anonymes lui étaient imputés ; ce système de tutelle avait l'inconvénient d'inspirer aux capitaux une confiance aveugle. En présence de l'approbation du Conseil d'État, ils négligeaient d'examiner l'avenir de l'affaire et la capacité de ceux qui la dirigeaient ; chacun s'en trouvait mal ; aussi le projet de loi soumis au Corps législatif en ce moment permet aux sociétés anonymes de se fonder sans autorisation préalable.

La rédaction des actes de ces sociétés, qui devaient toujours être revêtus de la forme authentique, était fort coûteuse (art. 40, Code com.).

Une autre considération importante concourt aussi à faire repousser la forme anonyme; du moment que chaque associé n'est tenu que de sa mise, nous n'avons qu'une association de capitaux, nous n'avons plus une association de personnes; or, si la société de consommation tient peu de compte de la personnalité, il en est différemment des sociétés de crédit et surtout des sociétés de production. La société coopérative, transformée en association de capitaux, rentre dans la classe des sociétés par actions, elle perd son caractère distinctif.

La *société à responsabilité limitée*, que le rapporteur de la loi de 1863 a parfaitement qualifiée du nom de société anonyme libre, n'offre pas l'inconvénient inhérent à la nécessité de l'approbation gouvernementale; mais elle en a qui lui sont propres, et ils sont nombreux; la complication de ses dispositions serait à elle seule un obstacle sérieux, car elle ne manquerait pas d'engendrer de nombreux procès le jour où son usage deviendrait commun (1). Comme dans les sociétés en commandite par actions, la valeur des actions ne peut être inférieure à 100 francs si le capital est de 200,000 fr. ou au-dessous, ni à 500 fr. si le capital est supérieur à ce chiffre; voilà des prescriptions qui arrêteront toute société coopérative à son début; car les commencements sont toujours modestes; ce serait peu de chose pourtant sans l'art. 4, qui porte que la société ne sera définitivement constituée qu'autant que le capital entier aura été sou-

---

(1) « On est effrayé quand on songe aux véritables broussailles que l'on rencontre à chaque pas dans les dispositions de cette loi. Ces sociétés ressemblent à des guerriers armés de toutes pièces et de lourdes armures dont on enchaînerait encore les membres et auxquels on ordonnerait de marcher. » (M. Rozy, p. 137.)

scrit, et, ce qui est encore plus grave, que le versement du quart aura été effectué. La société doit donc avoir atteint son état normal dès le premier jour; il n'y a plus moyen de faire varier le capital, d'augmenter le nombre des associés. La société de Rochdale, la société des facteurs de pianos à Paris, auraient-elles rempli ces conditions? ce n'est pas tout : la souscription du capital et le premier versement doivent être constatés par acte notarié, nouvelle source de frais; les administrateurs doivent réunir à eux tous et par portions égales, le vingtième du capital social; c'est ôter la direction de la société aux travailleurs pour la mettre entre les mains des capitalistes, c'est dénaturer la coopération. L'obligation de prélever un vingtième du bénéfice net pour constituer un fonds de réserve, et le paragraphe qui prononce la dissolution de toute société qui compterait moins de sept membres constituent ces excès de réglementation auxquels le législateur se laisse trop souvent entraîner dans nos lois françaises; en fait ce seront rarement des obstacles sérieux; la création d'un fonds de réserve est une mesure de prudence que peu de sociétés négligent, et il est à présumer que les sociétés coopératives renfermeront toujours plus de sept membres. Quelques-unes cependant n'auraient pu vivre en présence de cette disposition; la société des fondeurs de Grenelle a été fondée par cinq membres, et celle des ferblantiers-lampistes, à Paris, qui a aujourd'hui un capital de 100,000 francs et plus de cinquante membres, fut réduite, en 1849, à trois membres.

Quelques sociétés ont, malgré ces obstacles, adopté la forme de société à responsabilité limitée, mais elles n'ont pu le faire qu'à l'aide de capitaux qu'elles durent emprunter pour satisfaire aux prescriptions de la loi. Pour ne pas perdre le droit de choisir les associés, et ne pas laisser ouverte au premier venu l'entrée de l'association, les statuts ont inséré une clause par laquelle les actions sont intransmissibles; cette prohibition que certainement la loi de 1863 n'a pas prévue, ne me paraît pas pourtant constituer une illégalité. Les art. 32 et 34 du Code de commerce auxquels elle renvoie, supposent l'action cessible, mais ne sont pas prohibitifs.

La *société en nom collectif* est celle que forment deux ou plusieurs personnes pour exercer le commerce sous une raison sociale; là, chaque associé a, sauf convention contraire, le pouvoir d'engager les autres associés solidairement; la solidarité qui pèse sur tous les associés au profit des créanciers sociaux est le caractère distinctif de cette société; elle a pour effet d'y faire entrer les personnes et les fortunes; elle a par suite l'avantage d'être avant tout une société de personnes, d'offrir aux tiers une sécurité plus grande et d'obtenir un crédit suffisant avec des associés peu fortunés; elle n'a pas un capital déterminé, la fortune entière des associés étant engagée; et l'art. 43 dispense de mentionner dans l'extrait qui doit être remis au greffe du Tribunal de Commerce et affiché pendant trois mois dans la salle d'audience, le montant des valeurs fournies, tandis que pareille mention est exigée dans les sociétés en commandite. Ceci permet de faire entrer l'apport travail dans la société sans qu'on soit obligé de l'évaluer au moment où elle se forme. Mais à côté de ces avantages se présentent de nombreux inconvénients.

Lorsque le nombre des associés augmente tant soit peu, il est presque impossibble d'arriver à un accord

satisfaisant; la solidarité qui existe entre eux les empêche souvent de confier, comme dans la société en commandite, la direction générale à l'un d'eux; chacun veut
avoir sa part de contrôle, de surveillance, d'administration. Une société coopérative, celle des bijoutiers en
doré, a pourtant prospéré en adoptant cette forme;
mais si l'on se rappelle l'historique que nous avons
donné de cette association, on reconnaîtra d'abord que
le nombre des associés, qui n'est que de huit, la fait
plutôt rentrer dans la classe des sociétés ordinaires que
dans celle des sociétés ouvrières; que de plus, ces
hommes profondément religieux ont trouvé dans l'exal-
tation de leurs croyances une abnégation et une homo-
généité qui se rencontrera rarement; enfin, quoique
associés en nom collectif et par conséquent ayant droit
à une autorité égale, ils ont fini par comprendre la nécessité d'une direction unique et ont remis l'autorité à
un seul gérant; il est bien probable que, sans cette réforme, malgré les sentiments religieux des associés et
malgré le bon accord qui règne entre eux, ils n'auraient
pu échapper à la ruine. Or, si ces hommes ne s'étaient
pas connus aussi complétement, ils n'auraient jamais
osé confier à l'un d'eux le pouvoir d'engager leur fortune, et encore ne sont-ils arrivés à ce résultat qu'après
plus de quinze ans d'association.

La solidarité qui fait la force et le caractère distinctif
des sociétés en nom collectif, sera un épouvantail pour
le plus grand nombre des ouvriers; l'exemple des sociétés allemandes ne saurait être décisif: ce qui est possible dans une petite ville allemande et dans les conditions particulières de l'industrie de ce pays, effrayerait
en France au point de mettre un obstacle presque ab-

solu au développement de la coopération : les avis recueillis à cet égard, lors de l'enquête que le gouvernement a faite, ont été presque unanimes.

Le personnel est invariable, car l'extrait que prescrit
la loi devant mentionner le nom de tous les associés, il
serait indispensable de faire de nouvelles publications,
c'est-à dire de se soumettre à des dépenses importantes
pour des entreprises peu riches, chaque fois qu'un nouveau membre serait admis.

Les associés dans la société en nom collectif sont tenus
de payer patente. Quoique la loi du 18 mai 1850 ait sen-
siblement adouci cette charge en faveur des associations composées d'ouvriers, lorsqu'elles comprennent
un associé principal et d'autres associés habituelle-
ment employés comme simples ouvriers (le premier
doit payer la patente ordinaire; les autres ne sont astreints qu'au vingtième du droit fixe payé par le premier), le payement du vingtième constituerait encore
un impôt fort onéreux.

Enfin nous retrouvons ici l'obstacle que l'art. 1863
nous a déjà présenté dans les sociétés civiles; la société
en nom collectif étant une société de personnes se dissout par la mort de l'un des associés; on ne peut admettre en remplacement les héritiers du défunt que l'on
ne connaît pas, ce serait préparer un élément de discorde
et de ruine pour la société. On ne peut que stipuler la
continuation entre les survivants, clause peu heureuse,
puisqu'au lieu d'augmenter le nombre des membres elle
tend à le diminuer.

La *société en commandite par actions* offre tous les inconvénients de la société à responsabilité limitée; la constitution d'une semblable société est subordonnée à la

souscription de la totalité du capital social et au versement par chaque actionnaire du quart au moins du
montant des actions qu'il a souscrites (loi du 17 juillet
1856, art. 1, 2°) ; donc impossibilité pour l'ouvrier qui
n'a pas d'avances d'en faire partie ; ses camarades plus
riches ne peuvent, en faisant un versement supérieur
au quart, le libérer de son obligation ; la loi ne demande
pas simplement que le quart du capital soit versé, mais
elle exige que chaque actionnaire verse le quart du
montant des actions par lui souscrites. Il faut également que la souscription du capital et le versement du
premier quart soient constatés par acte notarié. Il faut
encore que les actions soient au minimum de 100 fr.,
si le capital est inférieur à 200,000 fr. ; de 500 fr. si le
capital est supérieur à 200,000 fr. Les actions ne deviennent cessibles que lorsque les deux cinquièmes au
moins du montant de l'action ont été versés ; cette prohibition est d'autant moins naturelle que le souscripteur originaire reste personnellement engagé jusqu'au
payement total de l'action ; mais la loi est formelle, et
toute convention contraire est nulle ; donc, tant que les
deux cinquièmes du capital ne sont pas versés il serait
impossible même à l'Assemblée générale d'admettre un
nouveau membre qui se présenterait comme ayant acquis
une ou plusieurs actions d'un souscripteur originaire.

La loi sur la commandite a d'ailleurs exagéré outre
mesure ce principe que le commanditaire doit rester
étranger à l'administration ; il en résulte que le gérant
a un pouvoir illimité, exorbitant ; que, pour remédier à
l'abus qu'il pourrait en faire, les statuts contiennent
toujours une clause qui le proclame révocable au gré
de l'assemblée générale. Or, les auteurs et la jurispru-

dence sont divisés sur ce point ; les tribunaux qui ne la valident aujourd'hui qu'avec réserve, pourraient changer d'avis et maintenir le gérant, ce qui serait lui livrer l'avenir de la société.

L'omnipotence des gérants ne saurait être évitée avec trop de soins. « Il faut éviter, dit M. Rozy, que les gérants puissent jamais se croire les maîtres, les propriétaires de leurs fonctions. C'est ici ou jamais que l'on doit donner place aux vrais principes démocratiques » (1).

Reportons-nous, du reste, à l'un des objets principaux que le législateur a eus en vue en édictant cette loi si prohibitive, si restrictive de la liberté des conventions ; une de ses craintes était que les petites épargnes ne fussent attirées par la promesse et l'espérance de gains illusoires, et il a tout fait pour les éloigner, bien mieux pour leur rendre difficile l'accès de la commandite par actions. Vouloir appliquer cette loi à des associations qui ont pour but principal d'admettre les plus modestes apports, de les concentrer et de les faire servir à un but commun serait une œuvre déraisonnable.

Je m'occupe en dernier lieu de la *société en commandite simple* parce que cette forme a paru se plier mieux que les autres aux besoins nouveaux et qu'elle a été généralement adoptée par les nouvelles associations ; la cause de cette prédilection si marquée pour la commandite simple, se trouve dans la facilité qu'elle offre d'admettre des mises de valeur différente, même les plus minimes et de fractionner les vesrsements de manière à les rendre possibles aux plus petites bourses. « Mieux que

(1) Page 127.

toutes les autres (sauf la société en nom collectif), elle
associe les personnes : chez elle l'unité numérique con-
stitutive n'est pas l'action, autrement dit la part du capital, mais bien une individualité, un associé agréé par
ses pairs, tous en tant que commanditaires égaux en
pouvoir, quel que soit le chiffre de leurs versements, ou
même de leur souscription » (1). Le capital social augmente ou diminue sans que cette variation entraîne de
trop grands frais. Les sociétés fondées jusqu'à ce jour
ont adopté la marche suivante : l'assemblée générale
se réunit une ou deux fois par an ; elle agrée les personnes qui demandent à entrer dans la société, accepte
la mise qu'elles offrent et à la suite de l'assemblée, le gérant fait une publication très-courte, laquelle, se réfé-
rant à la publication antérieure, mentionne seulement
combien la société compte de nouveaux membres et de
quelle somme le capital social a augmenté. On opère
exactement de la même manière pour les associés qui
veulent se retirer ; mais on doit blâmer la clause ren-
fermée dans la plupart des statuts qui met les frais de
ces publications à la charge de l'associé ou des associés
qui y donnent lieu. Ce sera souvent un obstacle à l'entrée d'un ouvrier pauvre ; quelque réduite que soit la
dépense de l'extrait abrégé que nous avons mentionné,
elle sera encore lourde pour un travailleur seul, et il
peut souvent arriver, principalement dans les sociétés
de production, qu'un seul candidat se présente au moment de l'assemblée générale. Faudra-t-il attendre à
l'assemblée suivante dans l'espoir de trouver de nouveaux adeptes qui supporteront leur part des frais ?

____

(1) Modèle de statuts du journal *l'Association* : Exposé de motifs.

Mieux vaudrait laisser les frais à la charge de la société; répartis entre tous, ils seraient insignifiants.

Mais, à coté des facilités offertes par la commandite simple, se trouvent des difficultés qui ont été tournées, je l'avoue, avec beaucoup d'adresse, par les fondateurs des sociétés coopératives, mais non sans torturer la lettre du Code et dénaturer son esprit. Les droits des commanditaires en ce qui concerne la surveillance de l'administration sont bien restreints en face du pouvoir du gérant; pour éviter l'omnipotence de ce dernier, on est retombé dans cette source de discussions que nous avons signalée plus haut, on l'a déclaré révocable.

La commandite simple est un contrat formé *intuitu personæ* et se dissout par la mort des associés. Les statuts ont dû écarter cette cause de dissolution en déclarant que, nonobstant la mort d'un associé, la société fonctionnerait avec les autres. Une telle disposition enlève à la commandite son caractère personnel. L'assemblée générale, le conseil de surveillance, sont autant d'institutions empruntées à la commandite par actions, et rendent bâtard et mal défini le caractère de la nouvelle association. Enfin, comment faire entrer le travail dans l'association : dans toute commandite, qu'elle soit simple, qu'elle soit par action, l'extrait destiné à être publié doit contenir le montant des *valeurs* fournies par les commanditaires; la loi, sûrement, n'a jamais pensé que le commanditaire ferait à la société un apport autre qu'un apport en capital; comment évaluer l'apport travail de chaque associé, de manière à donner, non pas un chiffre approximatif, mais un chiffre déterminé qui puisse être porté à la connaissance des tiers? Les statuts publiés par le journal *l'Association* et que nous citons de préférence parce que la plupart des sociétés coopératives les ont adoptés, ont donné pour les sociétés de production les formules suivantes :

« Art. 9. L'apport de chaque associé est fixé à la somme de....., qui doit être versée en espèces ou en nature..... » Il n'est pas question de travail, cela n'était pas possible; pour l'admettre, on a pris le biais suivant : l'ouvrier qui se présente s'engage à verser, pour part de commandite, une somme à son choix, pourvu d'ailleurs qu'elle soit supérieure au minimum fixé par les statuts. L'apport est toujours effectué en partie au moment où l'associé est admis; nul, en effet, n'entre dans la société qu'après avoir travaillé durant trois mois à titre d'essai et, durant cette période, le dixième de son salaire est retenu et porté à son compte. Si, l'essai terminé, il est admis, cette retenue formera sa première mise; s'il est refusé, on la lui restitue. Le surplus de l'apport est payé par lui, soit par des versements qu'il effectue, soit sans qu'il ait rien à débourser. Voici ce que dit l'art. 10 : « Tout associé qui n'a pas versé la totalité de son apport... doit le compléter : 1° par la retenue d'un dixième qui sera faite à chaque paye sur les sommes qui lui seront dues sur son travail; 2° par la retenue des bénéfices qui pourront lui être attribués à chaque inventaire, soit comme commanditaire, soit à titre de complément de main-d'œuvre. »

Ces derniers mots indiquent la condition qui est faite au travail; chaque associé est capitaliste dans la mesure de la commandite qu'il a souscrite et versée, ouvrier dans la mesure du travail qu'il fait dans l'atelier commun : à ce double titre, il a part aux bénéfices, et le travail est rétribué comme suit : « Art. 18. Le travail est payé à la tâche ou aux pièces, à la journée ou au mois ; il a droit, quelle que soit sa nature à une double rétribution : il reçoit une première rétribution qui représente le salaire actuel et est versée à chacun par payes périodiques. Cette première rétribution est fixée pour chacun selon les habitudes de la profession par le gérant, après avoir pris l'avis du chef d'atelier et de concert avec le conseil de surveillance. Le travail reçoit, en outre, une part du produit, à titre de complément du prix de main-d'œuvre. »

Certes la solution est heureuse, car il était difficile de fournir à l'ouvrier sans avances le moyen d'entrer dans une société à titre de capitaliste, de bailleur de fonds ; je lui adresserai pourtant deux critiques, deux objections. La première objection, au point de vue légal, est que le complément de main-d'œuvre est un véritable dividende attribué au travail ; or le travail n'est pas un apport. En effet, nous avons vu qu'il n'était pas considéré comme tel dans la commandite, et, en outre, il n'est soumis à aucun risque ; d'après l'art. 19, la première rétribution « formant les payes périodiques est acquise définitivement au travailleur, quelles que soient les affaires de la société pendant l'exercice auquel ces payes se réfèrent. » Le travail joue donc moins le rôle d'associé que le rôle d'intéressé ; il sert simplement de moyen pour arriver à constituer le capital. Le grand problème de l'association du travail n'est donc pas encore résolu. La seconde objection purement pratique n'en est pas moins grave. L'ouvrier, en entrant, s'engage à apporter une certaine somme, 1,000 fr., par exemple ; si les affaires vont bien, son apport se complétera peu à peu par les retenues mentionnées plus haut ; mais, si elles périclitent, si la société s'endette, l'ouvrier est engagé personnellement pour mille francs et sera poursuivi par les créanciers sociaux : il verra vendre ses meubles, tout son petit avoir. Ce qui mérite ici d'attirer l'attention la plus sérieuse, c'est que l'ouvrier ne comprendra pas l'étendue de l'obligation qu'il contracte ; il espère la réussite de la société et n'imagine pas qu'il peut être tenu de remplir son apport avec ce qu'il possède. Non, à ses yeux, l'apport s'effectuera sans qu'il y songe ; ce sont les bénéfices futurs qui le compléteront ; beaucoup d'ouvriers, agissant sans réflexion, verront leur avenir compromis sans ressource.

L'examen rapide qui précède prouve qu'aucune des formes de sociétés, soit civiles, soit commerciales, que la législation actuelle admet, n'est assez large pour permettre aux nouvelles tentatives de se développer dans des conditions favorables. Grâce à quelques subterfuges, grâce à la tolérance des tribunaux, grâce surtout à la date récente des sociétés coopératives et à leur petit nombre, ce qui n'a pas donné aux contestations le temps de naître, ces sociétés ont pu traverser la première période de leur existence. Mais ceci est évidemment un état provisoire ; de toutes parts on demande la réforme des dispositions du Code de commerce, relatives aux sociétés ; ses défenseurs les plus zélés reconnaissent, malgré eux, les imperfections et les lacunes de la loi. M. Troplong, lui-même, après avoir dit que les grands faits économiques n'étaient pas une nouveauté dans le droit, que le Code ne pouvait pas être débordé par des circonstances imprévues (1), et que

_____

(1) Préface du *Commentaire des sociétés*, p. 94.

toute innovation est à rejeter, se voit forcé, quelques
pages plus loin, « de laisser à la jurisprudence le soin
d'en corriger les contours vicieux et les traits sans harmonie. » Dans cette circonstance, comme dans les cas
analogues, ce ne sont pas les projets de réforme qui
manquent. Nous allons jeter un coup d'œil sur les principaux ainsi que sur le projet de loi qui, depuis deux
ans, est devant le Corps législatif.

RÉFORMES LÉGISLATIVES PROPOSÉES PAR DIVERSES PERSONNES EN FAVEUR DES SOCIÉTÉS COOPÉRATIVES ; PROJET DE LOI PRÉSENTÉ PAR LE GOUVERNEMENT AU CORPS LÉGISLATIF.

Étudier tous les projets de réformes que la question des sociétés coopératives a fait éclore, depuis deux ans, serait une tâche bien difficile et bien longue. Nous avons dû nous borner à deux ou trois, que signalent soit l'ensemble mûri de leurs dispositions, soit le nom de leurs auteurs.

MM. Émile Jay et Vavasseur ont fait paraître, en 1865, un travail complet sur la réforme des sociétés civiles et commerciales. Ils commencent par abroger une bonne partie de la législation actuelle ; ils suppriment, en effet, la loi 17 juillet 1856 ; la loi du 23 mars 1863 ; les art. 19, 34, 37, 38, 40, 43, 44, 45, 47, 48, du Code de commerce (1). La société civile reste à peu près soumise aux mêmes règles qu'aujourd'hui ; les sociétés commerciales continuent à comprendre la société en nom collectif, la société en commandite et la société anonyme, non-seulement comme types facultatifs, mais encore comme types obligatoires ; seulement le projet crée un quatrième type, la société mixte. Les parties sont libres de choisir dans les premiers types les dispositions qui leur conviennent, de les combiner à leur

____

(1) Projet de loi sur les sociétés civiles et commerciales, par MM. Levasseur et Emile-Jay (Paris, 1865).

gré et d'en faire un tout homogène ; on peut ainsi former les combinaisons les plus variées; parmi les modifications, toutes dans un sens libéral, qui sont apportées
aux anciens types, je remarque : 1° la société est constituée après la souscription de la moitié seulement du
capital ; 2° les actions sont négociables dès que le quart
a été versé ; 3° les actions peuvent être de 100 francs,
tant que le capital reste inférieur à 1 million ; 4° l'assemblée générale qui vérifie les apports est valablement
constituée lorsqu'elle réunit la moitié du capital souscrit. La société par actions jouit ainsi d'une liberté qui
lui est refusée aujourd'hui, sans que les intérêts des
tiers se trouvent sacrifiés. La sagesse de ces réformes
est quelque peu compromise par la coexistence de la
société mixte, qui n'est autre chose qu'une société libre. « Nous créons, reconnaissent les auteurs, la société mixte, que nous aurions pu appeler aussi bien la
société libre, parce qu'elle réalise la liberté des conventions dans toute sa plénitude. » Il est peut-être dange-
reux de passer aussi rapidement du système de tutelle,
sous lequel nous vivons maintenant, à un régime de
liberté absolue ; la société mixte n'étant pas réservée à
la coopération, servirait aux buts les plus variés, et son
emploi rendrait illusoires les dispositions obligatoires des
trois autres types qui seraient complétement abandonnés.

Une réunion de personnes marquantes dans le droit,
la politique, les lettres, la finance, a publié, il y a deux ans
environ (1), un autre projet de loi, qui, sauf quelques

____

(1) *Des Sociétés de coopération et de leur constitution légale* (Paris, Guillaumin, 1865). Voir l'appendice.

points de détail, laisse peu à désirer ; son premier article, qui vise d'une manière énonciative les sociétés de
coopération , demanderait peut-être plus de précision.
La formation du capital par cotisations successives est
bien indiquée, quoiqu'elle ait le tort (art. 2) de fixer un
maximum au taux de ces cotisations : ce sont là des
questions qu'il faut laisser résoudre aux statuts. Les
auteurs ont cherché à justifier ce maximum par la
crainte de voir des sociétés quelconques se former sous
le voile des sociétés de coopération. Il serait, je crois,
bien facile d'éluder cette disposition. Le projet introduit ensuite le principe de la responsabilité proportionnelle que l'on a encore appelée mutualité contributive.
Les art. 1862, 1863, du Code Napoléon autorisaient
déjà, au moins comme dérogation, cet arrangement
particulier; on fait cadrer l'obligation aux dettes envers
les tiers avec la contribution aux dettes qui doit exister
définitivement entre associés; remarquons toutefois que
bien des personnes seront encore effrayées de cette disposition qui laisse un certain vague dans l'étendue de
l'obligation qu'elles contractent en entrant dans la société; ce qui séduit le plus les gens prudents, c'est de
n'être tenu que jusqu'à concurrence de ce qu'on a versé :
combiner les avantages de la commandite avec la mobilité du personnel et la variation du capital est la solution qui aidera le plus le développement de la coopération. Toutes les autres dispositions du projet nous paraissent excellentes ; la publicité est moins coûteuse et
plus réelle que l'insertion dans des journaux judiciaires,
qui, ne s'adressant qu'à une classe spéciale de lecteurs,
occasionne aux sociétés des frais sans aucun profit pour
les tiers ; ceux-ci sont bien mieux protégés par la dis-

position que l'art. 7 a empruntée à la loi sur les sociétés à responsabilité limitée : « La qualité de société de coopération et la date de la présente loi seront mentionnées dans tous les actes faits au nom de la société. » C'est aux tiers ainsi prévenus qu'il appartiendra de prendre, avant de traiter, les renseignements nécessaires.

Il y a peu de jours, M. Émile Ollivier a soumis un projet de loi en quelques articles à la commission du Corps législatif, chargée de l'examen du projet de loi sur les sociétés anonymes et coopératives. Tout l'esprit du projet est dans l'art. 1.

« La loi ne régit les sociétés de commerce qu'à défaut de conventions spéciales. Toutes conventions sont valables entre les parties, à la seule condition de n'être pas contraires à l'ordre public et aux bonnes mœurs. Pour être opposables aux tiers, elles doivent être rendues publiques. »

Dans l'art. 2, il est dit que les parties peuvent, au lieu de rédiger un ensemble de conventions, déclarer simplement qu'elles adoptent la forme de société en nom collectif, en commandite ou anonyme, et les art. 3, 4 et 5, reproduisent en quelques mots les principes généraux qui caractérisent aujourd'hui chacune de ces trois formes. Si la société n'a pas été publiée, l'association sera en participation ; la publicité consiste d'ailleurs dans la transcription sur un registre à la mairie de la commune, où est établi le siége social. Ce projet ne fait que reprendre l'idée d'un grand nombre de personnes qui pensent que la liberté absolue des conventions est le meilleur régime pour la société et qui s'appuient pour soutenir cette opinion sur la marche que le

législateur a suivie, en matière de contrat de mariage.
A côté de certains cadres tout tracés qui sont proposés
comme modèles, le législateur a, par l'art. 1387, validé
toutes conventions spéciales faites par les époux, pourvu
qu'elles ne soient pas contraires aux bonnes mœurs, et
il ne semble pas que personne ait eu à se plaindre d'une
pareille liberté. A ceci, on peut répondre que la loi,
dans le titre même du contrat de mariage, a établi des
prohibitions spéciales. « Les époux ne peuvent déroger,
ni aux droits résultant de la puissance maritale sur la
personne de la femme et des enfants ou qui appartiennent au mari, comme chef, ni aux droits conférés par
le survivant des époux par le titre de la puissance paternelle et par le titre de la minorité, de la tutelle et de
l'émancipation, ni aux dispositions prohibitives du présent Code » (art. 1388). On peut répondre encore que la
société entre mari et femme est la plus fixe de toutes,
et que l'on ne saurait lui comparer des sociétés à personnel mobile. Enfin, le législateur lui-même a reconnu des lacunes dans le Code, et la loi du 10 juillet 1850
a introduit quelques formalités que l'intérêt des tiers
avait rendues nécessaires.

La loi peut, à la rigueur, laisser aux parties le soin
de régler entre elles leurs relations comme elles l'entendent; son rôle n'est pas de s'immiscer, lorsque cela
n'est pas nécessaire, dans les affaires privées; mais on
peut dire qu'il est contraire à l'ordre public que des
personnes fassent entre elles des conventions qui pourraient nuire aux tiers; nul n'a le droit de porter préjudice à autrui; aussi quelque liberté que l'on demande
pour les sociétés, faut-il toujours admettre que la
loi viendra régler les rapports de la société avec les

étrangers. Le pays le plus partisan de la liberté et du commerce, le plus ennemi de la. réglementation, l'Angleterre a reconnu, dans ces dernières années, les abus que produit l'absence de lois et de règles. Chaque année, le parlement sanctionne des bills proposés dans le but de protéger les tiers et les intérêts généraux.

Il y aurait en outre de nombreux inconvénients, à passer d'une tutelle exagérée à une grande liberté sans aucune transition ; les lois du 17 juillet 1856 et du 23 mai 1863, pèchent, il faut le reconnaître, par une accumulation de règles et de prescriptions, et nous approuvons complétement ceux qui veulent les abroger. «Mais quand on crée un corps moral comme une société commerciale, il est nécessaire de dire comment il se constituera, comment il fonctionnera à l'égard des tiers et comment ceux-ci pourront exercer leurs droits contre lui » (1).

La nécessité, ou du moins l'utilité d'une loi sur les sociétés coopératives étant démontrée, voyons comment le Conseil d'État a résolu les diverses difficultés que ce travail présentait. Un premier projet fut soumis, au mois de mars 1865, au Corps Législatif ; il comprenait une réforme complète des sociétés par actions, soit en commandite, soit anonyme ; puis à la suite et comme appendice, le projet traitait des tontines, des compagnies d'assurances et des sociétés de coopération : le titre IV, relatif à ces dernières, ayant été l'objet de quelques critiques, le gouvernement réunit une commission d'enquête ; un grand nombre de personnes furent appelées à donner leur avis snr le titre IV ; ces dépositions et les

____

(1) Rapport de M. Duvergier à la Commission d'enquête.

discussions qui ont eu lieu dans l'intérieur de la commission, ont amené quelques modifications dans le projet qui, sous cette nouvelle forme, est maintenant soumis à l'approbation du Corps législatif; c'est du nouveau
projet ainsi modifié que nous allons passer en revue les
principales dispositions.

Le titre a été l'objet de longs débats; il était d'abord
ainsi conçu : *Des Sociétés de coopération*. Cette rubrique
semblait indiquer que la loi constituait des sociétés
d'une nouvelle espèce, distinctes des autres par leur
forme et par leurs éléments essentiels : c'eût été une
erreur, car la loi laisse les sociétés de coopération soumises aux principes généraux en matière de société, les
assujettit aux mêmes conditions de forme et d'existence;
elle se borna, en raison de leur origine et de leur objet, à édicter en leur faveur quelques dérogations aux
règles générales : c'est ce qu'indique mieux la nouvelle
rubrique : *Dispositions particulières aux sociétés de coopération*. Le mot coopération a été maintenu dans la loi,
malgré de nombreuses observations, parce qu'il expri-
mait clairement l'objet de la loi, et qu'il avait le grand
avantage de ne blesser personne; le terme de sociétés
ouvrières eût été malheureux en face des susceptibilités
qu'avait soulevées l'idée de faire une loi spéciale.

L'art. 51 énumère les sociétés auxquelles s'appliquent
les dispositions particulières du titre; il a donné lieu à
de vives critiques.

Le mouvement coopératif, a-t-on dit, est né d'hier; il
n'a pas encore eu le temps de produire toutes les combinaisons dont il est susceptible. La loi, si elle procède
par énumération, sera donc toujours débordée; la meilleure preuve est que le nouvel art. 51, postérieur d'un

an seulement au premier, contient deux dispositions nouvelles et a notablement élargi le cercle des anciennes. Définir nettement la société de coopération eût été certainement préférable; mais la définition manque encore. Toutes celles qui ont été mises en avant sont incomplètes ou inexactes. « L'association coopérative, dit M. Lavollée (1), est celle par laquelle des ouvriers, contribuant eux-mêmes à la formation d'un capital, peuvent emprunter individuellement sur ce capital, ou l'employer collectivement, soit à la consommation, soit à la production. » Cette définition ne prévoit que trois types de sociétés coopératives; elle énumère les formes existantes et par suite elle est impropre à comprendre celles que l'avenir produira. Elle aurait eu, en outre, si elle eût été mise dans la loi, l'inconvénient d'être vague et indécise. Fallait-il dire que la société coopérative est celle dans laquelle le travail et l'épargne collective concourent à former peu à peu tout ou partie d'un capital, qui, par sa nature est essentiellement variable ? Ceci est plus général, plus large, que l'art. 51 ; mais des sociétés, bien étrangères à la coopération, auraient, à l'aide de cette définition, su profiter des avantages réservés aux sociétés ouvrières.

Des personnes ont proposé d'admettre au bénéfice du projet de loi toute société dont le capital ne dépasserait pas une somme déterminée : on a donné des chiffres : 100,000 fr. ou 200,000 fr. ; que serait-il arrivé? Une fois ce chiffre atteint, la société aurait dû procéder à sa liquidation ; sa fin eût été d'autant plus proche, que sa prospérité eût été plus grande. C'était en

____

(1) *Revue des Deux-Mondes* ; avril 1866.

même temps interdire à la coopération certaines industries qui réclament un grand fonds de roulement. Il paraît qu'une fabrique de soieries, pour être dans de bonnes conditions, suppose un capital de 7 à 800,000 fr. L'idée de limiter le capital a été abandonnée et remplacée par la proposition de limiter l'action ; l'action aurait dû être au plus de 100 francs. Cette disposition isolée aurait ramené les spéculations hasardées que la loi de 1856 a voulu arrêter ; on sait que rien n'est plus facile que de monter une société au capital de plusieurs millions, à l'aide de petites coupures. On ajoutait alors une seconde prescription, tirée de l'acte voté, en 1862, par le parlement d'Angleterre ; nul n'aurait pu être possesseur de plus de tant d'actions ; quelle limite aurait-on posée ? Il ne fallait pas songer à la somme de 150 fr., maximum des banques allemandes. Ceci ne correspond pas à la moyenne de la richesse en France ; il fallait au moins arriver au maximum anglais de 200 livres (5,000 fr.). Cette limitation est mauvaise ; on repousserait l'associé à qui ses économies accumulées permettent de prendre un intérêt plus considérable dans la société. Une autre conséquence de ce système serait de proscrire d'une manière absolue l'action au porteur ; l'action nominative pourrait seule lui convenir.

Le législateur peut donc se défendre en disant que personne ne lui a proposé une meilleure rédaction de l'art. 51. Dans le nouveau projet, il énumère, comme rentrant dans la classe des sociétés de coopération, celles qui ont pour objet :

D'acheter, pour les vendre aux associés seuls ou pour les vendre aux associés et aux tiers, des choses nécessaires aux besoins de la vie ou aux travaux de leur industrie.

La phrase incidente : *ou pour les vendre aux associés et aux tiers*, a été ajoutée à la première rédaction, sur la demande générale des personnes appelées à l'enquête ; prohiber la vente aux tiers, c'était condamner les sociétés de consommation à ne jamais réussir ; nous nous sommes assez étendu sur ce point, pour n'y pas revenir ici.

Construire des maisons pour les associés ; voilà une disposition tout à fait nouvelle, qui a été introduite à l'exemple des *Building societies*, qui sont nombreuses et prospères en Angleterre ; le texte dit : *construire pour les associés* ; il faut sous-entendre par les associés. Ainsi la société de Mulhouse n'est pas une société de coopéraration, car ce sont des manufacturiers qui font construire pour revendre à leurs ouvriers.

Ouvrir aux associés des crédits ou leur faire des avances.

Vendre les produits des travaux exécutés par les associés, isolément ou en commun.

Le premier article « ne considérait comme sociétés de production en commun que celles dont les travaux s'exécutaient dans des ateliers où les ouvriers étaient réunis ; il s'opposait à la constitution des sociétés formées pour vendre en commun les produits de l'industrie isolée des associés » (1). Grave faute, car le travail en famille est bien préférable, au point de vue de la morale, au point de vue des vertus domestiques, que le travail à l'atelier ; lui refuser un avantage accordé au travail commun était une erreur. En la réparant, on a eu en vue les associations de pêcheurs côtiers qui s'entendent pour vendre en commun les produits de leur pêche ;

____

(1) Exposé des motifs, page 13. Voir l'Appendice, pag. 343 et 345.

mais cette faculté sera utile à une masse de petits fabricants. Paris, par exemple, compte, d'après l'enquête
faite par la chambre de commerce, 131,000 ouvriers en
chambre ; beaucoup produisent ces petits, articles de
fantaisie, ivoire, maroquinerie, bimbeloterie, qu'ils sont
obligés de livrer au marchand en boutique, lequel prélève un bénéfice exorbitant. Le consommateur ne peut
aller chez le producteur ; le plus souvent l'ouvrier en
chambre n'a pas d'enseigne, son adresse est inconnue ;
il n'a pas l'assortiment qui peut attirer l'acheteur. Si,
comme les artisans allemands de quelques grandes
villes, plusieurs s'entendaient pour avoir un magasin
bien situé, bien assorti, ils trouveraient une rémunération plus élevée de leurs peines, et l'acheteur des prix
plus avantageux ; c'est une combinaison inverse de la
société de consommation, mais qui produit les mêmes
résultats.

*Faire en commun des travaux en exécution de traités ou
de marchés.* Le paragraphe est nouveau ; l'ancienne rédaction « paraissait exclusive des associations qui auraient eu pour objet l'exécution de travaux par suite de
traités ou de marchés ; la nouvelle rédaction, plus large
ou du moins plus explicite, lève les obstacles qu'on avait
cru apercevoir » (1).

Une société peut se proposer plusieurs de ces objets,
ainsi que cela résulte du premier paragraphe de l'article.

Cette faculté donnera aux associations qui se formeront dans un but nouveau toute latitude pour se constituer légalement.

____

(1) Exposé des motifs, page 13.

Il sera aisé, en combinant les divers paragraphes de l'article, de faire rentrer une entreprise coopérative quelconque dans son cadre.

Quels sont les priviléges que la loi accorde à ces sociétés? J'y rencontre :

1° Des priviléges relatifs à la formation du capital.

Les statuts doivent fixer un minimum, au-dessous duquel le capital social ne peut descendre, mais au-dessus duquel il peut augmenter indéfiniment.

Ce capital minimum doit être souscrit entièrement ; mais, au lieu du versement du quart, le versement d'un dixième suffit pour que la société soit constituée. Ceci n'est pas un obstacle à la création des associations, puisque les fondateurs sont libres de déterminer un capital très-minime ; avec un petit capital, la société se constitue plus facilement ; avec un capital plus considérable, elle inspire plus de confiance et obtient plus de crédit.

« Lorsque les parties auront adopté la forme de la société en commandite par actions ou de la société anonyme, les actions, ou coupons d'actions, quel que soit le montant du capital social, pourront être inférieurs à 100 fr. » (Art. 53.)

Le capital varie librement, tant qu'il reste supérieur au minimum fixé par les statuts ; il augmentera par les apports successifs que font les associés, ou l'admission de nouveaux associés ; il diminuera par la retraite d'un ou plusieurs associés, ou par la reprise qu'un associé fera d'une partie de son apport. Ceci est assez remarquable ; un associé possède à un moment des économies ; il augmente sa mise, par suite, sa part des bénéfices. Un peu plus tard, il est gêné ; il a besoin de fonds, il peut réclamer une partie de sa mise et di-

minuer sa participation ; ce sera l'affaire des statuts de
régler le minimum de chaque part et les conditions qui
seront à remplir avant qu'un associé retire tout ou partie de sa mise ; la loi a parfaitement fait de laisser la
plus grande latitude sur ce point ; elle a bien fait aussi
de ne pas fixer de limite supérieure aux apports sociaux.

2° Des priviléges relatifs à la mobilité du personnel.
Les associés anciens peuvent se retirer, quand ils le jugent à propos ; des associés nouveaux peuvent être
admis ; bien mieux, la loi introduit ici une disposition
exceptionnelle, mais qui, de l'avis général, était nécessaire pour le maintien de l'ordre dans l'intérieur des
sociétés, le droit pour l'assemblée générale de décider à
la majorité fixée pour la modification des statuts, que
l'un ou plusieurs des associés cesseront de faire partie
de la société. Cette stipulation existait dans la plupart
des statuts de sociétés coopératives, mais pouvait paraître
contraire aux principes ; tout doute est maintenant levé.
« Il est certain que, jusqu'à ce moment, on n'en a point
abusé, et qu'elle a toujours été appliquée avec intelligence et modération. Ceux à qui elle inspirerait de l'in-
quiétude ou de la défiance, ou la feront rejeter des
statuts, ou n'entreront pas dans la société (1). »

La seule limite fixée à la mobilité du personnel résulte du § 2 de l'art. 52 ; pour qu'un associé puisse
se retirer ou être renvoyé régulièrement, il faut que le
retrait de son apport ne fasse pas descendre le capital
social au-dessous de la somme fixée par les statuts.

« L'associé qui cesse de faire partie de la société soit
par l'effet de sa volonté, soit par suite de décision de

____

(1) Exposé des motifs, page 16.

l'assemblée générale, reste tenu (dans les termes des statuts), envers les associés et envers les tiers de toutes les obligations existantes au moment de sa retraite. »

La société n'existe plus au regard de l'associé qui se retire ou qui est expulsé, vis-à-vis de lui elle est dissoute ; nous croyons donc que la prescription de l'art. 64, Code com., est applicable ; les actions des créanciers sociaux ne pourront plus être exercées contre le partant, cinq ans après sa retraite. Les cinq ans courront du jour où la volonté du démissionnaire a été connue du gérant de la société, ou du jour de l'assemblée générale qui l'a exclu ; la loi n'exige aucune publicité spéciale.

On doit ranger dans la même classe de priviléges la disposition de l'art. 53, qui permet de négocier les actions ou coupons d'action, dès que le versement du dixième a été effectué.

3° Des priviléges relatifs au choix des administrateurs. Lorsque la société coopérative prend la forme anonyme, les statuts peuvent déterminer le nombre d'actions que doit posséder chaque administrateur ; c'est une dérogation à la disposition de l'art. 7 de la loi sur les sociétés à responsabilité limitée, reproduite dans l'art. 20 du nouveau projet sur les sociétés anonymes, qui exige que les administrateurs réunissent, par portions égales, le vingtième du capital social. L'exception qui a été faite en faveur des sociétés coopératives aurait dû devenir générale ; il serait à désirer que, dans la discussion du projet de loi, l'art. 20 fût effacé, car il est aussi important pour les sociétés anonymes que pour toute autre forme de pouvoir choisir des administrateurs capables et honnêtes.

4° Des priviléges relatifs aux formes et à la publicité.

La loi a écarté toutes les formalités qui auraient entraîné des frais trop considérables; elle supprime la nécessité des actes notariés, soit pour constater la souscription du capital, soit pour constater le versement du dixième; une simple déclaration sous signature privée du gérant ou des fondateurs suffit.

Quant à la publicité, la loi se trouvait en présence de plusieurs systèmes. Le système anglais avait de nombreux partisans : dans la Grande-Bretagne, nous trouvons un seul fonctionnaire, appelé *Registrar*, qui reçoit deux exemplaires des statuts de toute société coopérative, industrielle ou amicale, qui désire se placer sous le régime de la loi spéciale; il les examine, et s'ils ne lui paraissent contenir aucune disposition contraire aux lois, il délivre, sans qu'il soit nécessaire de recourir à l'attestation du juge, une attestation spéciale portant, dans certains cas, que la société est certifiée; dans d'autres, qu'elle n'est qu'enregistrée.

C'est avec raison, pensons-nous, que le projet a abandonné ce système; il aurait établi une sorte d'autorisation administrative préalable, et inspiré de la défiance à un grand nombre de personnes. Le simple dépôt au greffe, débarrassée des formalités superflues, est préférable. Le premier projet exigeait le dépôt au greffe du tribunal de commerce ou du tribunal civil, suivant que la société était commerciale ou civile; le nouveau se contente du dépôt au greffe de la justice de paix du canton de deux exemplaires : 1° des statuts; 2° des délibérations et déclarations exigées pour la constitution de la société. C'est l'affaire du greffier de la justice de paix de faire parvenir dans le mois un exemplaire au greffe du tribunal de commerce.

En outre, un extrait contenant la date de l'acte de
société, son objet et la somme au-dessous de laquelle
le capital ne peut être réduit, doit être transcrit sur les
registres du greffe de la justice de paix et publié dans
un journal; c'est un adoucissement notable au premier
projet qui exigeait toutes les formalités prescrites par
l'art. 42 du Code de commerce. Je crois qu'on aurait
pu aller plus loin et dispenser de l'insertion dans un
journal.

Les modifications aux statuts, la continuation de la
société au delà du terme fixé pour sa durée, la dissolution avant ce terme et le mode de liquidation, le changement des administrateurs, doivent être rendus publics
dans la même forme. Mais l'art. 59 affranchit de toutes
formalités l'admission et la retraite d'associés, l'augmentation ou la diminution du capital, tant que le minimum statutaire n'est pas atteint.

Les tiers ne peuvent éprouver aucun préjudice de ces
faveurs; il leur est toujours permis de prendre communication au greffe des actes et délibérations déposés,
et la société est tenue de délivrer à tout requérant un
exemplaire de ses statuts, moyennant une somme qui
ne peut excéder un franc (art. 60).

La sanction de ces formalités se trouve dans l'art. 61
qui déclare qu'elles seront observées à peine de nullité,
à l'égard des intéressés; mais le défaut d'aucune d'elles
ne pourra être opposée à des tiers par les associés. La
rédaction de cet article, conforme à celle de l'art. 42 du
Code de commerce, soulèvera les mêmes difficultés que
lui. Sans entrer dans une discussion qui n'est pas spéciale à notre sujet, nous dirons qu'à notre avis, un associé peut opposer à son coassocié la nullité résultant du

défaut de publicité; mais que cette nullité n'aura d'effet
que pour l'avenir.

5° Des priviléges relatifs à la représentation en justice.
« La société, quelle que soit sa forme, est valablement
représentée en justice par ses administrateurs ». (art. 55).
Ce droit est un droit précieux, lorsque l'on songe que,
dans une société en nom collectif, tous les membres devaient intervenir.

6° Les sociétés civiles, en particulier, subissent, par
le projet de loi, une modification des plus importantes;
il résulte des termes de l'art. 51, que toutes les dérogations apportées par le nouveau projet au droit commun
s'appliquent aussi bien aux sociétés civiles qu'aux sociétés commerciales. Or, si nous pensons que la société
civile, en l'absence de toute condition de publicité, ne
peut constituer une personne juridique, il nous paraît
clair que le projet de loi a accordé ce privilége aux sociétés civiles coopératives. Ceci ressort de la lecture de
l'ensemble des articles, de la nécessité des publications
prescrites par les art. 58 et 59 à toute société, tant civile que commerciale, qui veut revêtir le caractère coopératif et en particulier de l'art. 55, que nous venons
de citer, qui leur accorde le droit d'être représentées en
justice par leurs administrateurs.

Les sociétés civiles coopératives échappent ainsi aux
dispositions des art. 1865 et 1869 du Code Napoléon;
la volonté d'un seul ne pourra plus les dissoudre, lors
même qu'elles auront une durée illimitée. Rien ne serait d'ailleurs plus facile aux autres associés que d'empêcher un pareil résultat : usant de la faculté que leur
donne l'art. 54, ils excluraient leur coassocié de la
société.

Nous n'appuyerons pas sur l'art. 56 : « La société n'est point dissoute par la mort, la retraite, l'interdiction ou la déconfiture de l'un des associés; elle continue de plein droit entre les autres associés. » Cette clause était devenue de style dans presque tous les actes de société coopérative, il est peut-être bon que la loi, la faisant rentrer dans le droit commun, prévienne les mauvais effets qui auraient pu résulter d'un oubli.

Le projet reste muet sur bien des points, « parce que l'autorité de la loi ne doit pas intervenir là où la volonté des parties peut s'exercer en toute liberté. Par exemple, on a discuté sur l'emploi des auxiliaires pour l'exécution des travaux des sociétés, sur la question de la solidarité entre les associés, ou, en termes plus généraux, sur l'extension de leur responsabilité au-delà de la mise, dans les sociétés anonymes ou en commandite; sur la forme et le mode de transmission des actions. On a aussi examiné s'il convient de faire participer aux bénéfices des sociétés de consommation les acheteurs étrangers à la société; si, dans ces mêmes sociétés, la répartition des bénéfices entre les associés doit se faire, non-seulement en proportion de leur intérêt, mais aussi en raison de l'importance de leurs achats. Sur ces diverses questions, le projet garde et il devait garder le silence; c'est dans les statuts que doit s'en trouver la solution » (1). Nous ne saurions trop louer le sentiment qui a poussé le législateur à s'abstenir sur ces divers points. En laissant un libre jeu à l'initiative individuelle, il rend un véritable service à la coopération.

Je reprocherai au projet de loi de n'avoir pas modifié

____

(1) Exposé des motifs du nouveau projet de loi, page 17.

certaines règles du droit commun qui seront nuisibles aux sociétés de coopération. Il aurait pu, par exemple, supprimer, en ce qui concerne ces sociétés, l'art. 1853, al. 2 du Code Napoléon, qui assimile l'apport d'industrie au plus faible apport en nature ; l'art. 21 de la loi sur la responsabilité limitée qui déclare que le nombre des associés ne peut être inférieur à sept. On peut regretter qu'il ne se soit pas expliqué sur le point de savoir si le gérant d'une société en commandite est révocable, si la nullité édictée par son art. 61 peut être invoquée par les associés entre eux, si cette nullité ne produit d'effet que pour l'avenir ; autant de questions controversées qui auraient cessé d'embarrasser les jurisconsultes ; il eût été plus logique de ne demander d'insertion dans aucun journal. Mais, à part ces observations, il serait injuste de méconnaître les facilités qu'il procure aux sociétés de coopération. Sauf ces quelques points de détail, la coopération peut dire que la voie est ouverte devant elle. L'expérience va prononcer entre l'aveugle enthousiasme de ceux qui voient en elle le moyen de régénérer notre ordre social et la sympathie réfléchie de ceux qui, comme nous, l'admettent simplement à concourir au mouvement lent, mais régulier, qui conduit vers le progrès. Heureux, d'ailleurs, si les faits donnaient tort aux réserves que j'ai posées et si l'association venait mettre un terme aux épreuves et aux douleurs des classes les plus intéressantes de la population.

DOCUMENTS

I

Statuts de la Société d'avances de Delitzsch.

1º BUT DE L'ASSOCIATION.

Les soussignés, en formant une association de banque et de crédit, ont pour but de se procurer mutuellement, moyennant leur crédit collectif, les capitaux-espèces dont ils ont besoin pour l'exploitation de leur industrie.

2º FONDS DE L'ASSOCIATION.

Le capital de l'association se compose : 1º du fonds propre des associés, servant de réserve ; 2º de l'apport social, c'est-à-dire des parts d'intérêt de chaque associé.

L'association se procure les capitaux nécessaires à son exploitation : 1º soit au moyen d'une contribution payée par les associés lors de leur entrée et au moyen de cotisations annuelles, soit à l'aide de versements successifs, à valoir sur l'apport social ; 2º au moyen d'emprunts contractés sous la garantie solidaire de l'association.

3º ORGANISATION DE L'ASSOCIATION. — ASSEMBLÉE GÉNÉRALE.

Les associés sont appelés à veiller collectivement aux intérêts de l'association. La direction et l'administration sont confiées à un comité, nommé pour la durée de trois ans, et composé d'un président, d'un caissier, d'un contrôleur et de neuf délégués. Le président, le caissier et le contrôleur sont nommés chacun séparément ; l'élection des délégués a lieu dans un seul tour de scrutin. Les délégués sortent par tiers au bout d'une année, pour être remplacés par de nouveaux élus. Pendant les deux premières années, c'est le sort qui en décide ; les années suivantes, c'est l'ancienneté, si bien que chaque délégué reste trois ans en fonctions.

Celles des affaires sociales que le présent statut ou des décisions postérieures de l'association n'ont point placées dans les attributions du comité, sont de la compétence des associés réunis en assemblée générale, dont les résolutions, prises à la majorité des voix, sont obligatoires pour l'association, pourvu que la convocation de l'assemblée et les matières à traiter aient été annoncées trois jours d'avance dans les feuilles publiques.

Les assemblées générales se réunissent : 1º à la clôture de l'exercice, pour nommer les membres du comité, faire le bilan et disposer de la répartition des dividendes ; 2º à la fin de chaque trimestre, pour rendre compte de la situation financière et régler les affaires contentieuses et autres.

Des assemblées générales extraordinaires peuvent être convoquées en cas d'urgence ; elles doivent se réunir toutes les fois qu'un dixième des associés en fait la demande par écrit au comité, en alléguant les motifs.

Les assemblées générales sont convoquées par le comité, qui est chargé de fixer l'ordre du jour. Les motions, présentées en temps utile par dix associés au moins, doivent figurer à l'ordre du jour.

Les travaux de l'assemblée générale sont dirigés par le président ; toutefois, la direction peut être, par arrêt de l'assemblée, déférée à un autre associé.

4º ATTRIBUTIONS ET GESTION DU COMITÉ.

Le comité et les membres qui le composent sont responsables vis-à-vis de l'association de l'exécution du présent statut, des décisions prises et des arrêtés de compte.

Toutes les demandes et motions doivent être adressées, par écrit, au comité. Une séance est consacrée par semaine à l'expédition des affaires courantes. Les décisions sont prises à la majorité des voix, à la condition que la moitié des membres soient présents.

Le comité peut se faire représenter les livres de caisse et autres papiers, et renvoyer immédiatement les comptables, en cas de malversation, sauf décision définitive de l'assemblée générale.

Le comité peut, en outre : 1º accorder des avances sur billets ou lettres de change dans les limites des articles 10 et 11 du présent statut; 2o disposer des fonds en caisse dans l'intérêt de l'association; 3° faire et accepter des emprunts et placements pour la caisse sociale, en engageant l'association solidairement vis-à-vis des créanciers. Toutefois, l'assemblée générale aura à fixer d'avance le chiffre maximum des emprunts et placements. Il est reçu, en règle générale, que ce maximum ne pourra excéder le double du fonds propre de l'association.

Pour tous les autres engagements, contrats, etc., le comité doit demander l'autorisation de l'assemblée générale.

Du reste, la responsabilité du comité ne s'étend point jusqu'aux pertes que l'exploitation peut subir par suite de l'insolvabilité de ses débiteurs; l'association ne lui impute point à faute de s'être mépris sur la situation financière des associés.

Le président dirige les travaux du comité et peut convoquer des séances extraordinaires.

Le caissier prend en dépôt les sommes qui rentrent et en donne quittance; il pourvoit aux frais et dépenses sur une autorisation par écrit du président et d'un des délégués. Il est chargé de la comptabilité générale et de tout ce qui s'y rattache.

Le contrôleur chargé de vérifier les livres de la comptabilité remplit, au surplus, les fonctions de secrétaire dans les assemblées générales et dans les séances du comité, dont il expédie les correspondances.

Le président, le caissier et le contrôleur forment le directoire de l'association, chargé de l'exécution des décisions prises soit par le comité, soit par les assemblées générales. Ils représentent l'association vis-à-vis du public; les engagements qu'ils ont souscrits en commun, au nom de l'association, ont force obligatoire pour cette dernière. Ils ne sont tenus à des dommages-intérêts envers l'association qu'autant qu'ils ont contrevenu aux décisions du comité ou des assemblées générales, ou qu'ils auront négligé de demander des instructions. Chacun d'eux peut, d'ailleurs, ester en justice au nom et comme fondé de pouvoirs de l'association.

Le président, le caissier et le contrôleur sont rétribués en proportion des opérations sociales. Le caissier doit fournir un cautionnement.

5° Droits et devoirs des associés.

Les associés ont le droit : 1° de voter dans toutes les assemblées et élections; 2° de demander à la caisse des avances, dans la meşure du possible; 3° de réclamer un dividende sous les conditions prévues à l'article 9.

Ils sont tenus, par contre : 4° de verser, à titre de part d'intérêt ou d'apport social, une cotisation mensuelle d'au moins 62 1/2 centimes par tête; 5° de répondre des frais de l'association; 6° de payer en entrant une contribution de 3 fr 75 cent., soit en une seule fois, soit dans les termes ci-après; 7° de répondre solidairement des emprunts contractés par l'association et de souscrire les obligations représentatives de ces emprunts, à moins que le directoire ne l'ait fait en leur nom; 8° de s'engager par écrit à ne point contrevenir au présent statut ni aux décisions de l'association.

6° PARTS D'INTÉRÊT OU MISES DE FONDS DES ASSOCIÉS.

L'apport social de chaque associé est fixé au maximum de 150 francs, qui pourront être acquittés soit en un seul versement, soit par des payements successifs. La cotisation mensuelle, énoncée à l'article 5, n° 4, est le minimum de l'appoint à fournir. En dehors de cette cotisation, le dividende de chaque associé est retenu jusqu'à ce que le maximum ci-dessus de 150 francs ait été atteint. Ce dividende, ainsi que tous les versements faits dans l'année, à valoir sur l'apport social, sont portés en fin d'exercice au crédit de l'associé.

Tous les versements et dividendes restent la propriété des associés; ils ne pourront être retirés de la caisse, ni en entier ni en partie, tant que l'associé fait partie de l'exploitation.

Les parts d'intérêt des associés ont, vis-à-vis de la caisse de l'association, le caractère d'une créance; aussi sont-elles remboursées aux associés sortants, à moins que ces derniers n'aient des engagements à remplir envers l'association. Lors de la dissolution de l'association, les mises de fonds des associés sont comprises dans la liquidation des dettes sociales; toutefois, ces dernières ont un privilége lorsque le montant des apports sociaux ne suffit point pour couvrir le passif.

C'est un contrat aléatoire, semblable à celui des sociétés par actions. Aucun associé ne peut donc exercer son recours sur les autres associés à raison des pertes qu'il aura essuyées par suite de cet état de choses; cependant si les pertes ne s'appliquent qu'à une partie de l'apport social, elles seront supportées en commun par tous les associés, au prorata de leurs mises.

Chaque associé reçoit un livret constatant les versements et les emprunts qu'il aura faits. Ce livret est inaliénable et incessible, tant que le détenteur fait partie de l'association.

7° FONDS DE RÉSERVE.

Le fonds propre des associés, mentionné à l'article 2, qui se compose soit des apports sociaux, soit du dividende, sert à former un fonds de réserve destiné à couvrir les pertes éventuelles. Chaque associé est tenu, lors de son entrée, de verser au fonds de réserve une contribution de 3 fr. 75 cent. qui reste acquise à l'association et n'est point remboursée, lors de la sortie du contribuant. Ce versement peut être échelonné de la manière suivante : 2 fr. 50 cent. en entrant, 62 1/2 centimes les deux années suivantes.

8° INTÉRÊTS A SERVIR SUR LES AVANCES.

Les intérêts que les associés ont à payer à raison des avances qu leur ont été faites servent à couvrir la rente des capitaux empruntés par l'association, ainsi que les frais de gestion. Le surplus est affecté soit au fonds de réserve, soit aux dividendes.

Les associés ont à payer pour chaque avance : 5 p. 0/0 d'intérêt par an; 1/4 p. 0/0 de provision par mois; soit, ensemble, 8 p. 0/0 par an. En cas de retard du remboursement, les intérêts moratoires sont de 10 p. 0/0, à courir du jour de l'échéance.

Toutefois, quand les avances sont faites à bref délai, l'intérêt ne sera jamais au-dessous de 12 centimes 1/2 pour des sommes de 12 à 20 fr., ni au-dessous de 25 centimes pour des sommes de 20 à 38 francs; et ainsi de suite pour chaque 20 francs en sus. En tout cas, les sommes qui précèdent sont le minimum des intérêts à servir. L'intérêt est retenu sur les avances faites.

9° DIVIDENDE.

L'excédant qui reste, après payement des intérêts des capitaux empruntés par la caisse, se distribue, en fin d'exercice, aux associés, sous forme de dividende, au prorata des versements qu'ils auront faits sur leur apport social. Ce dividende est porté au crédit de leur compte jusqu'à ce que leur mise soit parfaite.

Les parts d'intérêt des associés ne comptent dans la répartition du dividende qu'autant qu'elles embrassent une année entière, tandis que les cotisations mensuelles commencées dans le courant

de l'année ne pourront figurer que dans le bilan de l'année suivante.

Tant que le fonds de réserve n'aura pas atteint le chiffre voulu,
le dividende, avant d'être réparti entre les associés, doit subir certaines déductions dont la quotité sera déterminée par l'association,
Le même procédé s'applique lorsque, par suite de pertes éprouvées
lors du remborsement des avances, le fonds de réserve sera des-
cendu au-dessous du chiffre normal.

10° QUOTITÉ DES AVANCES. — ÉCHÉANCES.

La quotité des avances dépend essentiellement de la situation de
la caisse vis-à-vis des besoins du moment; c'est au comité à apprécier. En règle générale, les avances ne devront être ni au-dessous de 12 francs, ni au-dessus de 3,750 francs. En cas d'insuffisance
de la caisse, les demandes antérieures priment les subséquentes,
de même que les petites sommes ont la préférence sur les grandes.

En règle générale, les échéances ne doivent point dépasser
trois mois; le remboursement peut d'ailleurs se faire à plusieurs
échéances successives. Le comité peut, toutefois, après l'expiration
de l'échéance primitive, prolonger les avances pour la durée de
trois mois, sauf consentement des garants. Il peut également accorder plusieurs prolongations de terme pour une seule et même
dette, pourvu que l'ensemble ne dépasse point l'échéance primitive de trois mois.

11° QUALITÉS REQUISES POUR EMPRUNTER.

Quiconque veut être reçu à demander des avances doit réunir les
qualités suivantes : 1° Il doit être de réputation intacte; 2° il ne
doit pas être en retard pour le remboursement des avances antérieures, ni avoir porté préjudice à ses garants; 3° sa position sociale doit présenter des sûretés convenables pour le remboursement.

Lorsque les avances demandées ne dépassent pas de 40 francs
la mise de l'associé, c'est au comité à apprécier si la position personnelle de l'emprunteur fait prévoir le remboursement avec quelque degré de certitude. Si, dans ce cas, l'associé a déjà fait son versement intégral de 150 francs, il pourra lui être avancé, sans sûreté
spéciale, des sommes jusqu'à concurrence de 225 francs. L'autorité, l'intelligence, l'esprit d'ordre, l'honnêteté, voilà les éléments
qui doivent l'emporter de préférence. Les associés trouvent, d'ail-

leurs, toujours un crédit ouvert jusqu'à concurrence de ce qu'ils ont apporté à l'association.

Les avances d'un montant plus élevé exigent des sûretés, soit personnelles, soit réelles, que le comité peut, à son gré, accepter ou refuser. Dans le cas où un associé ayant reçu des avances, moyennant caution, sans les avoir remboursées, demanderait un nouvel emprunt, sa demande ne pourra être accueillie sans le consentement des garants de la dette antérieure, dont l'assentiment, du reste, n'implique aucune garantie de la dette nouvelle.

Les garants qui consentent à libérer le débiteur ou à se substituer à sa personne n'auront à servir, dans l'année, que 5 p. 0/0, à titre d'intérêts moratoires et autres. Les plaintes au sujet d'emprunts refusés sont du ressort de l'assemblée générale.

12° ASSOCIÉS.

Quiconque a été admis par le comité devient associé en mettant sa signature au bas du statut. Le comité peut à son gré permettre ou refuser l'entrée, s'il le juge convenable aux intérêts de la société. Les personnes renvoyées pourront en appeler à l'assemblée générale.

L'inexécution des engagements contractés emporte la déchéance prononcée par arrêt de l'association. La déchéance pourra être demandée contre les associés qui sont de trois mois en retard pour le payement de leur mise, ou qui se font traduire en justice à raison du remboursement des avances reçues.

Le décès de l'associé, ou un avis par écrit de sa part de vouloir quitter l'association, mettent fin au contrat au bout de l'année sociale, pendant la durée de laquelle les héritiers restent engagés. L'avis, au surplus, doit être donné au moins six mois avant la clôture de l'exercice, faute de quoi l'engagement subsiste pour l'année suivante.

L'associé sortant ou ses héritiers ne pourront demander que le montant intégral de ce qu'il aura versé sur sa mise et du dividende qui lui aura été porté en compte. Le remboursement a lieu dans les six mois de la clôture de l'année sociale.

Par contre, l'associé sortant peut demander d'être libéré, dans les deux ans, de la solidarité encourue envers les créanciers de l'association. L'association ne pourra, en cas d'insuffisance de son actif, se soustraire à cette obligation qu'en procédant immédiatement à la liquidation du passif et à sa dissolution éventuelle. Dans ce cas, l'associé sortant est tenu de répondre pour sa part des engagements contractés par la société.

L'associé, à partir du jour de sa sortie, n'a aucun droit de s'ingérer dans les affaires de l'association. Il peut seulement demander copie du bilan.

13° MEMBRES HONORAIRES.

Est membre honoraire, pour la durée d'un an, quiconque s'engage : 1° à faire un versement annuel de un franc cinquante centimes (1 fr. 50 c.) au moins; 2° à payer une fois pour toutes trois francs soixante-quinze centimes (3 fr. 75 c.) au profit de la caisse; 3° à faire un prêt sans intérêts de trente-sept francs cinquante centimes (37 fr. 50 c.).

Les membres honoraires ont droit de vote; ils sont soumis, du reste, aux prescriptions des statuts et aux décisions de la société.

14° DISSOLUTION DE LA SOCIÉTÉ. — GARANTIES DES ASSOCIÉS.

La stipulation de l'art. 3, portant que la majorité des voix suffit pour valider les résolutions de l'association, ne souffre d'exception que pour le cas de dissolution, qui exige les deux tiers des voix.

Les membres honoraires, exclus du droit de voter sur la dissolution, pourront répéter les sommes données à titre gratuit, à moins qu'elles ne soient affectées à payer les dettes sociales, et à charge par eux d'en faire la demande au comité dans les six semaines de la publication de la dissolution.

Les créances des associés ordinaires priment celles des membres honoraires. Les associés ne répondent solidairement sur leurs biens personnels aux créanciers de l'association que lorsque les fonds de réserve et les apports sociaux n'auront point suffi à couvrir les dettes.

15° CONTENTIEUX.

Les contestations entre les associés sont soumises aux assemblées générales, qui décident en dernier ressort. Les associés renoncent d'avance au recours en justice (1).

Vu et approuvé,

Delitzsch, le

____

(1) Ce document est tiré de l'Enquête sur les sociétés coopératives.

II

Anno vicesimo quinto et vicesimo sexto VICTORIÆ REGINÆ,
cap. LXXXVII.

Acte qui confirme et amende les lois relatives aux Sociétés industrielles et de prévoyance.

7 AOUT 1862.

Attendu que la loi de 1852, sur les sociétés industrielles et de prévoyance, permet à toutes personnes, quel que soit leur nombre, d'établir une société, conformément aux dispositions de la susdite loi, pour réunir, par souscription volontaire de ses membres, un capital destiné à obtenir tout but ou objet autorisé par les lois existantes sur les sociétés amicales (*friendly societies*), ou par la susdite loi, pour entreprendre ou exercer en commun un travail, commerce ou métier, ou plusieurs travaux, commerces ou métiers, excepté l'exploitation des mines, minéraux ou carrières dans les limites du Royaume-Uni de la Grande-Bretagne et d'Irlande, et aussi excepté les affaires de banque, soit dans ledit royaume, soit ailleurs, et que la susdite loi s'applique à toutes les sociétés déjà établies pour un des objets ci-mentionnés, aussitôt qu'elles se seront conformées aux dispositions de la présente loi. Et, attendu que, par la loi promulguée la septième et la huitième année du règne de Sa Majesté, chapitre XXV, plusieurs dispositions furent prises pour faciliter la procédure en toute affaire concernant les sociétés formées conformément à ladite loi de 1852; et, attendu que la loi, citée en dernier lieu, a été amendée par une loi promulguée dans la première session de la dix-neuvième et vingtième année du règne de Sa Majesté, chapitre XL, et, attendu que plusieurs sociétés se sont constituées et ont commencé leurs affaires conformément aux dispositions des susdites lois, et qu'il est désirable de confirmer et d'amender les lois existantes qui régissent ces sociétés.

Il est décrété par Sa Très-Excellente Majesté la Reine, de et avec l'avis et consentement des lords spirituels et temporels, et des communes assemblés en ce moment en parlement, ce qui suit :

1. La loi de 1852 sur les sociétés industrielles et de prévoyance, et les lois susénumérées qui l'amendent, sont abrogées par la présente loi.

2. Toute société enregistrée conformément à la loi de 1852, sur les sociétés industrielles et de prévoyance, aura droit d'obtenir un certificat d'enregistrement, en s'adressant au secrétaire préposé à l'enregistrement des sociétés amicales (*registrar*), et, pour ce certificat, il n'y aura aucune taxe à payer.

3. Toutes personnes, au nombre de sept au moins, peuvent établir une société conformément à la présente loi, dans le but d'entreprendre ou d'exercer en commun tout travail, commerce ou métier, en gros ou en détail, excepté l'exploitation des mines et carrières, excepté aussi les affaires de banque, et d'employer les bénéfices pour tout objet permis par les lois sur les sociétés amicales ou autres lois.

4. Les règlements de chaque société contiendront des dispositions relatives aux différentes matières mentionnées dans le tableau annexé à la présente loi.

5. Deux exemplaires des règlements seront adressés au *registrar* des sociétés amicales d'Angleterre, d'Écosse ou d'Irlande, suivant le lieu où se trouve le siége de la société, pour être par lui statue, conformément à la loi de 1855, sur lesdites sociétés, et il délivrera, en conséquence, son certificat d'enregistrement, lequel suffira pour faire preuve, en tous cas, que la société a été légalement enregistrée, et, par suite, les membres de la société deviendront une communauté (*body corporate*) sous le nom qu'ils auront adopté, avec succession perpétuelle et sceau commun, et pouvoir de posséder des terres et des maisons, sous une responsabilité limitée.

6. Le certificat d'enregistrement mettra la société en possession de toutes valeurs qui seraient actuellement mises en dépôt, pour le compte de la société, et toutes procédures commencées, par ou contre les dépositaires ou autres agents pourront être continuées par ou contre la société, en son nom social enregistré, sans atermoiement.

7. Un exemplaire des règlements sera délivré par la société, à toute personne qui en fera la demande, contre payement d'une somme ne pouvant dépasser un schelling.

8. Aucune société ne pourra être enregistrée sous un nom identique, ou tellement semblable à celui d'une société déjà enregistrée, que le public ou les membres de la société puissent s'y méprendre, et le mot *limited* sera le dernier mot du nom de la société, enregistrée conformément à la présente loi.

9. Aucun membre n'aura droit de placer dans une société enregistrée conformément à la présente loi, ni d'y être intéressé pour une somme supérieure à 200 livres sterling (5,000 francs).

10. Toute société, enregistrée conformément à la présente loi, devra peindre ou afficher et tenir peint ou affiché son nom à l'extérieur de tout bureau, ou autre lieu où elle fera ses affaires, d'une manière ostensible et en lettres faciles à lire. Elle aura son nom, gravé d'une manière lisible, sur son sceau ainsi que sur tous avis, avertissements ou autres publications officielles, ainsi que sur toutes lettres de change, billets à ordre, endossements, chèques et ordres pour argent ou marchandise devant être signés par ou pour le compte de la société, ainsi que sur toutes lettres d'envoi, factures, reçus ou lettres de crédit de la société.

11. Toute société enregistrée conformément à la présente loi, qui ne peindra pas ou n'affichera pas, ne tiendra pas peint ou affiché son nom dans la forme prescrite par l'article précédent, sera passible d'une amende ne dépassant pas 5 livres sterling par chaque jour de contravention, et tout agent ou personne employée par la société, qui se servira d'un cachet où son nom ne sera pas gravé ainsi qu'il est dit plus haut, et émettra ou autorisera l'émission d'avis, avertissements ou autres publications officielles de la société, ou signera ou autorisera la signature, au nom de la société, de toute lettre de change, de tout billet à ordre, endossement, chèque, ordre pour argent ou marchandise, et émettra ou autorisera l'émission de lettres d'envoi, factures, reçus ou lettres de crédit de la société, sur lesquels son nom ne sera pas inscrit comme il est dit plus haut, sera passible d'une amende de 50 livres sterling, et, en outre, sera personnellement responsable, vis-à-vis des tiers porteurs, des lettres de change, billets à ordre, chèques, ordres pour argent ou marchandise, à moins que le payement n'en soit fait par la société.

12. Toute société, constituée en vertu de la présente loi, aura un siége social enregistré, où tous avertissements ou communications pourront être adressés. Dans le cas où la société opérerait sans avoir un siége ainsi désigné, elle encourra une amende ne dépassant pas 5 livres sterling par chaque jour de contravention.

13. Avis de la situation du siége social et de tout changement ultérieur sera donné au *registrar*, qui le portera sur ses registres; jusqu'à ce que cet avis soit donné, la société ne sera pas considérée comme constituée conformément à la présente loi.

14. Les règlements de toute société, constituée conformément à la présente loi, seront obligatoires pour la société et pour chacun de ses membres, comme si chaque membre les avait signés de son nom et y avait fixé son sceau, et comme s'il avait pris l'engagement

pour lui, ses héritiers, exécuteurs et administrateurs, de se conformer à ces règlements, en exécution de la présente loi ; et toutes
sommes dues par un membre à la société, en exécution de ces règlements, seront considérées comme une dette de ce membre envers la société.

15. Les dispositions des lois sur les sociétés amicales seront applicables aux sociétés enregistrées conformément à la présente loi,
pour les points suivants :

Exemption des droits de timbre sur les reçus, lettres de change
et billets à ordre, etc. (*stamp duties*) ;

Exemption de l'impôt sur le revenu (*income taxe*) ;

Règlement des contestations par arbitres ou juges de paix (*jus-
tices*) ;

Compensation accordée aux membres exclus injustement ;

Juridiction des juges de paix ou de la Cour du comté en cas de
fraude ;

Juridiction du *registrar*.

16. Les dispositions de la loi de 1854 sur les sociétés amicales,
par lesquelles un membre de toute société enregistrée conformément à cette loi a la faculté de nommer toute personne au nom de
laquelle les sommes pour lesquelles il est intéressé dans la société
seront payées, s'appliqueront, dans le cas de sociétés enregistrées
conformément à la présente loi, au membre qui voudra désigner
une personne au nom de laquelle sa part d'intérêts sera transférée
à son décès ; sous la réserve que la société aura le droit, si elle le
préfère, au lieu d'opérer ce transfert, de rembourser aux personnes
ainsi désignées la valeur intégrale de la part d'intérêts de celui
qu'elles représentent.

17. Toute société, enregistrée conformément à la présente loi,
peut être dissoute, par autorité de justice ou volontairement, dans
la même forme et dans les mêmes cas que toute autre société et
conformément aux lois existantes sur la dissolution des compagnies, et toutes les dispositions de ces lois s'appliqueront à la dissolution de ladite société, avec la seule exception que la Cour com-
pétente en cette matière sera la Cour du comté du district où se
trouve le siége de la société.

18. En cas de dissolution d'une société, elle sera cependant considérée comme continuant à exister et sera soumise à tous égards
aux dispositions de la présente loi aussi longtemps que ses affaires
ne seront pas réglées, de telle sorte qu'elle pourra faire tous actes
nécessaires à sa dissolution, poursuivre et être poursuivie en jus-

tice, conformément aux dispositions de la présente loi, pour toute matière concernant la société.

19. Les dispositions de la loi sur les sociétés par actions (*joint-stock companies*) au sujet des lettres de change, et celles qui considèrent le registre des actions comme faisant foi en justice, seront applicables aux sociétés enregistrées conformément à la présente loi.

20. En cas de dissolution d'une société enregistrée conformément à la présente loi, chaque membre, faisant ou ayant fait partie de la société, sera tenu de contribuer à l'actif de la société (*assets*) dans une proportion suffisante pour l'acquittement des dettes et engagements de la société, pour les frais et dépenses de la dissolution, et pour le payement des sommes nécessaires au règlement des droits des associés entre eux (*contributories*), le tout aux conditions suivantes :

1. Aucun membre, ayant cessé de faire partie de la société, ne sera tenu de contribuer à l'actif de la société si sa retraite a précédé d'un an ou plus le commencement de la dissolution.

2. Aucun membre, ayant cessé de faire partie de la société, ne sera tenu de contribuer au payement des dettes ou engagements de la société, contractés depuis qu'il a cessé d'en faire partie.

3. Aucun membre, ayant cessé de faire partie de la société, ne sera tenu de contribuer à l'actif de la société, à moins qu'il n'apparaisse à la Cour que les membres actuels sont hors d'état de subvenir aux contributions nécessaires pour satisfaire aux réclamations légitimes faites à la société.

4. Aucune contribution excédant le montant non payé (s'il en existe) de ses actions (*shares*) ne pourra être exigée d'aucun membre faisant ou ayant cessé de faire partie de la société.

21. Toute société, enregistrée conformément à la présente loi, pourra se constituer sous le régime de la loi sur les compagnies par actions en se conformant aux dispositions de cette loi, et cessera de posséder les droits qui lui sont conférés par son enregistrement conformément à la présente loi.

22. Toute personne ou membre, ayant un intérêt dans une société enregistrée d'après la présente loi, pourra examiner les livres et les noms des membres, en temps convenable, dans les bureaux de la société.

23. Le shériff en Écosse aura, dans son comté, la même juridiction que celle attribuée au juge de la Cour de comté en Angleterre, pour toutes matières rentrant dans la présente loi.

24. Un état général des fonds et valeurs appartenant à toute société enregistrée d'après la présente loi sera transmis, une fois par an, au *registrar*. Cet état comprendra tout l'actif et toutes les dettes de la société, et sera préparé dans le temps, dans la forme et avec les détails que prescrira le *registrar*, et ledit *registrar* aura pouvoir d'exiger toutes preuves qu'il jugera nécessaires pour justifier de l'exécution des règlements, ou à l'appui des documents qui doivent lui être transmis; et tout membre de la société ou tout déposant aura droit d'obtenir gratis, sur sa demande, du secrétaire ou du trésorier, un exemplaire de cet état.

25. Toutes amendes, imposées par la présente loi ou par les règlements de toute société enregistrée d'après la présente loi, pourront être recouvrées d'une manière sommaire devant deux juges de paix, conformément à la loi rendue dans les onzième et douzième années du règne de Sa Majesté la Reine Victoria, chap. XLIII, sous le titre de : « Loi pour faciliter l'accomplissement des devoirs des juges de paix, en dehors des sessions, en Angleterre et dans le pays de Galles, en ce qui concerne les condamnations sommaires. »

26. La présente loi prendra le nom de « Loi de 1862 sur les sociétés industrielles et de prévoyance. »

TABLEAU ANNEXÉ A LA LOI DE 1862 SUR LES SOCIÉTÉS INDUSTRIELLES ET DE PRÉVOYANCE.

TABLEAU DES MATIÈRES SUR LESQUELLES LES RÈGLEMENTS AURONT A PRONONCER.

1. Objet, nom et siége de la société, qui doit, en tous cas, être enregistrée comme société à responsabilité limité.

2. Conditions d'admission des membres.

3. Tenue des assemblées, droit de vote, mode de rédaction des règlements et de leur modification.

4. Décision à prendre sur la question de savoir si les actions (*shares*) seront transférables. Dans le cas de l'affirmative, dispositions pour leur transfert, leur enregistrement, le consentement du conseil d'administration et sa confirmation par l'Assemblée générale de la société. Dans le cas où les actions ne seront pas transfé-

rables, dispositions pour le payement de ce qui est dû aux membres qui se retirent de la société.

5. Dispositions pour la vérification des comptes.

6. Pouvoir de placer une partie du capital dans une autre société, sous la condition que le placement ne soit fait que dans une société enregistrée conformément à la présente loi, ou conformément à la loi sur les compagnies par actions (*joint-stock companies*) comme société ou compagnie à responsabilité limitée.

7. Pouvoir accordé à chaque membre de se retirer de la société et dispositions sur le mode de le faire. Dispositions sur les droits des exécuteurs, administrateurs ou ayants cause des membres.

8. Emploi des bénéfices.

9. Mode de nomination des administrateurs et autres agents, leurs pouvoirs et leur rémunération (1).

III

PREMIER PROJET DE LOI

TITRE IV

Des Sociétés de coopération.

Art. 51. Les sociétés de coopération sont celles qui ont pour objet :

Soit d'acheter, pour les vendre aux associés, des choses nécessaires aux besoins de la vie ou aux travaux de leur industrie ;

Soit d'ouvrir aux associés des crédits et de leur faire des prêts ;

Soit d'établir pour les associés des ateliers de travail en commun et d'en vendre les produits, soit collectivement, soit individuellement.

Elles sont soumises, chacune en raison de la forme qui lui est donnée, aux dispositions générales qui régissent les différentes espèces de sociétés civiles ou commerciales, sauf les modifications énoncées dans les articles suivants.

(1) Ce document est tiré de l'Enquête sur les sociétés coopératives.

Art. 52. Le capital social peut, pendant la durée de la société, être augmenté par les apports successifs faits par les associés ou par l'admission d'associés nouveaux. Il peut être diminué par la reprise totale ou partielle des apports effectués.

Toutefois les statuts doivent déterminer une somme au-dessous de laquelle le capital social ne pourra être réduit.

Art. 53. Lorsque les parties auront adopté la forme de la société en commandite par actions ou de la société anonyme, quel que soit le montant du capital social, les actions ou coupons d'actions pourront être inférieurs à 100 francs.

Dans les mêmes cas, la souscription de la totalité du capital social et le versement du quart pourront être valablement constatés par une déclaration sous signature privée du gérant ou des fondateurs.

Art. 54. Chaque associé peut se retirer de la société lorsqu'il le juge convenable. Il reste tenu envers ses coassociés et envers les tiers, dans les termes des statuts, des engagements contractés à l'époque où il faisait partie de la société.

Art. 55. La société, quelle que soit sa forme, est valablement représentée en justice par ses administrateurs.

Art. 56. La société n'est point dissoute par la mort, la retraite, l'interdiction ou la déconfiture de l'un des associés ; elle continue de plein droit entre les autres associés.

Art. 57. Dans la quinzaine de la constitution de la société, des copies : 1° de l'acte constitutif, 2° des déclarations et délibérations exigées pour la constitution de la société, lesdites copies certifiées conformes par les gérants ou administrateurs, sont déposées aut greffe du tribunal de commerce ou du tribunal civil de l'arrondissement dans lequel est établie la société, selon que la société est commerciale ou civile.

Dans le même délai de quinzaine, un extrait de l'acte de société est transcrit, publié et affiché suivant le mode prescrit par l'article 42 du Code de commerce.

L'extrait doit énoncer la date de l'acte de société, son objet et la somme au-dessous de laquelle le capital ne peut être réduit.

Art. 58. Tous actes et délibérations ayant pour objet la modification des statuts, la continuation de la société au delà du terme fixé pour sa durée, la dissolution avant ce terme et le mode de liquidation, tout changement ou retraite des associés chargés de l'administration, sont soumis, dans la quinzaine de leur date, aux formalités prescrites par l'article précédent. Ne sont point assu-

'jettis à ces formalités les actes constatant les augmentations ou les diminutions du capital social opérées dans les termes de l'article 52, ou les retraites d'associés qui auraient lieu conformément à l'article 54.

Art. 59. Toute personne peut prendre communication au greffe des actes et délibérations dont le dépôt y est effectué conformément aux deux articles précédents.

Art. 60. Les formalités prescrites par les articles 57 et 58 sont les seules qui soient exigées pour la publication des sociétés de coopération. Elles seront observées, à peine de nullité, à l'égard des intéressés ; mais le défaut d'aucune d'elles ne pourra être opposé à des tiers par les associés.

Art 61. Les gérants ou administrateurs peuvent, en se renfermant dans l'objet pour lequel la société a été constituée, faire tous les actes nécessaires à l'administration des affaires sociales.

IV

DEUXIÈME PROJET DE LOI

TITRE IV

Dispositions particulières aux sociétés de coopération.

Art. 51. Les sociétés qui ont pour objet l'une ou plusieurs des opérations suivantes :

Acheter, pour les vendre aux associés seuls, ou aux associés et aux tiers, des choses nécessaires aux besoins de la vie ou aux travaux de leur industrie ;

Construire des maisons pour les associés ;

Ouvrir aux associés des crédits ou leur faire des avances ;

Vendre les produits de travaux exécutés par les associés, isolément ou en commun ;

Enfin, faire en commun des travaux en exécution de traités ou de marchés ;

Sont soumises aux dispositions générales qui régissent les différentes espèces de sociétés civiles ou commerciales, sauf les modifications énoncées dans les articles suivants.

Art. 52. Le capital social peut, pendant la durée de la société, être augmenté par des apports successifs faits par les associés ou par l'admission d'associés nouveaux. Il peut être diminué par la reprise totale ou partielle des apports effectués.

Toutefois, les statuts doivent déterminer une somme au-dessous de laquelle le capital social ne pourra être réduit.

Art. 53. Lorsque les parties auront adopté la forme de la société en commandite par actions ou de la société anonyme, la société ne pourra être définitivement constituée et les actions ou coupons d'actions ne seront négociables qu'après le versement du dixième du capital, qui consiste en numéraire. Les actions ou coupons d'actions, quel que soit le montant du capital social, pourront être inférieurs à 100 francs.

Dans les mêmes cas, la souscription de la totalité du capital social et le versement du dixième pourront être valablement constatés par une déclaration sous signature privée du gérant ou des fondateurs.

Art. 54. Chaque associé peut se retirer de la société lorsqu'il le juge convenable, à moins de conventions contraires et sauf l'application du paragraphe 2 de l'article 52.

Il peut être stipulé que l'assemblée générale aura le droit de décider, à la majorité fixée pour la modification des statuts, que l'un ou plusieurs des associés cesseront de faire partie de la société.

L'associé qui cesse de faire partie de la société, soit par l'effet de sa volonté, soit par suite de décision de l'assemblée générale, reste tenu, dans les termes des statuts, envers les associés et envers les tiers, de toutes les obligations existant au moment de sa retraite.

Art. 55 La société, quelle que soit sa forme, est valablement représentée en justice par ses administrateurs.

Art. 56. La société n'est point dissoute par la mort, la retraite, l'interdiction ou la déconfiture de l'un des associés; elle continue de plein droit entre les autres associés.

Art. 57. Tout administrateur d'une société anonyme de coopération doit être propriétaire d'un nombre d'actions déterminé par les statuts.

Ces actions sont affectées à la garantie de tous les actes de la gestion; elles sont nominatives, inaliénables, frappées d'un timbre indiquant l'inaliénabilité et déposées dans la caisse sociale.

Art. 58. Dans la quinzaine de la constitution de la société, deux copies : 1° de l'acte constitutif, 2° des déclarations et délibérations exigées pour la constitution de la société, lesdites copies certifiées

par les gérants ou administrateurs, doivent être remises au greffe
de la justice de paix du canton dans lequel la société est établie;
l'une des deux copies reste déposée au greffe de la justice de paix,
et l'autre est transmise, dans le mois, par le greffier de la justice
de paix, au greffe du tribunal de commerce dans le ressort duquel
est située la justice de paix.

Dans le même délai de quinzaine, un extrait de l'acte de société
doit être transcrit sur les registres du greffe de la justice de paix
et publié dans un des journaux désignés pour recevoir les annonces
légales.

L'extrait doit énoncer la date de l'acte de société, son objet et la
somme au-dessous de laquelle le capital ne peut être réduit; il est
signé, pour les actes publics, par les notaires, et, pour les actes
sous seing privé, par tous les associés si la société est en nom collectif; par les gérants ou par les administrateurs, si la société est
en commandite ou anonyme.

Il sera justifié de l'insertion par un exemplaire du journal cer-
tifié par l'imprimeur, légalisé par le maire et enregistré dans les
trois mois de sa date.

Art. 59. Tous actes et délibérations ayant pour objet la modification des statuts, la continuation de la société au delà du terme
fixé pour sa durée, la dissolution avant ce terme et le mode de
liquidation, tout changement ou retraite des associés chargés de
l'administration, sont soumis, dans la quinzaine de leur date, aux
formalités prescrites par l'article précédent. Ne sont point assujettis
à ces formalités les actes constatant les augmentations ou les diminutions du capital social opérées dans les termes de l'article 52, ou
les retraites d'associés qui auraient lieu conformément à l'article 54.

Art. 60. Toute personne peut prendre communication, au greffe
de la justice de paix ou au greffe du tribunal de commerce, des
actes et délibérations dont le dépôt a été effectué conformément
aux deux articles précédents.

Toute personne peut également exiger qu'il lui soit délivré, au
siége de la société, une copie certifiée des statuts, moyennant payement d'une somme qui ne pourra excéder un franc.

Art. 61. Les formalités prescrites par les articles 58 et 59 sont
les seules qui soient exigées pour la publication des sociétés de
coopération. Elles seront observées, à peine de nullité, à l'égard
des intéressés; mais le défaut d'aucune d'elles ne pourra être opposé à des tiers par les associés.

Art. 62. Les gérants ou administrateurs peuvent, en se renfermant dans l'objet pour lequel la société a été constituée, faire tous les actes nécessaires à l'administration des affaires sociales.

V

AUTRE PROJET DE LOI

Art. 1. Toutes les sociétés, quel que soit leur objet, et particulièrement les sociétés de coopération pour la vente des objets de consommation, pour le crédit entre associés et pour la production, peuvent se former sans autorisation préalable lorsque leurs statuts sont conformes aux conditions prescrites par la présente loi.

Art. 2. Le capital social est formé au moyen de cotisations périodiques dont le maximum ne dépasse pas 10 francs par semaine. — Toutefois un premier versement, dont le maximum est fixé à 200 francs par associé, peut être fait au moment de la constitution de la société. — Les membres nouveaux sont admis à verser, au moment de leur entrée, une somme égale à l'actif du sociétaire qui a la plus forte part du capital social. — Le capital des sociétés formées en vertu de la présente loi peut s'accroître indéfiniment.

Art. 3. L'acte de société est rédigé par écrit. Si parmi les membres fondateurs quelques-uns ne peuvent signer, l'acte est notarié. — Les adhésions et admissions des membres nouveaux sont constatées au procès-verbal de la séance d'admission; ledit procès-verbal est signé par le sociétaire nouvellement admis. Si le récipiendaire ne peut pas signer, le procès-verbal est signé en sa présence par les deux membres anciens qui l'ont présenté. Un extrait du registre, signé par le président et un membre du conseil de surveillance, est remis au membre nouvellement admis.

Art. 4. Un extrait de l'acte social indiquant :

1° Le nom du gérant;

2° Les noms des membres du conseil de surveillance;

3° Le siége de la société;

4° Le chiffre de la cotisation;

5° Le chiffre du premier versement, s'il y a lieu;

6° La date de la formation de la société;

7° Les pouvoirs conférés au gérant;

8° La nature des opérations que la société se propose de faire, sera affichée au tribunal de commerce et au conseil des prud'hommes, ou seulement à celle de ces deux juridictions qui est établie dans la commune. — S'il n'y a ni tribunal de commerce, ni conseil des prud'hommes, l'extrait sera affiché à la mairie de la commune et à la salle d'audience de la justice de paix du canton.

Art 5. L'administration de la société est confiée à un gérant qui agit sous le contrôle d'un conseil de surveillance composé de trois membres au moins. — Le gérant et les membres du conseil de surveillance sont élus par l'assemblée générale; ils sont indéfiniment rééligibles.

Art. 6. Les actes du gérant n'engagent que la société et le capital social; le gérant n'est responsable que de sa faute, conformément à l'art. 1992 du Code Napoléon.

Toutes les pertes excédant l'actif social, et en particulier celles résultant du non-payement des billets souscrits par les sociétaires, donneront lieu à une répartition proportionnelle à la part que chaque sociétaire avait dans l'actif. — A moins de clause spéciale de l'acte de société qui établisse la responsabilité solidaire des sociétaires, chacun ne sera tenu que de sa part dans cette contribution.

Art. 7. La qualité de société de coopération et la date de la présente loi seront mentionnées dans tous les actes faits au nom de la société.

Art. 8. Les assemblées générales des associés peuvent être tenues, sans autorisation préalable, moyennant la déclaration faite au préfet de police, à Paris; aux préfets et sous-préfets dans les chefs-lieux de département et d'arrondissement; au maire dans les autres communes.

Art. 9. Chaque sociétaire a le droit de se retirer à volonté de la société. — Mais il demeure responsable, conformément à l'art. 7 ci-dessus, des opérations sociales jusqu'au moment où sa démission a été constatée soit par l'acceptation du gérant, soit par la notification faite à ce dernier. — Les délais et les conditions du remboursement seront également réglés par les statuts. — Le démissionnaire sera dégagé de toute responsabilité après l'expiration d'un délai qui sera déterminé par les statuts et ne pourra pas être moindre d'un an.

Art. 10. En cas de démission ou de décès d'un de ses membres, la société continue de droit avec les membres restants (1).

____

(1) Ce projet a été rédigé et publié par MM. P. Andral, avocat à la Cour impériale; duc d'Audiffret-Pasquier; Odilon-Barrot, ancien président du Conseil

VI

Tableau résumé des associations coopératives allemandes à la fin de 1865.

D'après le rapport de l'agence centrale de M. Schultze-Delitsch (1).

Sociétés de crédit mutuel (banques du peuple), à la fin de l'exercice 1865.

1 Prusse. (Total p. la Prusse), 436 réparties ainsi qu'il suit entre les diverses provinces :	7 Saxe (duchés).	34
Saxe.. 101	8 Hesse (grand-duché).	27
Brandebourg. 89	9 Bavière.	22
Silésie.. 85	10 Hanovre.	20
Prusse.. 50	11 Bade.	16
Poméranie. 44	12 Anhalt.	15
Province rhénane.. 26	13 Hesse (électorat).	13
Posen. 25	14 Schwartzbourg.	10
Westphalie.. 16	15 Oldenbourg.	6
2 Autriche allemande 122	16 Villes libres.	5
3 Saxe (royaume).	17 Schleswig-Holstein.	5
4 Wurtemberg..	18 Reuss.	4
5 Nassau..	19 Lippe et Waldeck.	3
6 Mecklembourg.	20 Braunschweig.	3
	21 Luxembourg.	1
	Total général.	961

Sociétés de consommation.

Les renseignements contenus dans le rapport de M. Schultze-Delitsch au sujet des sociétés de consommation ne sont pas assez complets pour que nous puissions en donner un tableau résumé.

des ministres; A. Batbie, professeur à la Faculté de droit, avocat à la Cour impériale; prince Albert de Broglie, de l'Académie française; Aug. Cochin, ancien maire, administrateur de la C⁰ du chemin de fer d'Orléans; comte Napoléon Daru, ancien député, membre de l'Institut; comte d'Aussonville, ancien député; J.-E. Horn, publiciste; Lanjuinais, ancien ministre, député au Corps législatif; vicomte de Melun, ancien député; Henry Moreau; Casimir Périer, ancien député; Léon Say, administrateur de la C⁰ du chemin de fer du Nord; Jules Simon, député au Corps législatif, membre de l'Institut.

(1) Extrait du journal *la Coopération* du 13 janvier 1867.

Le nombre de celles qui sont mentionnées au rapport est de 157. — Sur ce chiffre, 34 seulement ont envoyé un compte-rendu de leurs opérations à l'agence centrale : beaucoup, et des plus importantes, ont négligé d'adresser les renseignements nécessaires.

ASSOCIATIONS CONNUES DE L'AGENCE CENTRALE POUR L'ACHAT DES MATIÈRES PREMIÈRES.

I. Associat. des cordonniers :	V. Associations de tisseurs. . 6
Prusse. 20	VI. Associations de relieurs. . 4
Royaume de Saxe. . . . 17	VII. Associations pour l'entreprise du bâtiment. . . . 3
Reste de l'Allemagne. . . 32	
II. Associations de tailleurs. . 30	VIII. Associations de vanniers. 1
III. Associations de forgerons. 12	IX. Associations de tanneurs. 1
IV. Associations de menuisiers 7	X. Associations de meuniers. 1

ASSOCIATIONS CONNUES DE L'AGENCE CENTRALE SOUS LE NOM D'ASSOCIATIONS POUR L'ACHAT DES MATIÈRES PREMIÈRES ET LES MAGASINS EN COMMUN.

I. *Associations de menuisiers, de fabricants de pianos et de chaises.*

1 BERLIN. Magasin central des menuisiers.
2 CROSSEN-SUR-ODER. Magasin.
3 DOEBELN. Magas. des menuisiers réunis.
4 FREIENWALDE-SUR-ODER. Magas. réun. de meubles. M. Hochne.
5 GOERLITZ. Magas. de meubles de Zander et Cᵉ. M. Zander.
6 GOERLITZ. Magas. de meubles de Wagner et Cᵉ. M. Wagner.
7 HAMBOURG. Assoc. de fabric. de pianos. Magas. et achat de matières premières.
8 HAMBOURG. Nouv. soc. des ouvriers fondée en 1863. Achat de matières prem. et magasin de meubles, de glaces, etc.
9 INSTERBOURG. Magasin des menuisiers réunis.
10 KŒNIGSBERG. (Prusse). Magasin.
11 LEIPSIG. Magasin.
12 MAGDEBOURG. Magasin des menuisiers réunis.
13 STOLP. M. Titz.

II. *Association de tailleurs.*

1 DESSAU. Magasin de vêtements. M. Mehnert.
2 GERA. Magasin. M. Rausch.
3 GOTHA. Magasin. M. Doell.
4 GREIZ. Magasin. M. Heinze.
5 HAM. Magasin. M. Baum.
6 KŒNIGSBERG (Prusse). Magasin. MM. Dammer et Sickade.
7 MITTWEIDA. Magasin.
8 MUNICH.
9 NEISSE. Magasin de vêtements.
10 SCHNEIDEMUHL. Magasin. M. Zepernick.

III. *Bazars industriels.*

1 DOBERAN. Bazar industriel.
2 GREVESMUHLEN. Baz. industriel. M. Polensky.
3 MAYENCE. Bazar industriel.
4 UEBERLINGEN. Bazar industriel
5 WIESBADEN. Assoc. de bazars. M. Salts.

IV. *Association d'armuriers.*

SUHL. Assoc. d'armur. MM. Rosch, Steyer et Cᵉ.

ASSOCIATIONS DE PRODUCTION CONNUES DE L'AGENCE CENTRALE AVEC OU SANS
MAGASINS DE MARCHANDISES FABRIQUÉES.

I. *Associations de tailleurs.*

1 BERLIN. Magasin de vêtements. M. Eckert.
2 BERLIN. Première association. M. Polandt.
3 BRESLAU. Assoc. de production. M. Kosa, Ohlauer str.
4 BROMBERG. M. Biegeon.
5 COLBERG. M. Will.
6 DRESDE. *Concordia*, ass. de product. Magasin.

II. *Associations de menuisiers.*

1 BERLIN. Menuisiers et sculpt.
2 BRESLAU. Halle de meubles. M. Schomburg.
3 GRATZ (Autriche). Magasin de meubles de la corporation des menuisiers. M. Boehn.
4 HAMBOURG. Assoc. des ouvriers réunis p. la fabr. et la vente de chaises, divans et pianos.
5 POSTDAM. Magasins réunis de meubles. M. Hasselkampf.

III. *Associations de tisseurs.*

1 BERLIN. Tisseurs de shawls. Product. et magas. M. C.-F. Munzert.
2 GOEPPINGEN. Tisseurs. M. Bronnen-Meyer.
3 HALLE-s.-ODER. Tisseurs de toile et de coton. Product. et magasin. M. Gundermann.
4 NEUSTADT-SUR-ODER. Tisseurs. M. Alvin Frotscher.
5 SUHL. Tisseurs réunis. M. Caspar Roth.

IV. *Associations de constructeurs de machines.*

1 BERLIN. Fabrique de bascules et const. de mach. MM. Hundt, Schwalbe et Ce.
2 CHEMNITZ. Société allemande de constructeurs de machines.
3 DANTZICK. Construct. de mach. réunis. M. Garbe et Ce.

V. *Association de relieurs.*

BERLIN. Impr. de l'ass. Urbal et Ce.

VI. *Association des ouvriers en métal.*

BERLIN. Stahl, Lissmann et Ce.

VII. *Association de boulangers.*

CHEMNITZ. Assoc. de boulangers.

VIII. *Association d'horlogers.*

FREIBOURG (Silésie). Assoc. des horlogers. Endler et Ce. (Prod.)

IX. *Association de cordonniers.*

STUTTGART. Assoc. de cordonniers.

X. *Association de fabricants de machines à coudre.*

BICLEFELD. Fabrique de machines à coudre.

XI. *Association de voituriers.*

BERLIN. Assoc. de prod. de voituriers. Brand et Ce.

RÉSUMÉ

Associations pour l'achat de matières premières. 143
Associations pour l'achat de matières premières et les magasins en commun. . . . 30
Associations de production. . 26
                                199

VII

Tableau général des Associations françaises, en mars 1867.

Ain. — *Nantua.* — Boulangerie sociétaire.

Sault (Villebois). Tailleurs de pierre du Bugey (production).

Aisne. — *Bernoville.* — Société de consommation.

Chauny. — Soc. de consomm. des établissements de St-Gobain.

Fresnoy-le-Grand. — Soc. de consomm., Hector Leroy et Ce.

Hargicourt. — Soc. de consomm., Joseph Gambier et Ce.

Homblières. — Soc. de consommation, l'Alliance ouvrière, Baheux et Ce.

Jeancourt. — Soc. de consomm., Polydore Trocmet.

Saint-Quentin. — Société alimentaire.

L'Union ouvrière, 1866 (Consommation).

Algérie. — *Alger.* — Société de crédit mutuel des employés algériens, 1866.

La Famille commerciale, Consommation (responsabilité limitée), 1864.

Banque de crédit mutuel (société civile), 1866.

Tailleurs de pierre, Goret et Ce (production), 1866.

Bone. — Consommation, Azant-Augier et Ce, 1866.

Guelma. — Société de consommation.

La Calle. — Société de consommation (en formation).

Oran. — Société alimentaire (société civile), 1866.

Crédit oranais.

Philippeville. — Société de consommation.

Ardennes. — *Mohon.* — Soc. de consomm , Bougeat et Ce.

Aube. — *Troyes.* — Société de consommation, 1866.

Aude. — *Carcassonne.* — Société de crédit mutuel, 1861.

Bas-Rhin. — *Strasbourg.* — Banque de créd. mut., Rœderer et Ce.

Société de consommation (par le système des jetons), 1866.

Basses-Pyrénées. — *Pau.* — Société de consomm., Camilhou et Ce, 1864.

Bouches-du-Rhône. — *Marseille.* — Fabricants de meubles, Lux et Ce (production).

____

(1) Extrait du journal *la Coopération* du 24 mars 1867.

Fabricants de pianos (le Clavier), à responsabilité limitée (production).

Imprimeurs, Arnaud Cayer et Cᵉ (production).

Association des menuisiers, Dumas et Cᵉ (production).

Assoc. provençale de consomm. et de crédit, Faure et Cᵉ.

La Ciotat. — Boulangerie économique.

Aix. — Chapeliers, Rigaud et Cᵉ (production), 1864.

Charente-Inférieure. — *La Rochelle.* — Société de consommation.

Boulangerie sociétaire.

Ile de Ré. — Onze boulangeries sociétaires.

Société de consommation.

Marennes. — Société de consommation.

Cher. — *Bourges.* — Société de consommation (en formation).

Doubs. — *Besançon.* — Société de crédit mutuel.

Boulangerie sociétaire.

Drôme. — *Valence.* — L'Universelle, Soc. de consomm., de crédit mutuel, etc., Frandon et Cᵉ.

Société de consommation, Echégut et Cᵉ.

Montélimart. — Société de crédit mutuel.

Eure. — *Ézy.* — Société d'épargne, 1866.

Gard. — *Nîmes.* — Société de consommation.

Assoc. gén. des ouvriers veloutiers, Schwarts et Cᵉ (production).

Gironde. — *Bordeaux.* — Tailleurs, 1863 (production).

Société de consommation.

Haute-Garonne. — *Toulouse.* — Tailleurs d'habits, Massot et Cᵉ (production).

Société de consommation (en formation).

Haut-Rhin. — *Beblenheim.* — Société de crédit mutuel.

Colmar. — La Mutualité de Colmar, Société de crédit et de consomm. à responsabilité proportionnelle.

Dornach. — Société de consommation, 1865.

Guebwiller. — La Caisse du pain (consommation).

Mulhouse. — Banque de crédit populaire.

Ribeauvillé. — Société de crédit mutuel.

Sainte-Marie-aux-Mines. — Société de consommation.

Thann. — Société de consommation.

Haute-Vienne. — *Limoges.* — Porcelainiers, Mantin et Cᵉ (production, 1848).

Société de consommation.

Saint-Léonard. — Société de consommation, 1866.

Indre-et-Loire. — *Tours.* — Société économique d'épicerie.
Boulangerie économique.

Isère. — *Grenoble.* — Société alimentaire, 1850.
Soc. de consomm., Nugues et Ce, 1866.
Vienne. — Soc. de Beauregard (product., consommation, etc.).

Jura. — .... — Nombreuses associations de production pour la
fabrication des fromages, *fruitières.*

Loire. — *Roanne.* — Teinturiers (production).
L'Union des Tisseurs (production).
Association cotonnière des Tisseurs (production).
Saint-Étienne. — La Stéphanoise, Soc. de crédit au Travail,
Laforest et Ce.
Rubaniers, Dessales et Ce, 1863 (production).
Veloutiers (en formation).
· Société de consomm., la Ruche stéphanoise (pain, épices,
draps), Menu et Ce.

Loire-Inférieure. — *Nantes.* — Tailleurs, Brizay et Ce (production), 1863.
Corroyeurs, Joubert et Ce (production).

Maine-et-Loire. — *Trémentine par Cholet.* — Société civile d'é-
pargnes des ouvriers tisserands.
Cholet. — Association des ouvriers tisserands.
Maulevrier. — Assoc. des ouvriers tisserands.

Marne. — *Épernay.* — Société de consommation.
Société de crédit mutuel.
Reims. — Société de consommation, Lesage et Ce.

Nièvre. — *Pouilly-sur-Loire.* — Soc. de consommation, 1864.

Nord. — *Lille.* — Banque de crédit au travail, Wattrelot et Ce.
Agence coopérative lilloise, Wattiez et Ce.
Société lilloise d'alimentation (en formation).
Valenciennes (Saint-Waast-le-Haut). — Soc. de consomm. des
établissements de Saint-Waast.
Anzin. — Société de consommation.
Roubaix. — Société de consommation avec boulangerie.

Pas-de-Calais. — *Saint-Omer.* — Soc. coop. alim. (en formation).

Rhône. — *Lyon.* — SOCIÉTÉS DE PRODUCTION EN ACTIVITÉ :
Ouvriers en cannes et manches de parapluie, 1866.
Tailleurs de pierre et Ravaleurs, 1866.
Typographes, 1865.
Société de l'ameublement, 1867.

SOCIÉTÉS DE PRODUCTION EN FORMATION :

Tisseurs (Société anonyme).
Tisseurs.
Teinturiers.
Tailleurs.
Bronzes de la ville de Lyon.
Tisseurs de châles (laine).
Tullistes, Devaux et Cᵉ.
Chaudronniers.
Fournitures de la chaussure.

SOCIÉTÉS DE CRÉDIT MUTUEL :

Société lyonnaise de crédit au travail (resp. limitée).
L'Avenir, Crédit solidaire, Clausier aîné et Cᵉ.
La Solidarité commerciale.

SOCIÉTÉS DE CONSOMMATION :

Société des consommateurs, 1856.
   » Alimentaire, Terasse et Cᵉ, 1859.
   » Avenir des travailleurs, 1859.
   » Épicerie ouvrière, 1860.
   » Francs-Coopérateurs, 1864.
   » L'Union ouvrière, 1864.
   » Alimentaire des tapis, 1864.
   » Commerciale du Mont-Sauvage, 1864.
   » Union commerciale, Bourguignon et Cᵉ, 1864.
   » Union des travailleurs, 1864.
   » Boulangerie ouvrière, 1864.
   » Des Chavannes, Ponthus et Dupont, 1864.
   » Espérance des travailleurs, 1865.
   » La Prévoyante, 1865.
   » Travailleurs unis, 1865.
   » Union des consommateurs de Saint-Just, 1865.
   » La Ruche, 1866.
   » L'Économie ouvrière, 1866.

Société » Union des répartiteurs équitables, 1866.
    » La Progressive, 1866.
    » Épicerie-Sociétaire, 1867.
    » L'Espérance ouvrière, 1867.
    » Union des ménages (en formation).
    » Groupe de Pierre-Seize (en formation).

Villefranche. — La Beaujolaise (Créd. mut.), Marze et Ce, 1865.

Tisseurs-Unis, Chassin et Ce (production), 1856.

Tisseurs-Unis, Vially, Descotes et Ce (production), 1856.

Société vinicole beaujolaise (production), 1866.

Tarare. — Société pour la fabrication des mousselines, Magdinier et Ce (production), 1858.

Tisseurs-Unis, Faye et Ce (production).

Montchat. — L'Union progressive, Lagneux et Ce.

Ecully. — L'Union des consommateurs.

Vénissieux. — Société de consommation (en formation).

Seine-et-Marne. — *Brie-Comte-Robert.* — Soc. de crédit mutuel.

Montereau. — Société de consommation.

Seine-et-Oise. — *Dourdan.* — Société de crédit mutuel.

Condé-sur-Vesgres. — La Colonie, ménage sociétaire.

Corbeil. — Société de crédit mutuel.

Puteaux. — Société d'épargne des teinturiers.

Seine-Inférieure. — *Elbeuf.* — Boucherie elbeuvienne.

Le Havre. — Entr. de déchargements, le Grand Corps (production).

Société de consommation, Jour et Ce, 1864.

Rouen. — Société industrielle, comm. et de prévoyance des Tisseurs (production).

Store coopératif des familles.

L'Avenir, Société de consommation, Gosselin et Ce.

Deville-lez-Rouen. — Société de consommation.

Sotteville-lez-Rouen. — Soc. fraternelle des mécaniciens (production).

Société de consommation (en formation).

Ry près Rouen. — Maison coopérative, Jouanne.

Dieppe. — Boulangerie sociétaire.

Var. — Société de consommation (en formation).

Associations parisiennes de production.

1865 *Anches (facteurs)*, Turban et Ce, 64, ch. de Ménilmontant.

1834 *Bijoutiers en doré*, Dreville, Thiébaut et Ce, 14, rue Béranger.

1865 *Bijoutiers en doré*, Drouot, Guillaume Montigny et Ce, 41, rue Turbigo.

1863 *Boulonniers*, Schaible et Ce, 58, rue de Lourmel, à Grenelle.

1865 *Bronze (imitation)*, Valdun, Belhomet, Fousse et Ce, 1, impasse Saint-Sébastien.

1866 *Bronzes et Gaz* (Société de l'industrie générale des), 5, rue Oberkampf (respons. lim.).

1849 *Cannes et manches de parapluies* (la Famille), 1, rue Thévenot.

1848 *Chaises* (ouvriers-fabricants de), 63, rue Amandiers-Popincourt.

1865 *Chapeliers*, Société générale de la chapellerie, 18, rue des Juifs.

1864 *Copistes-Traducteurs-Comptables*, etc., Liseux et Ce, place de la Bourse.

1866 *Corroyeurs*, Desouches et Ce, rue de la Tombe-Issoire, 72.

1866 *Cordonniers piqueurs de bottines*, rue Saint-Maur, 146.

1866 *Cordonniers coupeurs* (à respons. lim.), 2, rue Quincampoix.

1865 *Doreurs sur bois*, Lestivant Pujolas et Ce, Petite rue Saint-Pierre, 72.

1865 *Doreurs et argenteurs sur métaux* (soc. à respons. lim.), rue et impasse Saint-Sébastien, 1.

1848 *Ferblantiers*, Lissy, Pichenot et Ce, 70, rue de Bondy.

1866 *Fondeurs en cuivre* (à respons. lim.), 4 *bis*, rue Pierre-Levée.

1863 *Fondeurs en fer*, Brosse et Ce, 16, rue Ginoux (Grenelle).

1848 *Formiers*, Delondre et Ce, rue Saint-Sauveur, 48.

1865 *Graveurs sur bois*, Coulon et Ce, 32, rue de Reuilly.

1865 *Instruments de musique*, Neudin et Ce, 45, rue Saint-Maur.

1849 *Lanterniers*, Lamiot et Ce, boulevard Monceaux, 90.

1849 *Lanterniers pour voitures*, Biémont et Ce, 30, rue du Colysée.

1848 *Limes (tailleurs de)*, Mangin et Ce, 48, rue des Gravilliers.

1865 *Lithographes*, Guillaumin et Ce, 149, quai Valmy.

1849 *Lunettiers*, Delabre, Muneaux, Videpied et Ce, 6, rue d'Anjou (Marais).

1848 *Maçons*, Bouyer, Cohadon, Bagnard et Ce, 155, rue Saint-Victor.

1865 *Mécaniciens*, Faillot et Ce, 7, rue Morand.

1866 *Mécaniciens*, Troncheyre, Deregnaucourt et Ce, 38 *bis*, rue de Chabrol.

1865 *Mégissiers*, Lehmann et Ce, 163, rue Mouffetard.

1866 *Mégissiers*, Valentin et Ce, 8, rue des Petits-Champs.

1849 *Menuisiers en fauteuils*, Baron et Ce, 5, rue Charonne.

1850 *Menuisiers en voitures*, Guyot et Cᵉ, Rond-Point des Ternes.
1866 *Menuisiers en bâtiment*, Guillermet et Cᵉ, 216, rue Saint-Maur.
1865 *Opticiens*, Lépine et Cᵉ, 9, rue Pierre-Levée.
1865 *Papeterie parisienne* (Soc. à resp. lim.), 67, rue Montorgueil.
1864 *Passementiers pour voitures*, Hugues et Cᵉ, 4 *bis*, rue Boursault.
1866 *Peignes (fabricants)*, Champion et Cᵉ, 22, place de la Rotonde-
    du-Temple.
• 1857 *Peintres en bâtiments*, Picon et Cᵉ, 13, quai d'Anjou.
1849 *Pianos (facteurs)*, Yot, Schreck et Cᵉ, 66, rue des Poissonniers.
1865 *Pianos et orgues (facteurs)*, Salaün, Schwalb et Cᵉ, 8, passage
    Feuillet.
1865 *Robinettiers*, Bogené et Cᵉ, 39, rue Saint-Sébastien.
1865 *Robinettiers*, Jeannot Guillaume et Cᵉ, 21, rue du Grand Saint-
    Michel.
1850 *Serruriers pour meubles*, Dreux et Cᵉ, 6, rue Lenoir.
1848 *Tailleurs d'habits*, Carrat et Cᵉ, 1, rue Coq-Héron.
1863 *Tailleurs d'habits* (Soc. à responsabilité lim.), 27, rue Fontaine-
    Molière.
1866 *Tailleurs d'habits*, Cuxac et Cᵉ, rue Lamartine, 10.
1866 *Tonneliers*, Loubier et Cᵉ, route de Choisy, 92.
1865 *Tourneurs en bois*, Ségard et Cᵉ, 68, rue Traversière-Saint-
    Antoine.
1851 *Tourneurs d'essieux*, Guiraud et Cᵉ, 8, rue Charlot (aux Ternes).
1866 *Vanniers*, Théodule Gauthier et Cᵉ, 13, rue Saint-Paul.

Associations parisiennes de consommation.

1864 *La Sincérité*, 18, rue de la Forge-Royale, faubourg Saint-
    Antoine.
1865 *Société de consommation*, 5, passage Feuillet, faubourg Saint-
    Martin.
1865 *Comptoir de consommation et crédit permanent*, Louvot, Levy
    et Cᵉ, 150, rue Lafayette.
1865 *La Fourmilière* (vins et épicerie), 5, boulevard de Belleville.
1865 *Société civile de consommation*, à la Chapelle, 4, rue Doudeau-
    ville.
1866 *La Vie aisée*, Société alimentaire, 34, rue Grenier-St-Lazare.
1866 *L'Economie ouvrière* (épicerie et vins), Soc. civ. de consomm.,
    20, rue Delaître (Ménilmontant).
1866 *L'union des consommateurs*, 5, rue Beethoven, à Passy-Paris.

TABLE DES MATIÈRES.

II° PARTIE. — DROIT FRANÇAIS.

Des associations coopératives.

A. PARENT, imprimeur de la Faculté de Médecine, rue Mr-le-Prince, 31.